西学门径书系

Comprehending

Stuart Hall

理解斯图亚特·霍尔

张 亮 李媛媛 编

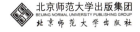

北京师范大学出版集团
BEIJING NORMAL UNIVERSITY PUBLISHING GROUP
北京师范大学出版社

目　录

代编者序　如何恰当理解斯图亚特·霍尔的"身份"？

斯图亚特·霍尔(1932—2014)是学术场域中的切·格瓦拉。他以大无畏的勇气闯入一块又一块处女地、无人区，发动游击战，取得胜利，树立典范，继而撤退，至死方休。所以，他的学术形象或者"身份"是多重的：20世纪50年代后期，他是第二代英国新左派中的风云人物；六七十年代，他致力于文化研究的开拓，被视为伯明翰学派的奠基者和真正的"文化研究之父"；80年代，他率先批判撒切尔政权，是"撒切尔主义"概念的开创者；80年代末期以后，他开始反思自己的有色人种、移民"身份"，强力推动了"身份"政治学和文化多元主义的异军突起。这些"身份"的差异是如此巨大，以至于人们很难找到一种可以将它们内在统一起来的线索。于是，过往的学者大多选择就事论事，"攻其一点，不及其余"。不过，在"身份"政治学兴起之后，一些专注种族问题研究的英美学者开始深描霍尔的"黑"皮肤，把种族"身份"及其觉醒建构为贯穿霍尔作为学者的一生的内在逻辑，至于霍尔其他那些广为人知的"身份"，则在某种意义上被贬抑为霍尔发现自我过程中不断脱落的死皮。那么，应当怎样看待这种新阐释，继而怎样正确理解霍尔的"身份"呢？本文拟做一些初步思考。

一、"黑"皮肤无法构成霍尔的"本质"

霍尔是"黑"皮肤的、来自牙买加的有色人种。他从来没有掩饰这些，而这些也没有对他的学术生涯造成显见的困扰或者消极影响。事实上，在1987年以前，他涉及种族、移民问题的言论屈指可数，更重要的是，那些言论的对象都是那些处于社会冲突旋涡中的下层有色人种移民，与作为知识精英的他本人无关。在1987年的短篇自传材料"最小的自我"一文中，时年55岁的霍尔第一次正面谈论了自己的有色人种出身和移民身份。在此后的文章和访谈中，他还曾多次回到这个主题，最系统的叙述当属1992年他与中国台湾学者陈光兴所做的访谈"流离失所：霍尔的知识形成轨迹"（1996年公开发表）。正是在此七八年间，霍尔"接合"阿尔都塞、福柯、德里达以及法农、萨义德等人的理论，重新阐释种族等概念，建构了自己的"身份"政治学，继而大力鼓吹文化多元主义，捍卫、争取作为西方社会中少数族裔有色人种的文化权力。

墙内开花墙外香。霍尔的自述激发了美国文化研究学者格兰特·法雷德的强烈兴趣。法雷德来自种族隔离的南非，同样是"黑"皮肤，当时正在普林斯顿大学攻读博士学位，研究方向是加勒比文学。1996年，基于对霍尔自述的诠释，法雷德提出：尽管长期压抑自己的早期个人记忆，但加勒比的种族、肤色和阶层冲突却内在地塑造了霍尔的自我，他作为学者的一生，就是逃离加勒比但又最终回归加勒比的辩证过程，或者说就是变成黑人、重新意识到自己是黑人的辩证过程。① 法雷德的观点无疑是新颖而具有吸引力的：首先，他提供了一种具有内在一致性的阐释，将霍尔碎片化的学术历程、学术"身份"缝合到一起，满足了人们的认知需求；其次，他的阐释有"理"，即用霍尔自己建构的"身份"政治学来阐释霍尔自己的形成与发展；再次，他的阐释有"据"，即用霍尔自己的话来叙述关于霍尔自己的故事；最后，他的阐释顺应了当时正在汹涌发展的后殖民主义和文化多元主义浪潮，具有显而易见的"政治正确"性。所以，法雷德的观点一经出现就迅速流传开来，成为新旧世纪之交人们理解霍尔的主流看法。值得注意的是，这种观点在霍尔生活的英国同样很有市场。在第一本专论霍尔的著作《斯图亚特·霍尔》（2003）中，从事文化研究的英国学者克里斯·罗杰克说："这么多年来，我一直试图探索霍尔学术兴趣转移的复杂线索，据此我得出的结论是我们必须正视霍尔在牙买加的成长经历。"②在一年后出版的《斯图亚特·霍尔》（2004）中，专注于后殖民研究的英国学者詹姆士·普罗科特也认定起源即本质，"霍尔拒绝去面对的加勒比童年生活却指示出了它们本身对其后来思想发展的重要影响，最显著的一点或许就是塑造了他对阶级、种族和身份政治的理论关注。"③而在同年出版的《认识斯图亚特·霍尔》（2004）中，曾访谈过霍尔的英国学者海伦·戴维斯也说："虽然霍尔不是以对族性与种族的思考作为他工作的起始的，不过，他的工作本身就是一个漫长的（自我）发现之旅。"④

---

① Grant Farred, "You Can Go Home Again, You Just Can't Stay: Stuart Hall and the Caribbean Diaspora", *Research in African Literatures*, Vol. 27, No. 4 (winter, 1996), pp. 28-48.

② Chris Rojek, *Stuart Hall*, Cambridge: Polity Press, 2003, p. 47.

③ James Procter, *Stuart Hall*, London: Routledge, 2004, p. 5.

④ Helen Davis, *Understanding Stuart Hall*, London: Sage Publications Ltd, 2004, p. 3.

对于被赋予的这种"黑"皮肤新"身份"，霍尔自己怎样看呢？从零星渗透出来的信息看，霍尔的反应是"失望"。[①] 他显然不认为自己的新族性理论、"身份"政治学，可以直接运用于对其学术"身份"、学术历程的诠释。那么，这种把霍尔种族化的做法究竟问题何在呢？霍尔及其支持者并没有能够给出明确系统的回答。从思想史研究的角度看，这种做法存在以下必须正视的问题：

第一，没有充分认识霍尔"身份"政治学的适用对象，对此理论进行了不恰当的挪用。在霍尔那里，"身份"是主体与话语权力斗争、妥协的产物，是处于话语权力控制下的主体的自我想象："它们（身份认同）源于对自我的叙事化。尽管这一过程的本质必然是虚构的，不过绝不会破坏它的话语的、物质的或政治的功效，即便是身份得以'缝合到故事里'的归属部分处于想象（以及象征）之中，因而总是部分地建构在幻想之中，或者至少建构在幻想领域之中。"[②] 在"身份"政治学中，霍尔"接合"了诸多同时代理论，其中最重要的当属福柯的话语权力理论。很清楚，福柯揭示与批判的是话语权力对大众的控制，他本人并不在被控制的大众之列。霍尔的"身份"政治学揭示与批判的则是西方主流（白人）文化对普通有色人种移民的控制，他本人同样不在此之列。因此，试图用霍尔自己的"身份"政治学来诠释他自己的"身份"形成，是一种不恰当的甚至非法的挪用。

第二，没有充分认识霍尔学术研究的介入性质，夸大了个人早期经历对其学术思想发展的影响。在弗洛伊德精神分析学

---

① Claire Alexander，"Stuart Hall and 'Race'"，*Cultural Study*，Vol. 23，No. 4（July，2009），pp. 473-474.

② Stuart Hall and Paul du Gay，ed.，*Questions of Cultural Identity*，London：Sage Publications Ltd，1996，p. 4.

的影响下，20 世纪 20 年代以后，人们在传记研究中开始重视对传主早期生活经历的发掘与揭示，以期找到理解其后来思想发展的钥匙。这种做法的合理性与有效性已经得到充分证明。不过，在后来的传记实践中，时常有人喜欢对传主的早期经历进行过度索隐与考据，千方百计从中找到决定传主后来思想发展的"秘密"。当他们这么做的时候，显然忘记了一个基本事实：精神分析是病理学，而非生理学，并不是所有人的早期经历都对其后来的思想发展具有重要意义。总的看来，霍尔始终是以自己的学术研究作为干预社会不公、推动社会向更合理状态发展的介入手段。他的思想发展与社会发展之间保持着极强的敏感性。在这种情况下，过分强调其牙买加童年经历，有本末倒置之嫌。

第三，存在本质主义的还原论倾向，试图找到一个本质的霍尔或霍尔的本质。关注霍尔种族"身份"的学者大多具有文化研究或者后殖民研究的背景。在哲学观念上，他们都是反本质主义的，都否定事物存在先验的普遍的永恒本质。但在研究霍尔的过程中，本质主义的思维方式却以改头换面的方式重新控制了他们，因为他们不过想证明："黑"皮肤就是霍尔的本质，不管怎样有意识或无意识地压抑，霍尔最终还是获得了自己的本质，即发现自己的"黑"皮肤，成为一名黑人！毋庸置疑，霍尔最终确实成了一名黑人，不过，这绝非先验本质的实现，而是自我学习、自我建构的产物："事实上，'黑人'也从不仅仅出现在那里。在精神上、文化上和政治上，它一直是一个不稳定的身份。同时，它也是一个叙述、一个故事、一段历史。它是一个被建构出来的、被讲述的、被谈论，而不是简单地被发现的东西……黑人身份是一个需要被学习，并且只能是在某个特定时刻学习的身份。"①

二、理解霍尔的三个关键词

霍尔的多元"身份"让人联想到他非常偏爱的一个词"不做保证的"(without guarantees)。该词出自 1983 年一篇文章的标题，霍尔用它表达了这样的意思：尽管确实是从给定的物质条件中生成的，但意识形态绝非由经济基础线性决定的最终产物，这一方面是因为意识形态是按照自身的发展和演化规律不断生成和转化出来的；另一方面也是因为意识形态始终向实践和斗争的历史发展保持着自己的开放性。② 人们——包括霍尔自己——后来发现，霍尔自己不就是"不做保证的"吗？他不是一粒有着先定"本质"的"种子"，而是一台具有无限可能性的 PC 裸机，始终在探测时代的问题，根据问题"接合"最有效的资源，"安装"自我；进而根据时代的变化、问题的转换，自我"格式化"，重新"接合"，"重装"上阵。正因为如此，霍尔才会拥有如此不同的"身份"！

要想理解"不做保证的"霍尔，必须把握三个关键词。

首先是抵抗。霍尔一生都活动在学术场域中，以学者或者知识分子的身份名世。不过，他不是传统意义上的知识分子，而是葛兰西所说的"有机知识分子"。霍尔的朋友萨义德曾评论说："葛兰西力图表明，在社会中履行知识分子作用的人可以分为两类：

---

① Stuart Hall, "Minimal Selves", in Lisa Appignanesi, ed. , *The Real Me: Post-Modernism and the Question of Identity*, ICA Documents 6, London: Institute of Contemporary Arts, 1987, p. 45.

② Stuart Hall, "The Problem of Ideology: Marxism without Guarantees", in Betty Matthews, ed. , *Marx: A Hundred Years on*, London: Lawrence & Wishart Ltd, 1983, p. 83.

一类是传统知识分子……另一类是有机知识分子，在葛兰西看来，这类人与阶级或事业紧密相关，而这些阶级或事业则使用他们来组织利益、赢得更多的权力、获得更多的控制……葛兰西相信，有机知识分子积极介入社会，换言之，他们始终在努力改变人们的观念，扩大自己观念的影响力。"①作为有机知识分子，尽管霍尔从来没有踏入传统意义上的政治场域，但他的学术研究却具有鲜明的政治性质，其实质是作为政治的学术实践，或者作为学术实践的政治。由此出发重新审视霍尔丰富多彩的学术历程就能看出，尽管他的"身份"是多重的，但绝不是碎片化的，因为不管他的"身份"如何流变，有一种东西始终没有改变，这就是他对当代资本主义体制或者说权力的抵抗。这实际上也就是霍尔始终之为霍尔的"源代码"。

其次是开放性。在霍尔的同时代人中，持类似抵抗立场的有机知识分子还有不少。为什么只有霍尔的"身份"会如此多变呢？这就涉及霍尔一贯秉承的开放性立场。作为有机知识分子，霍尔始终向实践和斗争的历史发展保持着自己的开放性，根据实践和斗争的需要确定自己的学术研究课题。换言之，他主要是根据抵抗实践的需要来决定自己的学术研究课题：哪里存在抵抗，他就奔赴哪里开展研究；随着实践和斗争的历史发展，抵抗的阵地转移了，他也就随之转移，重新开始研究。他的多变多元学术"身份"就是在这种不断运动的"游击战"中逐渐建构并累积下来的。

最后是接合。接合是霍尔从拉克劳、墨菲那里借用过来的一个术语，其本意是用来解释意识形态及其斗争的形成为什么具有

---

① Edward W. Said，*Representations of the Intellectual*，*The 1993 Reith Lectures*，New York：Vintage Books，1994，p. 4.

偶然性，而不是永远必然的、被决定的、绝对的、本质的。① 这个术语可以同样有效地解释霍尔自己的理论与方法体系的形成与不断变迁。作为一个学者，霍尔否定存在可以包治百病、适用于所有问题的万能工具、万能方法，即便某些理论、方法经证明具有更大的适用性，也不意味着它们能够无条件地适用于日新月异、剧烈变化着的实践和斗争。面对变化了的研究对象，他认为，最恰当的选择就是自觉进行理论和方法上的调整，找到并运用最适合的工具来分析问题、解决问题。所以，他对同时代的理论始终保持高度的开放性，根据任务的需要，具体地因而有时是偶然地将各种理论、方法接合起来，构成一个暂时的统一体。霍尔这种做法的缺陷不可避免，即他对某些被接合起来的理论、方法的理解、运用难免存在偏差甚至是错误，不过它的思想激励作用却更是让人有目共睹的："这种开放性为后来的文化理论研究者提供了广阔的理论可能空间。正是这种卓尔不群的风格一直吸引着众多人们走向霍尔的著作。"②

三、图绘霍尔的"身份"

了解霍尔"身份"建构的基本机制后，再反观他多姿多彩、多元多变的一生，就不难看出：不断变化着的是"身份"，始终不变的则是霍尔对时代潮流的敏锐把控和驾驭，从某种意义上讲，他犹如一位驭浪而行的神灵，始终屹立在同时代左派思想的潮头。因此，要想真正把握住霍尔的"身份"，就必须回到他所身处的社

---

① David Morley and Kuan-Hsing Chen, ed. , *Stuart Hall*：*Critical Dialogues in Cultural Studies*，London：Routledge，1996，pp. 140-142.

② Angela McRobbie, *The Uses of Cultural Studies*，A *Textbook*，London：Sage Pubications Ltd，2003，p. 28.

会历史及其流变中去。

霍尔出身于当时还是英国殖民地的牙买加首府金斯敦的一个有色人种中产阶级家庭，其家族的种族成分高度混杂。他在当地一家精英中学接受了完整的英国式教育，后于 1951 年获得罗氏奖学金前往英国牛津大学攻读文学学位。在 1992 年的访谈中，霍尔打破沉默，第一次详细叙述了自己的家事及早年经历，其中专门叙及其姐姐因为黑人男友不被家庭接受而诱发精神疾患，进而整个人生都毁了。言谈之间，霍尔充满自责。把霍尔种族化的倾向就是建立在对这种延迟回忆和自责的过度诠释上的。事实上，完整阅读霍尔关于自己早期经历的叙述，基本可以看出：第一，肤色、种族、社会阶层等诸多问题都对霍尔早期经历有所影响，但所有这些能够施加影响的关键在于他的主体性很强，"我觉得自己更像是一个独立的牙买加男孩。但是，在我家的文化中，这样的主体位置根本无立锥之地"。[1] 第二，作为主体性觉醒的自然成果，霍尔形成了明确的反殖民主义的政治意识，这是他早期思想发展的主导语境。[2] 第三，真正让他决定自我"流散"的原因与其说是他的"黑"皮肤，倒不如说是他渴望逃避支配欲强烈的母亲对自己的控制，[3] 寻找属于自己的人生。也就是说，早期经历培育出来的绝不是霍尔的所谓种族意识，而是其后来贯彻终生的抵抗意识。

1951 年至 1957 年，霍尔生活在牛津。在那里，除了文学研究，他也参加社会主义俱乐部的活动，结识了一批像他一样来自

---

[1]　David Morley and Kuan-Hsing Chen, ed. , *Stuart Hall: Critical Dialogues in Cultural Studies*, pp. 487-488.

[2]　David Morley and Kuan-Hsing Chen, ed. , *Stuart Hall: Critical Dialogues in Cultural Studies*, p. 489.

[3]　David Morley and Kuan-Hsing Chen, ed. , *Stuart Hall: Critical Dialogues in Cultural Studies*, pp. 491-492.

大英帝国边缘地带的青年左派知识分子，共同学习马克思主义，研读年长一辈左派知识分子的新著，探讨时局问题，政治立场和理论立场日益明确。1956 年英国新左派运动兴起后，他积极参与其中，并于 1957 年搬迁到伦敦。同年，他与朋友共同创办了《大学与左派评论》杂志，一举成名，成为第二代新左派中的翘楚，有力推动了新左派运动的发展。和当时的其他第二代新左派一样，[①]他也基本认同第一代新左派确立的政治立场和理论立场。不过，他此时也已经展现出了一些与众不同的精神气质与思想特征。首先，他具有惊人的理论直觉，能够见微知著，敏锐地把握到尚未充分暴露出来的重大理论主题。在 1957 年出版的《识字的用途》中，理查德·霍加特在描述了丰裕社会的来临、大众文化的兴起等对英国工人的阶级意识和文化身份认同的影响后，提出一个引发新左派热议的假设："我们正在成为文化上的无阶级。"[②]当时大多数新左派都批判该假设，但他却力排众议，撰写"无阶级感"一文对此进行理论论证，[③]并主导《大学与左派评论》开创性地实现了对青年文化、亚文化、城市规划、电视广告、艺术批评、电影评论、工人阶级分化、教育改革等一系列新兴大众文化现象和相关社会问题的研究，为文化研究随后的大发展提供了必要的学术准备。其次，他具有极强的反思能力和批判性，主张以开放的方式对待马克思主义。在他看来，马克思主义是一种本身就需要审视

[①] 张亮：《从苏联马克思主义走向文化马克思主义：英国马克思主义理论传统的战后形成》，《人文杂志》2009 年第 2 期。

[②] Richard Hogart, *The Uses of Literacy: Aspects of Working Class Life with Special Reference to Publications and Entertainments*, London: Chatto and Windus, 1967, p. 142.

[③] Stuart Hall, "A Sense of Classlessness", *Universities & Left Review*, 5 (autumn, 1958), pp. 26-33. 同时参见张亮、熊婴：《伦理、文化与社会主义——英国新左派早期思想读本》，江苏人民出版社 2013 年版，第 153～171 页。

的传统，并且它不是封闭的而是开放的，面对不断变化的资本主义现实，新左派必须与时俱进，引入新的资源，发现新的理论，建构新的战略。再次，他的理论视野开阔，善于学习、接受、运用新的理论资源。这一点在"无阶级的观念"中得到了很好的体现。最后，他具有非凡的人格魅力，能够求同存异，团结、领导同道达成使命。他领导下的《大学与左派评论》取得了巨大成功：初始订户有2500份，鼎盛时则超过了8000份！这种成功的重要原因之一就在于，他团结了不同代际、不同立场的作者为杂志撰稿。事实上，他也是将第一代、第二代新左派联系起来的一个重要桥梁。正因为如此，1959年《大学与左派评论》和《新理性者》合并重组为《新左派评论》，他被任命为新刊物的第一任主编。① 从某种意义上讲，在《大学与左派评论》时期，人们熟悉的、作为有机知识分子的霍尔已经形成了。

1958年，霍尔放弃关于美国作家亨利·詹姆斯（1843—1916）的博士论文写作，全力转向对当代大众文化的研究。1961—1964年，他在伦敦大学切尔西学院讲授电影与媒体研究课程。1964年，他与电影制片人帕迪·沃纳尔合作出版《流行艺术》一书。在该书中，他沿着霍加特和雷蒙·威廉斯开辟的理论道路，拒绝高雅文化与大众文化的二元对立，坚持从大众文化本身出发来理解、考察大众与流行文化之间的关系，并强调这种关系已经因为流行音乐和电视的爆炸式增长和青少年文化的扩散而变得越来越有意义、越来越重要。在同时代人只看到流行文化的意识形态控制时，他则发现了其中的抵抗可能性："通过这些以及其他途径，青年一代成为一种能创造的少数派，在超越深深植根于英国资产阶级道德

① 张亮：《〈新理性者〉、〈大学与左派评论〉和英国新左派的早期发展》，《晋阳学刊》2013年第1期。

的清教禁锢，朝着一种我们认为更人道、更文明的行为方式方面走在整个社会的最前列。"①基于霍尔在这一时期的创造性研究，即将发生工作调动的霍加特邀请霍尔加盟自己创办的伯明翰大学当代文化研究中心，先后任代理主任（1964—1968）、主任（1969—1979）。正是在这一时期，霍尔领导一批更年轻的新左派学者，从第一代新左派的文化马克思主义出发，接合了西方马克思主义（阿尔都塞、葛兰西）、结构主义、符号学等诸多当代理论资源，对当代传媒、青年亚文化、工人阶级的日常生活、现代国家、历史理论和意识形态理论以及阶级与性别之间的关系等现实问题进行跨学科研究，反复探寻发达资本主义社会中政治抵抗的可能空间，在创立伯明翰学派的同时，也使自己成为真正的"文化研究之父"。

1979年，霍尔转往开放大学任社会学教授。同年，撒切尔领导下的保守党取得出人意料的大选胜利，开始了保守党的长期执政。缺乏足够民意基础的保守党为什么能够赢得选举？当时正经历葛兰西转向的霍尔认为，除了工党执政记录不佳外，关键在于保守党着力进行意识形态霸权建构，瓦解了1945年以后支撑工党的社会共识基础，实现了社会价值观的翻转。为此，他在开放大学开设了编号为D209的"国家与社会"课程，组织并领导了一个新的学术共同体，基于对后福特主义的批判性审视，对19世纪以来的英国国家的历史、现实及其政治本质进行了系统分析，从而使他发明的"撒切尔主义"术语获得了充足的内涵。那么，霍尔为什么要如此深入系统地研究撒切尔主义呢？答案就在于，他希望工党或者说广义的左派能够"向撒切尔主义学习"，②

---

① Stuart Hall and Paddy Whannel, *The Popular Arts*, London: Hutchinson Educational Ltd, 1964, p. 273.

② Stuart Hall, *The Hard Road to Renewal: Thatcherism and Crisis of the Left*, London: Verso, 1988, pp. 271-283.

及早摆脱困境，赢得自己艰难的振兴。这是霍尔最靠近传统政治的一个时期。

1987年，也就是撒切尔主义批判尚未结束之际，霍尔发表了短篇自传材料"最小的自我"，拉开了"身份"政治学建构的序幕。那么，他为什么会在此时转向种族问题呢？历史地看，1948年，为了解决劳动力短缺问题，英国开始从加勒比等殖民地大规模输入黑人劳工移民。霍尔在20世纪50年代末已经观察到了黑人移民与英国主流（白人）社会之间的零星摩擦、冲突，但基本保持了缄默。一种符合其当时理论立场的解释是，他似乎认为这些冲突是阶级问题的一种新的表现形式，将随着阶级问题的解决而解决。不过，随着黑人移民数量的迅速增长，60年代末期以后，他们与主流（白人）社会的冲突日益频繁和激烈。移民、种族由此成为英国社会中无法回避的问题。因此，在70年代的文化研究中，霍尔不可避免地触及移民、种族问题，并在1978年的《监控危机》中，深刻、系统地揭示了霸权在种族冲突、种族身份建构中的重要作用。80年代以后，随着保守党政府的长期执政，以工人阶级运动为代表的传统左派政治运动逐渐衰落，而以非政治的社会认同（种族、性别、生态等）为目标的新社会运动却异军突起，取代传统的工人阶级运动，成为抵抗资本主义的主要斗争形式。通过对撒切尔主义的批判性研究，霍尔实际上得出了一个悲观但却现实的结论，即资本主义国家依旧强大，即将来临的90年代还是一个资本主义的"新时代"："资本依然是全球性的，并且今天更胜以往。不仅如此，与之相伴而生的旧的不平等依旧在决定人们的生活经验，限制所有人群、所有阶级以及所有共同体的希望与忧愁。与新时代一起，正在生产出新的社会分裂、新的不平等和剥夺权力的形式，它们将原有的形式都覆盖了。"①在这种新的时代条件下，转向与自己息息相关的种族、移民问题，从中找寻到新的可能的抵抗空间，就成为霍尔的不二选择。基于这种历史性的、绝非先在必然的选择，霍尔建构出了自己的最新（后）一个、与其"黑"皮肤直接相关的"身份"。

本文集由张亮负责选编，李媛媛、宗益祥、乔茂林、刘焱、杨兴林、孔智键承担了相关篇目的翻译，张亮对全部译稿进行了通读通校，李媛媛协助张亮校阅了部分译稿。

（张　亮）

---

① Stuart Hall and Martin Jacques, ed. , *New Times: The Changing Faces of Politics in the 1990s*, London: Lawrence & Wishart Ltd, 1989, p. 17.

斯图亚特·霍尔、文化研究以及悬而未决的文化与"非文化"的关系问题※

［美］贾妮思·佩克（Janice Peck）

1992 年，在阿隆·怀特的追悼会上，斯图亚特·霍尔颂扬了这位故友在"转换隐喻"方面的重要贡献，因为这种转换"对于激进想象而言具有一种极其重要的历史意义"。在霍尔看来，这种依据"革命时刻"、涉及马克思主义的隐喻"不再强求一致"。霍尔主张，不必为这些失效的隐喻而悲叹，因为文化研究正在"迅速移离这种戏剧式的简单因素与二元对立"的隐喻方式，它需要一种"构想文化政治学"、虑及"'社会'与'符号'之关系"的崭新隐喻。①或许霍尔已经回顾了自己的思想历程，并且开始致力于这种埋葬陈旧隐喻的事业当中了。霍尔思想中的这种大逆转与文化研究（"霍尔"几乎就是文化研究的同义词）领域的理论历程几乎是齐头并进的。目前

※　原载 *Cultural Critique*，No. 48（Spring，2001）
　①　Stuart Hall，"For Allon White：Metaphors of Transformation"，in David Morley and Kuan-Hsing Chen，ed.，*Stuart Hall*，London：Routledge，1996，pp. 287-288.

来看，霍尔"主要是负责发展和接合文化研究的理论位置"，[①] 他的作品提供了一幅文化研究的路线图，即从文化主义到结构主义，再从结构主义的马克思主义到后结构主义和后马克思主义。霍尔利用上述思想体系是旨在解决一种文化的反映论问题，而本文则以一种批判性的视角来对此思想历程进行一种追踪与评估。笔者赞同霍尔的解决方式：文化研究最终必须放弃这种文化的唯物主义理论，与此同时还要保留一种旨在超越经济主义和唯心主义的立论方式。

文化的反映论问题

文化研究基于这样一个信念：文化必须透过自身术语以及它与社会生活的其他方面（比如"非文化"）的关系来加以理解。在 20世纪 60 年代早期，该领域的两大"奠基人"就开始思考上述关系问题。在出版《英国工人阶级的形成》的前两年，爱德华·汤普森对雷蒙·威廉斯的《漫长的革命》一书进行了评论。在对威廉斯的作品大加赞誉的同时，汤普森还认为威廉斯尚不能满足其"研究全部生活方式的各种元素之关系的文化理论"[②]的诉求。汤普森还指出了这本书的两个方向性错误：其一，它走向了一种"文化等于社会"的危险境地；其二，它将文化与政治、经济隔绝开来，没能建立一种"根据它们彼此构筑的关系系统的立论方式"。[③] 汤普森反驳

---

① Dennis Dworkin, *Cultural Marxism in Postwar Britain*, Durham, N. C.：Duke University Press, 1997, p. 196.

② Raymond Williams, *The Long Revolution*, New York：Columbia University Press；London：Chatto and Windus, 1961, p. 46.

③ E. P. Thompson, *The Long Revolution*, New Left Review 9 (May-June, 1961), p. 31.

认为"任何文化理论必须包括文化与非文化二者之间的辩证互动",据此他开出一剂良方:

> 我们必须假定生活经验的原材料是处在一个极端上的,而所有极其复杂的人类学科与系统、结合与非结合,以正式方式形成体系或者以非正式方式进行分散,这些则是在另一个极端上对上述原材料进行了一种"处理"、传递或者曲解。①

尽管这两位奠基人后来都被置于"文化主义"的旗号之下,但他们二者之间的差异还是显而易见的。在汤普森看来,文化与"非文化"的领域是凭借经验进行划分的,然而威廉斯则寻求将文化视作一种具有社会总体性的整体概念——后来他将此称为"不朽的整体实践"。② 实际上,他在回顾《漫长的革命》一书时指出:

> 试图发展一个社会总体性理论……寻找一种尤其是可以研究作品与时期之结构的方法,这种方法可以连接并阐明特殊的艺术作品形式,但也形成并连接着一般的总体社会生活。③

在探讨文化与"非文化"、文化与社会总体性的关系问题时,汤普森与威廉斯无疑揭露了这种"反映论"问题——西方思想对于文化

---

① E. P. Thompson, *The Long Revolution*, New Left Review 9 (May-June, 1961), p. 33.

② Raymond Williams, *Marxism and Literature*, Oxford, England: Oxford University Press, 1977, p. 31.

③ Raymond Williams, "Literature and Sociology: In Memory of Lucien Goldman", *New Left Review*, 67 (May-June, 1971), p. 10.

的主导理解是将其视作一种对原始精神或者物质进程的反映。在与马克思主义知识立场的对话当中，他们所涉及的这种反映论本是在第二国际内部兴起的所谓"正统"马克思主义，后被许多欧洲共产党所欣然采纳，并且这在第三国际以及斯大林统治下的苏联变得牢不可破。[①] 这种"凝固化和单一化的马克思主义概念"[②]将生产力发展状况视作是考察一切社会问题的"基础"，而包括文化在内的所有其他方面的存在则被归入了"上层建筑"，并且还将"上层建筑"视作对于经济基础的一种反映，经济基础则被视作一种自主的、自决的和绝对的存在。[③]

自20世纪30年代以来，这种机械唯物主义及其文化反映论一直统治着英国的马克思主义文学批评，汤普森与威廉斯则挑战了

[①] 有关第二国际马克思主义的各种批评，参见阿拉托的"第二国际：再检验"[Andrew Arato, "The Second International: Re-examination", New York: Telos Press, (winter, 1973—1974), pp. 2-52]、科莱蒂的"第二国际的马克思主义"[Lucio Colletti, "The Marxism of the Second International", *Telos*, 8 (summer, 1971), pp. 84-91.]、雅各比的"危机理论中的政治：自发的马克思主义批判 II"(Russell Jacoby, "The Political of the Crisis Theory: towards the Critique of Automatic Marxism II", New York: Telos Press, spring, 1975)等。不过，这种形式的马克思主义后来还是因斯大林主义而更为人所知，20世纪中叶时，它被欧洲共产党所接受。就像贝特尔海姆的《苏联国内阶级斗争：第一时期，1917—1923》(Charles Bettelheim, *Class Struggles in the USSR: The First Period*, *1917—1923*, New York: Monthly Review Press, 1976)已经指出的那样，甚至托洛茨基这个被誉为斯大林的对立面的典型人物也持有这种观点。在早期马克思主义理论家当中，只有列宁反对这种马克思主义解读方式，并且将其命名为"经济主义"。

[②] Charles Bettelheim, *Class Struggles in the USSR: The First Period*, *1917—1923*, New York: Monthly Review Press, 1976, p. 19.

[③] 因此这种"自发的马克思主义"(Russell Jacoby, "Towards a Critique of Automatic Marxism: The Politics of Phi-losophy from Lukacs to the Frankfurt School", *Telos*, 10 [winter, 1971], pp. 119-146.)将生产的社会关系调入上层建筑之中，但对于马克思来说，它已经恰当地构成了社会的"经济结构"。这种将生产的社会关系降低到上层建筑的结果就是使得阶级斗争成为一种上层建筑的现象——这个问题在文化研究的"意识形态斗争"概念之中得到了保留。

它们。① 他们并非孤军奋战。实际上,自卢卡奇以降,许多聚集在"西方马克思主义"大旗下的学者也在探讨这种潜藏在"经济基础与上层建筑"的二元模式当中的反映论问题(比如,布洛赫、布莱希特、霍克海默、阿多诺、本雅明、葛兰西、萨特、古德曼)。正如马丁·杰伊所指出的,尽管这些思想家存在诸多差异,但是他们在"彻底抛弃第二国际的遗患"上面达成了共识,并且都认为"文化"在资本主义再生产过程中具有"重要作用"。② 就此而言,西方马克思主义者是在不断努力反思上层建筑概念和反映论问题,而霍尔及文化研究学者则是这项工作的继承者。

文化研究的继往开来

霍尔曾在"文化研究:两种范式"一文中指出了反映论的核心问题。在与伯明翰大学当代文化研究中心(CCCS)的十年主任生涯(1969—1979)作别不久,霍尔发表了这篇文章,此文被视作是通过对文化主义和结构主义二者交叉领域的基础进行探究,进而指明了文化研究领域的未来。文化主义者的代表人物是汤普森、威廉斯以及理查德·霍加特,他们被认作是继承并修正了阿诺德—利维斯式的文化视角,即是将产生并展现人类生存的意义、传统和实践的新成分扩入其中。结构主义者(索绪尔、列维-斯特劳斯、巴特以及阿尔都塞)同样将文化视为意义,但是他们是以一种完全

---

① Francis Mulhern, "Message in a Bottle: Althusser in Literary Studies", in Gregory Elliott, ed., *Althusser: A Critical Reader*, Oxford, England: Blackwell, 1994; John Higgins, *Raymond Williams: Literature, Marxism and Cultural Materialism*, London: Routledge, 1999.

② Martin Jay, *Marxism and Totality*, Berkeley: University of California Press, 1984, pp. 7, 8; Perry Anderson, *Considerationson Western Marxism*, London: New Left Books, 1976.

不同的方式进行的。这里的意义（更确切而言是意指［significa-tion］）并不被视作是源自人们的主观经验，而是源自一种先于并决定个体经验的客观符号系统。对于结构主义者而言，经验并不是意指的原因，而是其结果。由是观之，结构主义者的反人本主义倾向与文化主义者的人本主义倾向就不可避免地发生了碰撞。

霍尔注意到这种张力的同时也指出了将它们进行结合的关键点：二者都面临重要的经济基础/上层建筑的关系问题，并且它们都强烈地抵制反映论。假如每种范式都是"一种与经济基础/上层建筑的隐喻进行彻底决裂"，① 并且"如果这里有错误的话，那么它们就会持续不断地对其进行回应"。在霍尔看来，"它们对下列一个问题的坚持是正确的——该问题恢复了所有的非还原确定性难题——它是重中之重，而且这个问题的解决将文化研究的能力转向取代唯心论与简化论二者的无尽摆动上来"。② "不同实践的特性以及由此组成的接合整体的形式"是一个"核心问题"，霍尔暗示对上述两种范式的结合或许会提供一种理解该问题的方法。文化主义和结构主义的结合是未来文化研究的关键，因为它们"尽管方式完全不同，但是都面临着条件和意识的辩证法"，并且都"提出了思维逻辑与历史进程'逻辑'二者的关系问题"。③

十年后，霍尔依据文化研究的起源来重新考虑该研究领域的未来。此时他认为文化研究事业"起源并发展于对一种必然的还原论和经济主义的批判上——并且我认为这种还原论和经济主义并

---

① Stuart Hall, "Cultural Studies: Two Paradigms", *Media, Culture, and Society*, 2 (1980), p. 65.

② Stuart Hall, "Cultural Studies: Two Paradigms", *Media, Culture, and Society*, 2 (1980), p. 72.

③ Stuart Hall, "Cultural Studies: Two Paradigms", *Media, Culture, and Society*, 2 (1980), p. 72.

非外在于而是内在于马克思主义的；围绕着经济基础和上层建筑模式产生了一种论争，据此经典马克思主义者和庸俗马克思主义者都试着思考社会、经济和文化的关系问题"。①

此前的学者力求把握文化和社会总体性二者的辩证关系，但是如今霍尔认为这似乎显得天真而贫乏："这里时常涉及一种文化介质的偏向问题，比如语言、文本性、意指，这些东西常常直接或者间接地避开与其他结构进行连接。"因此，"在文化研究理论领域之内，想要获得任何一种类似文化关系及其效果的东西都是不可能的"。文化研究学者必须学会接受这种"文化的置换"，并且它"自身无法与其他问题达成和解，这种其他问题也永远无法被批判的文本性所全然覆盖"。② 在这十年间，理论研究的术语已然改变了。在纪念怀特时，霍尔并未提及"条件和意识"的辩证关系，而是看到了文化研究的核心问题，即"社会和符号的关系，权力和文化的'游戏'"。③ 因此，文化研究看起来明显经历了一种问题式的重构。实际上，霍尔将这种"转化隐喻"的经过描述为一种"文化理论的彻底'转向'"。④

---

① Stuart Hall, "Cultural Studies and Its Theoretical Legacies", in Lawrence Grossberg, Cary Nelson and Paula Treichler, ed., *Cultural Studies*, London: Routledge, 1992, p. 279.

② Stuart Hall, "Cultural Studies and Its Theoretical Legacies", in Lawrence Grossberg, Cary Nelson and Paula Treichler, ed., *Cultural Studies*, London: Routledge, 1992, p. 284.

③ Stuart Hall, "For Allon White: Metaphors of Transformation", in David Morley and Kuan-Hsing Chen, ed., *Stuart Hall*, London: Routledge, 1996, p. 288.

劳伦斯·格罗斯伯格(Lawrence Grossberg)是霍尔的学生，他是美国文化研究的代表人物。格罗斯伯格也将文化研究的任务定义为发展一套有关文化和权力的理论(Lawrence Grossberg, "Cultural Studies vs. Political Economy: Is Anybody Else Bored with This Debate?", *Critical Studies in Mass Communication*, 12 (March, 1995))。

④ Stuart Hall, "For Allon White: Metaphors of Transformation", in David Morley and Kuan-Hsing Chen, ed., *Stuart Hall*, London: Routledge, 1996, p. 303.

我们该如何理解这种思想的转变呢？文化研究学者的普遍回应是文化研究已经超出了那种关注经济基础与上层建筑之关系的初创范式。在霍尔看来，这种理论演化预示着"我们正在进入后马克思主义时代"。[①] 这种立场在其他地方也得到了回响。劳伦斯·格罗斯伯格认为文化研究正在超越政治经济学（进一步而言也就是马克思主义）的"还原论和反映论"[②]，即认识到了经济、社会和文化之间的关系是"非常复杂而难以描述的"。[③] 安吉拉·麦克罗比认为："从文化研究作为一种反对还原论和经济主义的激进研究方法的浮现开始，似乎这'两种范式'就与马克思主义一同出现了。"[④] "作为整体领域的马克思主义理论，"她暗示，"已经无法继续用马克思主义这个词来描述当下的研究模式了"。[⑤] 伴随着"后马克思主义"的粉墨登场以及"宏大理论"的分崩离析，文化研究获得了一种"更高程度的开放性"。[⑥]

---

① Stuart Hall, "Cultural Studies and Its Theoretical Legacies", in Lawrence Grossberg, Cary Nelson and Paula Treichler, ed., *Cultural Studies*, London: Routledge, 1992, p. 281.

② Lawrence Grossberg, "Cultural Studies vs. Political Economy: Is Anybody Else Bored with This Debate?", *Critical Studies in Mass Communication*, 12 (March, 1995), p. 79.

③ Lawrence Grossberg, "Cultural Studies vs. Political Economy: Is Anybody Else Bored with This Debate?", *Critical Studies in Mass Communication*, 12 (March, 1995), p. 76.

④ Angela McRobbie, "Post-Marxism and Cultural Studies: A Post-Script", in Lawrence Grossberg, Cary Nelson and Paula Treichler, ed., *Cultural Studies*, London: Routledge, 1992, p. 720.

⑤ Angela McRobbie, "Post-Marxism and Cultural Studies: A Post-Script", in Lawrence Grossberg, Cary Nelson and Paula Treichler, ed., *Cultural Studies*, London: Routledge, 1992, p. 723.

⑥ Angela McRobbie, "Post-Marxism and Cultural Studies: A Post-Script", in Lawrence Grossberg, Cary Nelson and Paula Treichler, ed., *Cultural Studies*, London: Routledge, 1992, p. 724.

与此相反，也有批评者将这种思想转变视作是一种大倒退。科林·斯帕克斯就主张这种转变正在丧失文化研究旨在"理解文化决断"的初衷，文化研究已经选择了"一种本质上的本本主义者的思路"。[①] 保罗·史密斯认为，文化研究已经选择将政治踏入文学领域或者将它们"最大限度地彼此隔离开来"。这两条路线都回避了"生产方式和市民生活与文化形式"以及"市民生活与文化本身"的关系问题。在史密斯看来，"文化研究仍然处于将经济、市民社会与文化领域视为彼此分离的阶段"。[②] 这种分离分析的结果就是丧失了文化研究领域的批判性实践：

> 由于这些领域的分离，文化研究就无法理解下述问题：文化研究自身能够有效提出的唯一目标就是在特定时空条件下的社会关系和文化生产的总体性。实际上，如果没有这层认识，文化研究必然被人们彻底谴责为一种更加资产阶级化的知识生产形式，因为它反映了上述领域的分离，而这是资本主义话语监控的一种绝望的努力。[③]

丹·席勒也对文化研究的下述倒退提出了批评：文化研究不再思考传播、文化与社会总体性之间的关系了——他认为这种趋势使得传播研究史在大体上陷入了困境。对于席勒来说，这种趋势源自传播理论当中的一种心物分离的二元论，或者脑力劳动和体力劳动的分离，结果导致了一种"永远无法在一种单一的概念总体中

① Colin Sparks, "Stuart Hall, Cultural Studies, and Marxism", in David Morley and Kuan-Hsing Chen, ed. , *Stuart Hall*, London: Routledge, 1996, p. 98.

② Paul Smith, *Millennial Dreams*, London and New York: Verso, 1997, pp. 59-60.

③ Paul Smith, *Millennial Dreams*, London and New York: Verso, 1997, p. 60.

对'劳动'与'传播'进行综合，甚至是包容的无能"。①

上述三种批评论调都将矛头指向一处：文化研究放弃了文化与"非文化"二者之间关系的唯物主义理解——换言之，这是对马克思主义的一种背离。斯帕克斯和席勒将这种倒退视作文化研究在20世纪70年代的结构主义转向的结果。在斯帕克斯看来，鉴于伯明翰当代文化研究中心是在对巴特、列维-斯特劳斯的结构主义思想的推崇之下运用马克思主义的，因而结构主义的马克思主义者阿尔都塞则在文化研究领域大体上获得了一种正统的地位。随后文化研究就从阿尔都塞自身的弱点当中走向了一种"背离马克思主义"的道路。② 席勒同样指责文化研究的结构主义转向，认为这使得意指与其余的实践活动隔离开来："它与其他的生产过程分离，意指——这被誉为一种'现实的积极的社会力量'——逐渐转变为一种自主生成原则。"③因此，"生产的全过程被严重削减了，而对于威廉斯等挑战了经济基础与上层建筑之经典模式的人而言，生产的全过程仍然是至关重要的"。④

斯帕克斯评论道："今天在文化研究领域中的主导观点或许就是褪去马克思主义这张皮，因为文化研究自身已经能够对当代现实问题的文化分析进行阐述。"⑤实际上，许多文化研究学者似乎欣然放弃了这种过时的理论框架，并且对那些还在束缚自身的东西

---

① Dan Schiller, *Theorizing Communication*, New York: Oxford University Press, 1996, p. xi.

② Colin Sparks, "Stuart Hall, Cultural Studies, and Marxism", in David Morley and Kuan-Hsing Chen, ed., *Stuart Hall*, London: Routledge, 1996, p. 71.

③ Dan Schiller, *Theorizing Communication*, New York: Oxford University Press, 1996, p. 153.

④ Dan Schiller, *Theorizing Communication*, New York: Oxford University Press, 1996, p. 153.

⑤ Colin Sparks, "Stuart Hall, Cultural Studies, and Marxism", in David Morley and Kuan-Hsing Chen, ed., *Stuart Hall*, London: Routledge, 1996, p. 98.

心生厌恶。① 其中的含义就是文化研究最终已经超越了唯心主义和还原论，并且它解决了曾被霍尔视为"关键问题"的"所有非还原确定性问题"。这恰恰就是我想要质问的假设。我也认为文化研究的思想轨迹永远打上了 20 世纪 70 年代所采用的"结构主义范式"的印记，据此它反击了文化反映论。在霍尔的领导下，文化研究者们试图利用文化与"非文化"的分离来解决这种文化反映论问题——这是一种结构主义赋予的语言形式对实质、偶然性对必然性、共时性结构对历时性发展的特权所促发的转变。就文化研究随后以阿尔都塞和葛兰西为中介挪用马克思主义来说，对结构主义的这种推崇至关重要。文化研究工程因为采纳了带有鲜明索绪尔立场的结构主义，所以，它内在地容易受到批判索绪尔立场的后结构主义的破坏而失去稳定性。霍尔的思想历程经历了从旨在理解"条件和意识的辩证法"②，到承认根本无法"获得那些对文化的关系和效果的充分说明"，③ 这反映在文章当中就是从结构主义到后结构主义的转向。该转向的致命伤就是文化研究对马克思主义的承诺。

与上述观点相反，有人认为这种思想轨迹的转向构成了一种理论进步。在我看来，这种论调只不过是老调重弹。霍尔对文化反映论问题的解决——使得文化具有自主性——不仅保存了反映论和自主性的二元论，而且保存了"非文化"的自主性，一般来说，

---

① 有格罗斯伯格反驳加纳姆一文的标题为证。格罗斯伯格的标题是"文化研究 VS 政治经济学：还有其他人厌倦这场论争吗？"(Lawrence Grossberg, "Cultural Studies vs. Political Economy: Is Anybody Else Bored with This Debate?", *Critical Studies in Mass Communication*, 12 (March, 1995))。

② Stuart Hall, "Cultural Studies: Two Paradigms", *Media, Culture, and Society*, 2 (1980), p. 72.

③ Stuart Hall, "Cultural Studies and Its Theoretical Legacies", in Lawrence Grossberg, Cary Nelson and Paula Treichler, ed., *Cultural Studies*, London: Routledge, 1992, p. 284.

"非文化"就成为"基础"或者"经济"。在某种程度上说，经济主义的显著特征就是一种自主经济或自主基础，因此霍尔将这个从一开始就在文化研究领域盘旋的特殊幽灵保存下来。笔者认为对这种文化反映论问题的克服包含着拒绝文化与"非文化"的分析式分离以及此二者的自主性，以及对长期以来一直未深入研究的"基础"观念的探究。

文化研究的结构主义转向

第二次世界大战以降，社会主义或者马克思主义的人道主义思潮在欧洲兴起，文化主义应运而生。文化主义从马克思的早期著作《1844 年经济学哲学手稿》中找到了一种理论依据。1932 年，马克思的这部早年作品正式出版，紧接着法国也于次年出版了该书，而该书的英文版直到 1959 年才得以出版，随后通过查尔斯·泰勒对该书的大力引介，[①] 霍尔、汤普森等英国新左派学者才得以一睹风采。后来霍尔与泰勒还一起担任了《大学与左派评论》的编辑。阿里·雷坦塞就此评论道："他们强调对资本主义社会下的人类异化状况的批评，积极关注社会主义条件下人的'本质'得以解放的可能性。"《1844 年经济学哲学手稿》提供了一种改变经济主义的方法，而这种经济主义自 20 世纪 30 年代以来在马克思主义研究领域甚嚣尘上。[②] 与斯大林主义的生产力特权相比，马克思的早期著作"力求将人类劳动力解释为一种自我创造行为，这就仅仅将生产技

---

① Dennis Dworkin, *Cultural Marxism in Postwar Britain*, Durham, N. C.：Duke University Press, 1997, p. 62；Charles Taylor, "Marxism and Humanism", *New Reasoner*, No. 2 (summer, 1957), pp. 92-98.

② Ali Rattansi, "Ideology, Method, and Marx：Contextualising a Debate", in Ali Rattansi, ed., *Ideology, Method, and Marx*, London：Routledge, 1989, p. 1.

术的发展视作是一瞬间的事情"。①

威廉斯和汤普森强调这种具有本质作用的人类创造性在历史文化进程中的中心地位。鉴于反对将文化和意识视作是经济生产力的直接反映，他们力求恢复实践在历史当中的地位。正如汤普森指出的，"这是一种能动过程——同时人类据此过程得以创造历史——而这正是我所一直秉持的观点"。② 威廉斯也批评这种所谓的"正统"马克思主义的反映论问题，因为"艺术降格成为一种对基础经济和政治进程的纯粹反映，因而艺术就堕落成了寄生虫"。在威廉斯看来，"人类的创造因素是自身个性与外在社会的根源；它既不能被艺术所限制，也不能被政治决策和经济生活的系统所排斥"。③

假如说文化主义奠定了文化研究的基础的话，那么正如霍尔所言，这种霸权"随着'结构主义'在学界的登陆而被打破了"。④ 正是在霍尔的领导下，结构主义在文化研究领域获得了自身的范式地位。与文化主义一样，结构主义也涉及反映论、经济基础与上层建筑二元公式的问题。在《野性的思维》一书中，列维-斯特劳斯认同"经济基础具有无可争辩的首要地位"，然而这是旨在发展"马

---

① Ali Rattansi, "Ideology, Method, and Marx: Contextualising a Debate", in Ali Rattansi, ed., *Ideology, Method, and Marx*, London: Routledge, 1989, p. 2.

② E. P. Thompson, "The Long Revolution", *New Left Review*, 9 (May-June, 1961), p. 33.

③ Raymond Williams, *The Long Revolution*, New York: Columbia University Press; London: Chatto and Windus, 1961, p. 115; Raymond Williams, *Culture and Society*, 1958, Reprint, New York: Columbia University Press, 1983.

④ Stuart Hall, "Cultural Studies: Two Paradigms", *Media, Culture, and Society*, 2 (1980), p. 64. 不过，这种陈述有点儿误导，仿佛法国结构主义与威廉斯和汤普森的作品是同时诞生的。结构主义在英国登陆比较晚的原因是它的一些重要文本的翻译较为迟缓，并且英国知识分子的岛国偏狭性使得他们长期被经验主义主导，因而对一切法国事物心存疑虑。

克思几乎从未谈及的上层建筑理论"。① 巴特的《神话学》利用了索绪尔的符号学来"详细阐明这种将小资产阶级文化转变成为一种普遍本质的神秘化"。② 阿尔都塞通过他的"上层建筑的相对自主性"概念来改变经济主义，并且主张一种"上层建筑的特殊功效理论"，并且这"在很大程度上仍有待详述的"。③ 实际上，弗雷德里克·詹姆逊已经将这种结构主义蓝图的特性概括为"上层建筑研究，或者更简略而言就是意识形态研究"。④

结构主义利用索绪尔的语言学挑战了反映论。索绪尔的卓越贡献在于他破除了我们先前对于语言的错误观念，即"语言是对于预先存在的意义或者心灵印记的反映或者表现，它是一种以物质的方式对某些非物质的东西的再现"，这种再现是通过提出一种语言的关系理论而非实体理论来进行的。⑤ 借助符号来反对一种所谓认知状态的预先世界的存在，索绪尔主张词语与思想是在语言系统当中共同产生的，这种产生过程是依据差异和组合的原则进行的，它将形式同时加诸思想与物质之上。在索绪尔模式当中，语言是一个封闭的符号分类系统，能指和所指的二元关系通过二者的不变代码进行接合，即将每一个不同的能指分配给每一个独特的所指。这种代码需要各种元素之间的差异和重组，依据构造的严格规则，这种构造原则的公式组成了语言的"结构"。因为需要

---

① Claude Lévi-Strauss, *The Savage Mind*, Chicago: University of Chicago Press, 1966, p. 130.

② Roland Barthes, *Mythologies*, London: Jonathan Cape, 1972, p. 9.

③ Louis Althusser, *For Marx*, New York: Vintage Books, 1970, p. 113.

④ Fredric Jameson, *The Prison-House of Language*, Princeton, N. J.: Princeton University Press, 1972, p. 101.

⑤ William Riordan, "Sartre and the Structurality of Structure, or Was Sartre a Poststructuralist?", Unpublished, University of Colorado, 1998, p. 4; Manfred Frank, *What Is Neostructuralism*?, Minneapolis: University of Minnesota Press, 1989.

使用语言，那么一位言说者就必须通过元素之间的差异来确定某一个特殊元素的特性，索绪尔认为一个语言系统常常是已然完整的——这是一种元素之间的"相互关系的共时性总体"。① 在索绪尔模式里，意义并不是一种意识的或者事物的特性，而是一种接合的形式图式的效果，即它决定了元素是如何彼此区分进而相互组合的。因此，符号与指示物之间的关系是任意的（换言之，这并不是事物的一种反映），符号的显性内容（包括观念和语音实体）隶属于它们在语言结构［语言（langue）］当中作为实用价值的功能，即组成了实际的语言使用［言语（parole）］可能状态。因此，索绪尔认为"语言本身只是一种形式而非实体"②，它"只包含差异关系而非肯定关系"。③

法国结构主义是通过将索绪尔的语言概念"大力阐释"为形式（form）而非实质（substance）的方式得以产生的。④ 对索绪尔语言学的一些重要原则的使用——比如语言学中的结构概念（structure）、语言的非写实模式（nonrepresentational model）、符号的任意性学说（arbitrariness）、不太关心语言的指涉维度、关注语言（langue）和共时性（Synchrony）胜于言语（parole）和历时性（diachrony）——结构主义将这些原则运用于文化和社会研究当中，而此举在人文学科领域的意义无疑是深远的。如果说索绪尔的语言结构概念是社会研究的总体蓝图，那么结构主义者就会指出：可以

---

① William Riordan, "Sartre and the Structurality of Structure, or Was Sartre a Poststructuralist?", Unpublished, University of Colorado, 1998, p. 5.

② Ferdinand de Saussure, *Coursein General Linguistics*, Toronto: McGraw-Hill, 1966, p. 120.

③ Ferdinand de Saussure, *Coursein General Linguistics*, Toronto: McGraw-Hill, 1966, p. 118.

④ Manfred Frank, *What Is Neostructuralism?*, Minneapolis: University of Minnesota Press, 1989, p. 31.

将人类实践的多样性理解为"结构代码规约下的意指系统的不同接合"。① 因此，从诸如亲属关系到饮食习惯、从神话到文学都可以被视为这个同样的总体原则的显露。尽管形式对实质具有优先性，结构主义将语言视作是"思想、科学和哲学的特权对象"，视作是"人和社会历史的'关键'"，以及"接近社会运行规律的方法"。② 朱莉娅·克里斯蒂娃指出："语言科学知识投射在社会实践的总体上……据此奠定了一种探究广阔的人类活动领域的科学方法基础。"③结构主义的重心在于个体们的活动"沦为语音材料的层级"。也即是说，个人行动是任意的——不带有自身的实际意义——因为他们的意义是通过在预先存在的接合模式当中刻制的。因此，结构主义者认为人类是"被结构言说的"。

皮埃尔·布尔迪厄认为："现代语言学以及发生了语言学转向的人文学科的命运是被索绪尔决定的，因为他自开山以来就将语言区分为'外在'元素与'内在'元素。"通过将自主性引入语言当中，结构主义语言学家"使用了一种意识形态效果"，即通过"将语言工具与生产、使用它的社会条件分割开来，从而将自身呈现为一种最自然的社会科学"。④ 结构主义者大都持有上述的批评观，据此他们在两个方面从事相关活动：先通过将语言与其余社会历史存在进行理论分离以便进行科学分析，然后再将语言的操作规则再

---

① William Riordan, "Sartre and the Structurality of Structure, or Was Sartre a Poststructuralist?", Unpublished, University of Colorado, 1998, p. 4.

② Julia Kristeva, *Language: The Unknown*, New York: Columbia University Press, 1989, p. 3.

③ Julia Kristeva, *Language: The Unknown*, New York: Columbia University Press, 1989, p. 4.

④ Pierre Bourdieu, *Language and Symbolic Power*, Cambridge: Harvard University Press, 1991, p. 33.

反向投射到"社会实践的总体上"。唯有通过这种预先分离的方式，语言才能成为"进入社会运行规律"的特权模式。语言的特权总体是对于意义的一种历时性理解的贬抑，即主张意义全部源自一种共时性系统的运行。由此观之，历时性沦为了一种没有意义的纯粹重复——它只是一些"不连续的序列结构"。[①] 因此，结构主义者对于任何历史必然性概念的拒绝使得他们赞同"不可简化的偶然性"。[②] 在索绪尔的阴影下，结构主义者以结构（静态系统的内在关系逻辑）取代历史（暂时发展）并将其作为研究方法与对象——此举为放弃马克思主义铺开了道路。

鉴于文化研究寻求一种非反映论的文化概念，那结构主义对于文化研究的理论诱惑就是可以预见的。在斯帕克斯看来，符号学和结构主义早在 20 世纪 60 年代末期就引入伯明翰文化研究中心，"这不仅与马克思主义无关，而且比任何涉及马克思主义的严肃讨论都来得早"。[③] 从 1969 年到 1971 年，文化研究中心开始努力"寻求一种替代性的问题式和方法"，这其中就包括了诸如"现象学、符号互动论、结构主义和马克思主义"。[④] 对该时期的理论重估与霍尔升任文化研究中心主任相一致，这标志着文化主义范式的主导地位开始被动摇。这种转变在霍尔"两种范式"的评价当中得到体现，在文中霍尔支持这种将"经验"视作一种结构效果的结构主义文化观，

---

① William Riordan, "Sartre and the Structurality of Structure, or Was Sartre a Poststructuralist?", Unpublished, University of Colorado, 1998, p. 7.

② Claude Lévi-Strauss, *From Honey to Ashes*, New York: Harper & Row, 1973, p. 477. 福柯在其结构主义"考古学"阶段的作为一系列离散知识的历史概念，或者在其后结构主义阶段的作为没有必然联系的话语和权力的连续总体的"谱系学"模式，这些是历时性贬值的结果。

③ Colin Sparks, "Stuart Hall, Cultural Studies, and Marxism", in David Morley and Kuan-Hsing Chen, ed., *Stuart Hall*, London: Routledge, 1996, p. 81.

④ Colin Sparks, "Stuart Hall, Cultural Studies, and Marxism", in David Morley and Kuan-Hsing Chen, ed., *Stuart Hall*, London: Routledge, 1996, p. 81.

就结构主义的"结构整体的必然复杂性"概念与文化主义的"表达因果关系的复杂单一性"概念而言,① 霍尔对前者的推崇胜于后者,而且霍尔认为前者的方法论的优越性在于"它切入了现实的复杂性当中"。②

霍尔对列维-斯特劳斯的处理表明了他对结构主义基本原理的接受。"语言学范式",霍尔指出,让列维-斯特劳斯处理文化的方式"不只停留在它与实践内容相符的水平上,而是处在它与形式结构相符的水平上",并且"将'文化'视为思维和语言的范畴和框架,据此不同的社会类型则来自于他们的不同存在状况当中"。更进一步来说,列维-斯特劳斯"认为通过这种方式和实践可以让上述范畴及精神框架得以生产和转化,并且这主要还是通过模拟语言(最重要的'文化'媒介)自身的运作方式来实现的"。对于霍尔而言,列维-斯特劳斯"通过生产意义范畴的方式来强调各种内在关系",这就提供了一种新的将文化与"非文化"的关系进行概念化处理的方式——据此"一种确定性的因果逻辑被一种结构主义的因果关系排除了——这是一种约定的、内在关系的、结构以内各部接合的逻辑"。③

然而在霍尔看来,结构主义只是在文化研究领域具有某种理论影响,当然他也认同"结构主义是一种对后来发生的所有事情进行着色和影响的干预形式"。④ 在结构主义的影响下,霍尔及其文

---

① Stuart Hall, "Cultural Studies: Two Paradigms", *Media*, *Culture*, *and Society*, 2 (1980), p. 68.

② Stuart Hall, "Cultural Studies: Two Paradigms", *Media*, *Culture*, *and Society*, 2 (1980), p. 67.

③ Stuart Hall, "Cultural Studies: Two Paradigms", *Media*, *Culture*, *and Society*, 2 (1980), p. 65.

④ Stuart Hall, "Cultural Studies and the Centre: Some Problematics and Problems", in Stuart Hall, et al. , ed. , *Culture*, *Media*, *Language*: *Working Papers in Cultural Studies*(1972—1979), London: Hutchinson, 1980, p. 29.

化研究中心开始从意义（meaning，作为人类的活动）转向意指（signification，作为语言的运作）。"编码/解码（encoding/decoding）"模式是霍尔的媒介话语的概念基础，正如霍尔在 1989 年的一次谈话中指出，"这反映了结构主义与符号学开始对文化研究产生影响"。编码/解码模式也"对马克思主义的经济基础/上层建筑模式存有异议，对于诸如将意识形态、语言和文化视作是第二属性的，即将其视为被社会经济过程决定的而非自主设定的概念表示不满"。① 从语言操作的观点来理解意指使得霍尔将媒介"意义和信息"描述为"一种借助话语横组合链中的符码操作，并且在'语言规则'以内形成的特殊组织的符号工具，这就像传播或者语言的所有形式那样"。② 霍尔认同语言系统先于并且决定着"现实（real）"的观念："许多事件的意义只能在电视话语的视听形式当中得以呈现。当某一历史事件在话语符号之下传递之时，这就受制于那些使语言可以表意的所有复杂且正式的'规则'。"③因此，霍尔认为，话语并不是"对'现实'的'透明'呈现，而是通过'符码操作'来对知识进行建构"。④

霍尔的"新闻图像研究"一文明显受到了列维-斯特劳斯和巴特的影响。承接巴特的"图像修辞学"，霍尔研究了"使得意义成为可

---

① Ian Angus, et al., "Reflections upon the Encoding/Decoding Model: An Interview with Stuart Hall", in Jon Cruz and Justin Lewis, ed., *Viewing*, *Reading*, *Listening*: *Audiences and Cultural Reception*, Boulder: Westview Press, 1994, p. 254.

② Stuart Hall, "Encoding/Decoding", in Stuart Hall, et al., ed., *Culture*, *Media*, *Language*, London: Hutchinson, 1980, p. 128.

③ Stuart Hall, "Encoding/Decoding", in Stuart Hall, et al., ed., *Culture*, *Media*, *Language*, London: Hutchinson, 1980, p. 129.

④ Stuart Hall, "Encoding/Decoding", in Stuart Hall, et al., ed., *Culture*, *Media*, *Language*, London: Hutchinson, 1980, p. 129.

能的符码",① 从而识别出"那种通过选择机制②功能将世界进行分
类③的潜在'深层结构'"。④ 这种将意指视作为"原始材料"⑤分配意
义的知识建构过程的观点在霍尔的"文化、媒介和'意识形态效
果'"一文中再次出现。因此,结构语言学的基本原理——意指纯
粹源自系统内的各元素的形式接合——被引入文化研究领域,进
而在媒介研究当中得以运用。对于霍尔来说,结构主义方法的价
值在于可以建立一种"非还原主义"的文化理论,该方法可以"研究
符号和表征的系统";它"强调文化的具体性和不可还原性"。⑥ 这
与"人本主义理论"⑦完全不同。霍尔认为:"结构主义迫使我们不
得不去真正反思这种作为实践的'文化':思考意指的物质条件及
其必要。"⑧这里使用了"实践"和"意指的物质条件"的语言,据此我
们突然发现了阿尔都塞对霍尔思想的影响。尽管列维-斯特劳斯向
往一种"上层建筑理论",巴特也将符号学的目光转向意识形态,
但是唯有阿尔都塞在文化研究领域内将马克思主义与结构主义合
二为一。

---

① Roland Barthes, *Mythologies*, London: Jonathan Cape, 1972, p. 176.

② Roland Barthes, *Mythologies*, London: Jonathan Cape, 1972, p. 183.

③ Roland Barthes, *Mythologies*, London: Jonathan Cape, 1972, p. 181.

④ Roland Barthes, *Mythologies*, London: Jonathan Cape, 1972, p. 186.

⑤ Stuart Hall, "Encoding/Decoding", in Stuart Hall, et al., ed., *Culture, Media, Language*, London: Hutchinson, 1980, p. 129.

⑥ Stuart Hall, "Cultural Studies and the Centre: Some Problematics and Problems", in Stuart Hall, et al., ed., *Culture, Media, Language : Working Papers in Cultural Studies*(1972—1979), London: Hutchinson, 1980, p. 30.

⑦ Stuart Hall, "Cultural Studies and the Centre: Some Problematics and Problems", in Stuart Hall, et al., ed., *Culture, Media, Language : Working Papers in Cultural Studies*(1972—1979), London: Hutchinson, 1980, p. 31.

⑧ Stuart Hall, "Cultural Studies and the Centre: Some Problematics and Problems", in Stuart Hall, et al., ed., *Culture, Media, Language : Working Papers in Cultural Studies*(1972—1979), London: Hutchinson, 1980, p. 31.

结构主义＋马克思主义

在霍尔的指引之下，伯明翰文化研究中心开始了结构主义的马克思主义转向。① 斯帕克斯认为尽管文化研究在突入马克思主义的早期也研究了一系列思想家，比如卢卡奇和萨特，但是阿尔都塞的结构主义的马克思主义在 1973 年取得了该领域的"正统"②地位。阿尔都塞《保卫马克思》一书中"矛盾与多元决定"一章内容，简直就是为霍尔而作的，但后者直到 1983 年才盛赞"该章理论概念的丰富性"，并且认为此文的价值在于已经开始"思考没有被简化为单一整体的各种复杂的确定性问题"。③ 阿尔都塞之所以能在 20 世纪 70 年代以后的英国文化研究领域荣获巨大声誉，是因为他提供了一种可以将马克思主义与结构主义进行融合的新思路，而这代表了当时人文社科领域的最前沿。阿尔都塞的马克思主义是反对经济主义和人本主义的，它提供了一种可以洞悉"当下的不透

---

① 文化研究中心在 1971 年的报告当中指出它"选择了一个连贯的理论……这是卡尔·马克思此前从未分析过的"（Colin Sparks, "Stuart Hall, Cultural Studies, and Marxism", in David Morley and Kuan-Hsing Chen, ed., *Stuart Hall*, London: Routledge, 1996, p. 81.）。同年，该中心发起了一个名为"定位马克思"的座谈会，这受到了大卫·麦克莱伦的《马克思的〈政治经济学批判大纲〉》一书［David McLellan, *Marx's "Grundriss"*, Flamingo, (March, 1973)］的启发。《马克思的〈政治经济学批判大纲〉》首次提供了马克思在 1857 年所写的政治经济学手稿的部分英译文本。此次座谈会的许多论文最后收录于保罗·沃尔顿和霍尔主编的《定位马克思》文集中（Stuart Hall, Peter Walton, *Situating Marx: Evaluations and Departures*, London: Chaucer Publishing Co Ltd, 1972）。

② Colin Sparks, "Stuart Hall, Cultural Studies, and Marxism", in David Morley and Kuan-Hsing Chen, ed., *Stuart Hall*, London: Routledge, 1996, p. 82.

③ Stuart Hall, "Signification, Representation, Ideology: Althusser and the Post-Structuralist Debates", *Critical Studies in Mass Communication*, 2 (June, 1985), p. 94.

明性"①的哲学基本原理及方法。阿尔都塞对经济主义的批评，是沿着他对由"内在统一性原理"②驱动的黑格尔式社会总体性概念的拒斥向前的。因此，他抛弃了黑格尔主义的"表现的总体性"概念，这种"表现的总体性"每一个要素都是对那个单一原理的显示或者反映。阿尔都塞将斯大林主义视为这种谬误的变体——这里的生产力与生产关系之间的"一般矛盾"成为作为一种反映现象的上层建筑的单线"原因"。然而人道主义的马克思主义将自己视为是与斯大林主义针锋相对的，不过在阿尔都塞看来，这也只不过是黑格尔主义的"表现的总体性"错误的翻版：人道主义使得"异化"（及其"扬弃"）成为那个单一的统一原理。

阿尔都塞批判了斯大林主义和社会主义人道主义的黑格尔主义残留，而他的全部计划正是为了发展出一种马克思主义的"科学"，我们可以将这种努力理解为是在黑格尔范围之外对于决定问题的反思。在克里斯多夫·诺里斯看来，阿尔都塞是借助于斯宾诺莎来终结黑格尔的："阿尔都塞的马克思主义的全部计划归根结底就是用斯宾诺莎反对黑格尔，他呼吁用一种马克思主义的'科学'理论来抵抗各种黑格尔主义的残留，比如阶级意识、异化、'表现的因果性'等。"③斯宾诺莎和阿尔都塞发展出了"结构因果性"概念，这意为"社会总体性包含了不同层级的接合全体……比如，包括经济基础、政治—法律以及意识形态的上层建筑在内"。④ 尽管每一个层级都具有一定程度的自主性和功效，但是它们也被上

---

① Louis Althusser and Étienne Balibar, *Reading Capital*, London: New Left Books, 1970, p. 16.

② Louis Althusser, *For Marx*, New York: Vintage Books, 1970, p. 203.

③ Christopher Norris, *Spinoza and the Origins of Modern Critical Theory*, Oxford: Basil Blackwell, 1991, p. 35.

④ Louis Althusser, *Philosophy and the Spontaneous Philosophy of the Scientists*, London: Verso, 1990, p. 6.

述所有三个例子的实践总体所决定。因此阿尔都塞反对这一孪生命题：生产关系是生产力的"纯粹现象"，上层建筑是经济基础的呈现现象。[1] 阿尔都塞提议去除这个"有结构的复杂统一体的既与性"[2]，在这其中"复杂整体的组织方式和构成方式恰恰在于它是一个整体"。[3]

因此，阿尔都塞用"多元决定"这个概念来取代黑格尔主义的单一决定，在前者那里，"诸如社会形态等有结构的复杂整体的具体演变"被理解为"复杂的、有结构的、不平衡的规定性"。[4] 然而，社会形体并不只是"所有要素之间的相互作用"[5]，而是"主导结构"。[6] 某一层级在每个社会形式当中居于主导性位置，并且生产形式决定了何种层级占据这一位置。因此，在它"于社会形态的所有要素之间分配效用"的范围以内，经济基础仍是（"归根结底的"）[7]决定一说。假设这些不同'层级'具有一种"相对自主性"，那么这就需要将它们之间的关系放在反映论的限制之外进行考察，正如阿尔都塞所言：

> 马克思已经给我们提供了"链条的两端"，一方面，生产方式（经济因素）归根到底是决定性因素，另一方面，上层建

---

[1] Louis Althusser, *For Marx*, New York: Vintage Books, 1970, p. 100.

[2] Louis Althusser, *For Marx*, New York: Vintage Books, 1970, p. 199.

[3] Louis Althusser, *For Marx*, New York: Vintage Books, 1970, p. 202.

[4] Louis Althusser, *For Marx*, New York: Vintage Books, 1970, pp. 209, 210.

[5] Peter Dews, "Althusser, Structuralism, and the French Epistemological Tradition", in Gregory Elliott, ed., *Althusser: A Critical Reader*, Oxford, England: Blackwell, 1994, p. 113.

[6] Louis Althusser, *For Marx*, New York: Vintage Books, 1970, p. 202.

[7] Peter Dews, "Althusser, Structuralism, and the French Epistemological Tradition", in Gregory Elliott, ed., *Althusser: A Critical Reader*, Oxford, England: Blackwell, 1994, p. 114.

筑及其效能具有相对自主性，并且告诉我们在此两者间去
寻找。①

阿尔都塞的意识形态概念——后来成了文化研究的核心——源自
结构主义的一个理论前提：一个给定的活动领域可以被分离出来
并通过其内在逻辑和关系进行检查。实际上，他认为："这是因为
每一个层级具有一种能被客观视作'部分整体'的'相对自主性'，
并且这成为相对独立的科学研究的对象。"②斯宾诺莎区分了"想象
的知识"（在实际经验当中产生的前反思与常识意识）和"充足的知
识"（通过批判理性的正确使用来获得）或者"理解"，据此，阿尔都
塞声称"要对科学和意识形态进行严格的区分"。③ 然而意识形态包
含着"表征、图像、符号等内容"。④ 意识形态的总体意义并不是源
自某一单个要素（内容），而是源自这些要素之间的内在组织和关
系（形式）："考虑到分离（符号和表征）无法构成意识形态。正是它
们的系统性、排列与组合的模式才给予它们自身的意义；正是它
们的结构决定了它们的意义和功能。"⑤这种功能是社会再生产：
"确保人们之间的契约符合他们存在形式的总体性，个体与社会结
构分配给他们的任务建立起关系。"⑥

---

① Louis Althusser, *For Marx*, New York: Vintage Books, 1970, p. 111.

② Louis Althusser, *Philosophy and the Spontaneous Philosophy of the Scientists*, London: Verso, 1990, p. 6.

③ Louis Althusser, *Philosophy and the Spontaneous Philosophy of the Scientists*, London: Verso, 1990, p. 22.

④ Louis Althusser, *Philosophy and the Spontaneous Philosophy of the Scientists*, London: Verso, 1990, p. 26.

⑤ Louis Althusser, *Philosophy and the Spontaneous Philosophy of the Scientists*, London: Verso, 1990, p. 26.

⑥ Louis Althusser, *Philosophy and the Spontaneous Philosophy of the Scientists*, London: Verso, 1990, p. 28.

意识形态对"每一个社会位置被其社会结构决定的人来说都是不透明的"。因为正是潜在的结构原则决定了图像和表征得以进行选择和组合的方式。通过这种方式，意识形态"召唤"或者"质询"（也就是"生产"）出了社会主体，在每个主体那里，它就像"自由"思想那般自然而然地出现了。因此，阿尔都塞指出："意识形态呈现的东西并非主导人们生存的真实关系系统，而是人们对生活中的真实关系的想象图景罢了。"①这样看来，意识形态就是形式胜于内容，它是永恒的与超历史的。可是，结构也可以作为"客观研究的对象"。② 因此，就像列维-斯特劳斯力求创造一门科学，借此人们可以认识到潜藏在文化实践的表层变体之下的永恒"宇宙法则"那样，阿尔都塞也想建立一门产生于特定的历史变体之中、研究意识形态的客观结构的科学知识。这种知识是通过概念厘清或者内在批判的方式获得的，而这些知识再通过建立"想象与真实之间的差异"③来转化为政治实践。

这种批判厘清或者"理论实践"构成了结构主义的马克思主义的科学和政治计划。对于阿尔都塞而言，"实践"是"通过一定的人力劳动，使用一定的生产'资料'，把一定的原料加工为一定的'产品'的过程"。④ 实践也分"层级"：经济的、政治的、意识形态的和理论的。马克思主义科学位于理论实践的层级，它"加工的原料（表征、概念和事实）由其他实践（'经验'实践、'技术'实践或者

---

① Louis Althusser, *Lenin and Philosophy and Other Essays*, New York：Monthly Review Press，p. 155.

② Louis Althusser, *Philosophy and the Spontaneous Philosophy of the Scientists*, London：Verso，1990，p. 26.

③ Louis Althusser and Étienne Balibar, *Reading Capital*, London：New Left Books，1970，p. 17.

④ Louis Althusser, *For Marx*, New York：Vintage Books，1970，p. 166.

'意识形态'实践)所提供"。① 在这个层级，"生产方式"是采取的各种概念，方法则是使用概念的方式，而产品则是知识或者科学真理。阿尔都塞认为："去了解就是用理论生产（理论和方法）的方式加诸原始材料进而生产了对象的充足概念。"②理论实践或许能通过将"'两种不同的具体'——作为认识的'思维具体'和作为认识对象的'实在具体'"③统一起来促成政治实践。④

在将霍尔介绍给美国学界之时，格罗斯伯格和斯莱克强调了"'阿尔都塞要素'在文化研究进入结构主义领域的重要性"。⑤ 从该领域诞生了被霍尔称为媒介研究的"批判范式"，该范式"从内容转向结构或者说从显示意义转向符码层级绝对是一大特色"。⑥ 在霍尔看来，这种"范式转换"构成了媒介研究当中的一个"理论革命"，"而这种变革的核心则是意识形态、社会、语言的政治意义、符号和话语政治

---

① Louis Althusser, *For Marx*, New York: Vintage Books, 1970, p. 167.

② Louis Althusser, *Philosophy and the Spontaneous Philosophy of the Scientists*, London: Verso, 1990, p. 15.

③ Louis Althusser, *For Marx*, New York: Vintage Books, 1970, p. 186.

④ 对于阿尔都塞来说，"产生思维具体(认识)的过程完全在理论实践中展开"(Louis Althusser, *For Marx*, New York: Vintage Books, 1970, p. 186.)。尽管许多评论家指出阿尔都塞是经济主义者和还原主义者，但是这还是免不了使他容易遭受唯心主义指控的侵害。就经济主义者而言，可参见朗西埃的"论意识形态(阿尔都塞的政治学)"(Jacques Rancière, "On the Theory of Ideology [the Politics of Althusser]", *Radical Philosophy*, 7 [spring, 1974], pp. 2-15.)和格鲁克斯曼的"腹语者的结构主义"(Andre Glucksmann, "A Ventriloquist Structuralism", *New Left Review*, 72 [March-April, 1972], pp. 68-92.)的论述；就还原主义者而言，可参见汤普森在《理论的贫困》中的论述(E. P. Thompson, *The Poverty of Theory and Other Essays*, London: Merlin Press, 1978)。

⑤ Lawrence Grossberg and Jennifer Daryl Slack, "An Introduction to Stuart Hall's Essay", *Critical Studies in Mass Communication*, 2 (June, 1985), p. 88.

⑥ Stuart Hall, "The Rediscovery of 'Ideology': Return of the Repressed in Media Studies", in Michael Gurevitch, et al., ed., *Culture, Society, and the Media*, London: Metheun, 1982, p. 71.

学的再发现"。① 假如"阿尔都塞要素"标志着文化研究的马克思主义转向，那么它也就包含了结构主义的基本原理：语言/文化并非实质而是形式。文化并不是表达或者经验的内容，而是符码、目录和分类(也就是组织原则)，即它只是提供了思考/意识的框架基础。因此意义——包括活动和组织过程的产物——是文化分析的合理对象。

在"'意识形态'的再发现"一文中，霍尔指出，"废黜了语言的指示概念"，结构主义已经彻底表明"现实世界中的事物并不包含或者给出它们自身的、完整的、单一的、固有的意义"。甚至，可以说"这个世界也只是通过语言和符号化被给出意义的"，而语言和符号则是"意义得以制造的方式"。② 因为除了语言之外我们无法接近"真实"，并且"社会关系唯有借助言说才能获得意义"，③ 因此这就印证了那句话"在什么社会环境下做什么事儿"。④ 因此，霍尔将意识形态视作一套生产意义的规则，即它定义了社会行动的情境。霍尔认为意识形态：

> 在个体出生前就构成了个体得以诞生的部分特定社会形式和情境。我们不得不"借助意识形态来言说"，因为它在我们的社会当中极为活跃，并且它为我们提供了"理解"社会关系和自我处境的工具……它通过为身份和认识构筑主体(包括个人和集

---

① Stuart Hall, "The Rediscovery of 'Ideology': Return of the Repressed in Media Studies", in Michael Gurevitch, et al., ed., *Culture, Society, and the Media*, London: Metheun, 1982, p. 89.

② Stuart Hall, "The Rediscovery of 'Ideology': Return of the Repressed in Media Studies", in Michael Gurevitch, et al., ed., *Culture, Society, and the Media*, London: Metheun, 1982, p. 67.

③ Stuart Hall, "Signification, Representation, Ideology: Althusser and the Post-Structuralist Debates", *Critical Studies in Mass Communication*, 2 (June, 1985), p. 98.

④ Stuart Hall, "The Rediscovery of 'Ideology': Return of the Repressed in Media Studies", in Michael Gurevitch, et al., ed., *Culture, Society, and the Media*, London: Metheun, 1982, p. 65.

体)位置来"起作用",而身份和认识能够让主体"发出"意识形态的真理,这就好像他们正是这些真理的原创者一般。①

这就意味着我们在意识形态话语当中将不明事理,正如霍尔指出:"遇到一种意识形态陈述之时,我们自身无法察觉这种意识形态分类的系统规则。"可是,按照结构主义以及阿尔都塞的观点来看,他维持了这种意识形态,"就像语言的规则……容易通过解释和解构模式进行理性的审查和分析,这可以对其根基切开一种话语,并且允许我们检查产生它的各种类型"。②

这一蓝图基于如下假设:脱离语言或者意识形态的结构,确定它的构造原则,并摆脱它为我们所有人构筑的实践意识,是可能的。它假设一个人既能"内在于"(被决定)也能"外在于"(超脱于)这种结构,因此这就能够刺穿话语的生成"基础"。自德里达解剖索绪尔语言学的形而上学基础以来,后结构主义持续侵蚀的正式生成基础这个概念——这是一个带有"中心"和"外缘"的结构。由于这种后结构主义的批判来袭,文化研究所致力于的唯物主义(比如马克思主义)就必然面临倾覆。借助葛兰西,霍尔试图规避马克思主义或者"完全相反的另一端",③ 但是最终不能逆转这一"无法停止的哲学危机"④,而这恰恰是因为他已经接受了结构主义的基本原理。

---

① Stuart Hall, "The Whites of Their Eyes: Racist Ideologies and the Media", in George Bridges and Rosalind Brunt, ed., *Silver Linings*, London: Lawrence & Wishart Ltd, 1981, pp. 31-32.

② Stuart Hall, "Signification, Representation, Ideology: Althusser and the Post-Structuralist Debates", *Critical Studies in Mass Communication*, 2 (June, 1985), p. 106.

③ Stuart Hall, "The Problem of Ideology: Marxism without Guarantees", *Journal of Communication Inquiry*, 10 (summer, 1986), p. 28.

④ Stuart Hall, "Signification, Representation, Ideology: Althusser and the Post-Structuralist Debates", *Critical Studies in Mass Communication*, 2 (June, 1985), p. 94.

葛兰西转向：文化研究范式的综合

如果说 20 世纪 60 年代的马克思主义理论史的主要特色是"阿尔都塞主义"，那么如今完全可以说我们进入到了一个"葛兰西主义"新阶段。[①]

在《葛兰西和马克思主义理论》的导论中——顺便说一下，这篇导论的译者是文化研究中心的科林·默瑟——尚塔尔·墨菲认为，"随着 1968 年事件发展而来"的葛兰西复兴显示左派知识分子正从悲观主义转向乐观主义，而这些左派人士早年曾将他们的希望寄托在第三世界国家的民族解放运动上，如今他们展望"在发达资本主义国家进行革命转向的可能性"。[②] 霍尔也置身于这种铸就了 20 世纪 80 年代转向的洪流当中。当阿尔都塞遭受到来自朋友和敌人的理论攻击之时，文化研究开始转向了葛兰西。[③] 在"文化研究及其中心"，霍尔认为"葛兰西纠正了大量反历史的、高度的抽象形式，而这是结构主义所处的理论操作层级"，并且这"对我们来说

---

① Chantal Mouffe，"Introduction：Gramsci Today"，*Gramsci and Marxist Theory*，London：Routledge and Kegan Paul，1979，p. 1.

② Chantal Mouffe，"Introduction：Gramsci Today"，*Gramsci and Marxist Theory*，London：Routledge and Kegan Paul，1979，p. 1.

③ 比如可以参见朗西埃的"论意识形态理论：阿尔都塞的政治学"（Jacques Rancière，"On the Theory of Ideology（the Politics of Althusser）"，*Radical Philosophy*，7（spring 1974），pp. 2-15. ）、赫斯特的"阿尔都塞与意识形态理论"（Paul Q. Hirst，"Althusser and the Theory of Ideology"，*Economy and Society*，5（November，1976），pp. 385-412. ）以及汤普森《理论的贫困》中的相关论述（E. P. Thompson，*The Poverty of Theory and Other Essays*，London：Merlin Press，1978）。德沃金指出，阿尔都塞在英国文化研究领域的统治力于 1978 年"已经出现了衰退"（Dennis Dworkin，*Cultural Marxism in Postwar Britain*，Durham，N. C. ：Duke University Press，1997）。

提供了很多'马克思主义的结构主义'的'极限'案例"。① 葛兰西与文化主义同样是彼此相容的。在"文化研究：两种范式"一文中，霍尔认为文化主义的重点是"意识斗争发展的积极方面……反对结构主义范式的不断沉沦"，而对此起到进一步推动作用的就是葛兰西，他

> 为我们提供了一套大量与"无意识"有关的更为精妙的术语，并且以一种更为积极而有机的意识形态形式给出了文化的"常识"范畴，而这具备一种干预常识领域的能力……进而组织大量的人。②

因此，葛兰西是阿尔都塞批判者的一剂良药、通往文化主义的一座桥梁，超越文化主义和结构主义的局限性，或许能将文化研究带向未来的可能通路。

吊诡的是，霍尔的葛兰西转向竟然是遭受了阿尔都塞的刺激使然。在《读〈资本论〉》中，阿尔都塞将葛兰西视为一位重要的，但沾染了历史主义的马克思主义者。通过用黑格尔主义的刷子对葛兰西进行着色，阿尔都塞暗示人们只能在葛兰西和他自己当中二者选一，绝不能鱼和熊掌二者兼得。霍尔恰恰反对这种非此即彼的选择方式。在《政治学和意识形态：葛兰西》一书中，霍尔、鲍勃·拉姆利、格雷格尔·麦克伦南挑战了阿尔都塞的观点。与阿尔都塞的上述对立观很不相同，他们认为，"葛兰西扮演了一个生成角色，并且他在与结构主义的马克思主义作品总体的关系中

---

① Stuart Hall, "Cultural Studies and the Centre: Some Problematics and Problems", in Stuart Hall, et al. , ed. , *Culture*, *Media*, *Language*: *Working Papers in Cultural Studies*(1972—1979), London: Hutchinson, 1980, pp. 35, 36.

② Stuart Hall, "Cultural Studies: Two Paradigms", *Media*, *Culture*, *and Society*, 2 (1980), p. 69.

处于崇高地位"。① 将葛兰西视作阿尔都塞的一位先驱都是考虑到他们二者的共通性：二者都反对经济主义，强调上层建筑的重要性，认为意识形态的重要角色在于生产"常识"，并且二者都以政治干预为己任。霍尔和他的合著者认为，结构主义的马克思主义和葛兰西的相遇构成了"当代马克思主义理论当中最为重要的相遇之一"。② 此后，葛兰西与阿尔都塞扮演了携手步入文化研究领域的原创思想殿堂的双星角色。

霍尔坚持认为"完全正统形式的阿尔都塞主义……根本没有在文化研究中心存在过"。③ 笔者并非反对这个观点，但认为霍尔早期与结构主义，尤其是结构主义的马克思主义的相遇，对其遇到葛兰西，进而随后对后结构主义的回应来说，是决定性的。④ 将葛

---

① Stuart Hall，Bob Lumley and Gregor McLennan，"Politics and Ideology：Gramsci"，in Centre for Contemporary Cultural Studies，ed.，*On Ideology*，London：Hutchinson，1978，p. 57.

② Stuart Hall，Bob Lumley and Gregor McLennan，"Politics and Ideology：Gramsci"，in Centre for Contemporary Cultural Studies，ed.，*On Ideology*，London：Hutchinson，1978，pp. 58-59.

③ Stuart Hall，"Cultural Studies and the Centre：Some Problematics and Problems"，in Stuart Hall，et al.，ed.，*Culture，Media，Language：Working Papers in Cultural Studies*(1972—1979)，London：Hutchinson，1980，p. 35.

④ 厄内斯特·拉克劳的《马克思主义理论中的政治与意识形态》(Ernesto Laclau：*Politics and Ideology in Marxist Theory：Capitalism，Fascism，Populism*，London：New Left Books，1977)对霍尔理解阿尔都塞并转向葛兰西产生了重大影响。这种影响同样是个人的；在《艰难的复兴之路》一书中，霍尔指出：从 1982 年到 1984 年，他参加了一个由拉克劳组织的讨论小组，该小组"围绕扩大的'霸权'概念以及当今局势分析的广阔主题"(Stuart Hall，*The Hard Road to Renewal：Thatcherism and the Crisis of the Left*，London：Verso，1988，p. 160)进行研讨。霍尔的撒切尔主义分析——他将其特性描述为一种将大众的"常识"绑定到一种保守政治经济学议程的霸权活动——其形式接近拉克劳在"马克思主义理论中的政治与意识形态"一文中对庇隆主义的解读。霍尔有关撒切尔主义的许多作品首次刊载于《今日马克思》(*Marxism Today*)和《新社会主义者》(*The New Socialist*)，后来它们被收录于《艰难的复兴之路》以及与马丁·雅克(Martin Jacques)合编的《新时代：20 世纪 90 年代的政治变脸》(Stuart Hall and Martin Jacques，*New Times：The Changing Face of Politics in the 1990s*，London：Lawrence & Wishart Ltd，1989)之中。

兰西引入原结构主义意味着他的关键概念能被整合进已然接受的
结构主义原理当中来，这便是霍尔利用葛兰西思想所要进行的首
要工作。在阿尔都塞主义问题式中开展工作的霍尔、拉姆利和麦
克伦南认为葛兰西的社会形态概念镜像式地反应了阿尔都塞三个
不同层次——经济的、政治的和意识形态的——范畴。对于这两
位理论家，他们认为，经济都是"归根到底决定的"，但政治和意
识形态层级则具有重要的自主性。霍尔等人认为政治层级等同于
"市民社会"，这是"包括了经济基础和上层建筑各方面在内的中介
范围"①，然而意识形态层级，单独的上层建筑，"有助于巩固和整
合……阶级和阶级部分进入主从位置"。② 与阿尔都塞将社会形态
视作一种"结构的复杂总体"概念一样，葛兰西的霸权概念也"认为
社会形态存在着不同层级并且它们可以进行组合"。③ 阿尔都塞对
意识形态和科学的区分与霍尔类似，并且契合葛兰西的"常识"和
"系统思想"（或者"哲学"）这组概念，这可以"将良知和阶级本
能……转化为一种连贯的社会主义观点"。④ 他们也将葛兰西的意
识形态概念描述为"一种认识论的和结构的问题"⑤，因为阿尔都塞

① Stuart Hall, "Cultural Studies and the Centre: Some Problematics and Problems", in Stuart Hall, et al., ed., *Culture, Media, Language: Working Papers in Cultural Studies*(1972—1979), London: Hutchinson, 1980, p. 47.

② Stuart Hall, "Cultural Studies and the Centre: Some Problematics and Problems", in Stuart Hall, et al., ed., *Culture, Media, Language: Working Papers in Cultural Studies*(1972—1979), London: Hutchinson, 1980, p. 48.

③ Stuart Hall, "Cultural Studies and the Centre: Some Problematics and Problems", in Stuart Hall, et al., ed., *Culture, Media, Language: Working Papers in Cultural Studies*(1972—1979), London: Hutchinson, 1980, p. 49.

④ Stuart Hall, "Cultural Studies and the Centre: Some Problematics and Problems", in Stuart Hall, et al., ed., *Culture, Media, Language: Working Papers in Cultural Studies*(1972—1979), London: Hutchinson, 1980, p. 53.

⑤ Stuart Hall, "Cultural Studies and the Centre: Some Problematics and Problems", in Stuart Hall, et al., ed., *Culture, Media, Language: Working Papers in Cultural Studies*(1972—1979), London: Hutchinson, 1980, p. 46.

有意识形态"质询"社会主体这一概念。正如"理论实践"是阿尔都塞揭露意识形态的关键，葛兰西似乎在暗示激进知识分子运用"系统思想"来对"常识"进行去自然化。[①]

就像在他之前的阿尔都塞一样，葛兰西也被附加到了霍尔反对还原主义的改革运动当中。在"文化研究及其中心"中，霍尔认为葛兰西的作品"代表了一种对任何还原主义形式的持续抵制——尤其是反对这种经济主义"。[②] 霍尔最关注的是葛兰西的"市民社会"概念，这被视为"阶级争取权力的领域"。[③] 这是"位置的战争"，知识分子的中心工作就是夺取这种领导位置；而霸权"在文化研究领域扮演了一种开创性的角色"[④]。在霍尔的借用下，霸权被定义为"在一个特殊的斗争场所上所取得的（暂时的）统治权，该领域的

[①] Stuart Hall, "Cultural Studies and the Centre: Some Problematics and Problems", in Stuart Hall, et al. , ed. , *Culture*, *Media*, *Language*: *Working Papers in Cultural Studies* (1972—1979), London: Hutchinson, 1980, p. 50.

[②] Stuart Hall, "Cultural Studies and the Centre: Some Problematics and Problems", in Stuart Hall, et al. , ed. , *Culture*, *Media*, *Language*: *Working Papers in Cultural Studies* (1972—1979), London: Hutchinson, 1980, p. 35.

在这里，霍尔沿袭了拉克劳以及墨菲的思想。正是墨菲让拉克劳了解了葛兰西，并与拉克劳合著了《霸权和社会策略》一书。他们三个人都是通过结构主义马克思主义走向葛兰西的。墨菲争辩道，就马克思主义哲学的非经济主义的再发现而言，葛兰西的重要性就在于避免了黑格尔主义马克思主义的"表达总体性"错误(Ernesto Laclau and Chantal Mouffe, *Hegemony and Socialist Strategy*, London: Verso, 1985, p. 8.)，而拉克劳则号召与马克思主义理论中"最后的还原论踪迹决裂"(Ernesto Laclau and Chantal Mouffe, *Hegemony and Socialist Strategy*, London: Verso, 1985, p. 12)。

[③] Stuart Hall, Bob Lumley and Gregor McLennan, "Politics and Ideology: Gramsci", in Centre for Contemporary Cultural Studies, ed. , *On Ideology*, London: Hutchinson, 1978, p. 47.

[④] Stuart Hall, "Cultural Studies and the Centre: Some Problematics and Problems", in Stuart Hall, et al. , ed. , *Culture*, *Media*, *Language*: *Working Papers in Cultural Studies* (1972—1979), London: Hutchinson, 1980, p. 35.

接合趋于创造一种社会，及国家在很大程度上认同当下的国家历史任务的情形"。因为这一进程的最后出现"时常取决于各种力量关系的平衡"，所以霍尔认为霸权概念"摆脱了葛兰西思想当中的所有宿命论逻辑的踪迹，避免了从一些具体化的经济基础当中'读取'政治和意识形态结论的一切诱惑"。① 较之于阿尔都塞，人们认为葛兰西的还原论色彩更弱些，其原因就在于葛兰西强调了"意识形态斗争"。在阿尔都塞看来，意识形态通过与符号、兴趣、主体、阶级以及社会形态各层级的"捆绑"、"黏合"产生作用，据此霍尔提出葛兰西让文化研究搞懂了某一意识形态是如何"'积极地'介入到大众思想当中的，进而重组旧要素、增加新要素，或者通过设定发展边界来'消极地'介入大众思想当中"。② 阿尔都塞和葛兰西的结合意味着文化研究应当关注"在语言和话语中并通过语言和话语发挥作用的意识形态'结合'"。③

"接合"成为霍尔通过综合葛兰西和阿尔都塞来重铸两种范式的关键概念。因为吸取了结构语言学和结构主义的马克思主义，接合成为事物形态的结构原则的规约，它决定了要素是（比如能指、所指、符号、推理命题或者意识形态命题、社会形态层级，等等）如何区分并组合的。这是过程是"任意的（arbitrary）"，因为这些要素并没有一种先在的实质意义，而是通过接合过程来获得

① Stuart Hall, "Cultural Studies and the Centre: Some Problematics and Problems", in Stuart Hall, et al., ed., *Culture, Media, Language: Working Papers in Cultural Studies*(1972—1979), London: Hutchinson, 1980, p. 35.

② Stuart Hall, Bob Lumley and Gregor McLennan, "Politics and Ideology: Gramsci", in Centre for Contemporary Cultural Studies, ed., *On Ideology*, London: Hutchinson, 1978, p. 50.

③ Stuart Hall, "The Rediscovery of 'Ideology': Return of the Repressed in Media Studies", in Michael Gurevitch, et al., ed., *Culture, Society, and the Media*, London: Metheun, 1982, p. 80.

相对意义。在将结构主义的马克思主义和葛兰西进行熔铸之时，霍尔对接合概念进行了重要的修订。霍尔保留了将意义视作关系的和任意的结构主义观点，他将接合定义为：

> 能够将两个不同要素在同一种情景之下进行结合的连接形式。这永远不是一种必然的、决定的、绝对的和必要的连接……一种话语的"整体"确实是不同要素之间的接合，而这些要素也能够以其他不同方式进行再接合，因为他们并没有必然的"归属感"。这个"整体"涉及的是在接合话语和相应社会力量在一定历史条件下的连接，但是并非是必然的连接。①

可是，与阿尔都塞将接合当作一种结构运作不同，霍尔将其再构为一种参与到意识形态斗争当中的社会主体活动。因此，他认为"意识形态斗争发生和转化的方式之一是以不同的方式对要素进行接合，进而生产出不同的意义：打破它们在当下被固定的意义链条"。②

在霍尔看来，这种意识形态的再概念化帮助文化研究者理解"各种思想是如何掌控大众的头脑"，从而让历史集团"维持其统治和领导权"，并且"让大众对于自己的臣属地位心悦诚服"。这同样也解释了"新意识形式是如何兴起，进而指引大众采取历史行动来反对支配系统的"。在这种知识的武装下，文化研究能够"理解并

---

① Lawrence Grossberg, ed., "An Interview with Stuart Hall", *Journal of Communication Inquiry*, 10 (summer, 1986), p. 53.

② Stuart Hall, "The Whites of Their Eyes: Racist Ideologies and the Media", in George Bridges and Rosalind Brunt, ed., *Silver Linings*, London: Lawrence & Wishart Ltd, 1981, p. 31.

控制这个斗争领域"。① 由此观之，挑战一种特定的意识形态涉及分辨它的"接合原则"或者构造规则，以便重组其要素并且揭露这种看似自然整体的被建构性。因此，霍尔设想了一种"理论获知的政治实践"，即辨识出一种意识形态话语的生成基础从而"引起或者构筑在社会、经济力量以及政治和意识形态形式之间的接合，这或许能引导大众在实践当中以一种进步的方式来干预历史"。②

然而这个观点被一个矛盾搞垮了。结构主义有一大前提：个别要素（符号、话语单位等）本身并不存在固有的（实质的）意义，唯有用结构（构造原则）将它们置于彼此之间的关系当中才会呈现出意义。一旦人们接受了这一前提，那么个体们通过替代或者重组各种要素从而产生一种不同的意义则是荒谬的。因为意义常常只能通过结构逻辑来呈现，个别不同要素的意义的任何改变只能通过结构自身的改变来实现。于是问题就成了如何、为什么以及在何种环境下的结构改变。站在一种经典结构主义的立场来看，根本答案则是否定的：结构是一种先验的、无尽的、时时刻刻完整的东西。因此，结构主义反对历时性（暂时发展）、支持共时性（结构的一种序列）。在结构主义范式内，人们或许能辨识出一个

---

① Stuart Hall, "The Whites of Their Eyes: Racist Ideologies and the Media", in George Bridges and Rosalind Brunt, ed. , *Silver Linings*, London: Lawrence & Wishart Ltd, 1981, p. 29.

② Stuart Hall, "Signification, Representation, Ideology: Althusser and the Post-Structuralist Debates", *Critical Studies in Mass Communication*, 2 (June, 1985), p. 95. 格罗斯伯格和斯莱克明显接受了对意识形态斗争的这番理解，他们将其特征描述为"在一方面——通过创造或者构建这些赞同权力的特殊属性的'整体'来接合意义和实践；而在另一方面——破坏或者'脱离'这些构建的整体并且再建构一个在实践和经验之间的另一种凝聚点，即它能使权力和抵抗的另一种布置情况得以浮现并赋予权力"。参见格罗斯伯格和斯莱克的"斯图亚特·霍尔文章导引"[Lawrence Grossberg and Jennifer Daryl Slack, "An Introduction to Stuart Hall's Essay", *Critical Studies in Mass Communication*, 2 (June, 1985)]。

给定结构的运作逻辑，但是个体们改变这种逻辑的想法则是不合逻辑的。在霍尔看来，唯有假定认为各种要素确实有一种源自某种东西而非结构形式原则的实质（纯粹形式）意义，那么个体能通过对部件的重排来介入意识形态当中才会有意义。也就是说，他不得不求助于可以促进意义的不同实践变化的结构（语言、话语、意识形态等）的"外缘"。正是"外缘"这个问题使得结构主义和霍尔都试着去将葛兰西和结构主义的马克思主义融为一体。

在"人文科学话语中的结构、符号和游戏"一文中，德里达对结构主义以及结构主义语言学发动了最后一击。他刷新了索绪尔语言学的基本问题：它的结构概念是一种闭合分类，并且相信研究者可以通过外部调查来理解这种结构的整体。德里达认为这种结构的整体原则（构造原则）既不能从外部也不能从内部来寻求。假如意义的整体源自外部（即某个外在观察者可以观察到的），那么它就可以没有意义，因为意义是通过系统当中的各要素的不同关系来定义的；相反，假如整体原则在结构内部，那么其意义则是由系统中的所有其他价值之间的差异来决定的，并且它无法成为那个系统的整体原则。德里达接受了索绪尔的"符号的一种差异接合的概念"，但是他反对"这种接合发生在理论范围和闭合系统内的观念"。① 因此他总结道：一种结构无法通过某种整体法则来组织成为一个闭合系统；它必须永葆开放，不打上某种基本原理或者一种"外部"视角，并且"从属于无限的变化"。因此德里达判定认为结构主义的错误在于将自己想象为一种非常超验的形而上学。这便是后结构主义批判观点的关键所在，不仅针对结构主义，而且针对所有需要一种基本（形而上学的）原理的思想系统，比如

---

① Manfred Frank, *What Is Neostructuralism?*, Minneapolis: University of Minnesota Press, 1989, p. 25.

上帝、自然、"人"、结构或者生产力。

这种批判的后果就是整个人文科学的渐进失稳，这其中也包括文化研究。在"意指、表征、意识形态：阿尔都塞和后结构主义论争"一文中，霍尔对后结构主义做出了回应，他希冀拯救他对于葛兰西和阿尔都塞的综合，并且避免滑出马克思主义。他重申了他对于"正统"马克思主义的拒绝，这种马克思主义的观点认为社会形态层级与其他层级之间存在一种必然的对应关系。他也批评了自己曾经的一些错误认识，比如他误解了后结构主义的"这里'没有必然联系'的宣言"，以及"确实没有什么东西与其他东西有联系"[1]的含义。霍尔用一种"没有必然关联"的"第三立场"来反对它们，即认为"没有一种规律可以保证阶级意识已然明确地出自于或者符合于某种立场，而这种立场受到资本主义生产的经济关系的制约"。他承认德里达"正确地指出了能指常常处于不停地滑动当中，这是一种持续不断的'顺从（deference）'过程"，[2] 但是霍尔也坚持自己的"'不做保证的宣言……也暗示这里也没有必然的非关系"。因此，霍尔指出："这是不做保证的，在一切环境下，意识形态和阶级绝不能以任何方式接合起来或者在阶级斗争当中产生一种自觉的'集体行动'的社会力量。"[3]霍尔谴责后结构主义用差异抑制"整体"的做法。在他看来，意指在理论上是差异的永恒运动，但是在实际当中它必然会被构造整体或身份的运动所打断："不带有一些任意的'固定'，或者我所谓的'接合'，这根本就没有

---

[1]　Stuart Hall, "Signification, Representation, Ideology: Althusser and the Post-Structuralist Debates", *Critical Studies in Mass Communication*, 2 (June, 1985), p. 94.

[2]　Stuart Hall, "Signification, Representation, Ideology: Althusser and the Post-Structuralist Debates", *Critical Studies in Mass Communication*, 2 (June, 1985), p. 93.

[3]　Stuart Hall, "Signification, Representation, Ideology: Althusser and the Post-Structuralist Debates", *Critical Studies in Mass Communication*, 2 (June, 1985), pp. 94-95.

意指或者意义。但什么是意识形态，它恰恰就是通过选择和重组一系列等值从而建立起来的固定意义。"①

针对霍尔对后结构主义的不当理解，或许德里达真的无法容忍一丝一毫。这也暴露了霍尔在试图嫁接结构主义（通过阿尔都塞）和文化主义（通过葛兰西）时的根本缺陷。从结构主义来看，霍尔接受了一种将意识形态视为某种正式结构的观点，即认为意识形态锻造各种要素之间的关系，从而一来构建社会主体的意义，二来展现人们与"真实状况"的关系——意义是无法独立于或者先在于这种缝合的结构。从文化主义来看，他承袭了意义是社会主体对其生存状态的回应的概念。霍尔将这两种范式合二为一，并指出这些相同主体不仅无法认出意识形态话语的接合原则（即"中心"），而且通过有意识地重排各要素来亲自取消它。因此，通过将结构主义的语言概念与文化主义的人类主体概念进行嫁接，霍尔的"第三立场"拯救了文化研究的基本范式。首先，这两种立场是互不相容的；其次，它们（其中之一或者二者合一）都无法经得起来自后结构主义者的批评。在对这两种范式的早期评估上，霍尔设想文化研究可以轻松解决"思维的逻辑与历史进程的'逻辑'之间的关系问题"。② 十二年后，霍尔认为"如何'思考'的问题，以一种非还原主义的方式，'社会'和'符号'之间的关系，将范式问题遗留在了文化理论当中"。③ 文化研究无法回答这些问题，笔者认为问题在于文化研究的基本范式本身，而霍尔对这两种范式既没

---

① Stuart Hall, "Signification, Representation, Ideology: Althusser and the Post-Structuralist Debates", *Critical Studies in Mass Communication*, 2 (June, 1985), p. 93.

② Stuart Hall, "Cultural Studies: Two Paradigms", *Media，Culture，and Society*, 2 (1980), p. 72.

③ Stuart Hall, "For Allon White: Metaphors of Transformation", in David Morley and Kuan-Hsing Chen, ed., *Stuart Hall*, London: Routledge, 1996, p. 287.

能放弃也没能超越。

用自主性反对反映论：保留经济主义

霍尔对阿尔都塞和葛兰西的综合最终解决了这种文化反映论问题，其方法就是选择这种二元对立——自主性，如此那种特有的对立也就得到了保存。事实上，霍尔对结构主义的自主表意系统与文化主义的自主表意主体进行了叠加，同时也保留了从经济主义的马克思主义和资产阶级经济学继承而来的"经济"自主性。这种将语言/文化/符号、意识/主观性、客观条件/经济分割为流散的对象或者领域的做法必然保留经济主义，因为它将经济视为一种自主性的、客观的与自我调节的东西。进一步来说，一旦这些东西被视为一些分离的实体，那么问题就成为格罗斯伯格所指出的："人们是如何思考社会生活的不同领域（实践的形式与结构）之间的这种关系或者联系的？"①这些领域之间缺乏一种"必然"关系的连接，因而这就需要某种东西来连接它们，而这种东西就是意指/接合。

一旦采取了结构主义将语言视为自主形式的概念，那么霍尔就设想通过语言逻辑来进行意识形态斗争——比如各种要素的形式差异及其再次组合可以破坏已然存在的意义并且创造出新意义。这种意指实践（或者"接合"）的关键是创造一种连接，比如，在阶级与意识形态之间创造连接从而"使得大众……采取历史行动"。②

---

① Lawrence Grossberg, "Cultural Studies vs. Political Economy: Is Anybody Else Bored with This Debate?", *Critical Studies in Mass Communication*, 12 (March, 1995), p. 72.

② Stuart Hall, "The Problem of Ideology: Marxism without Guarantees", *Journal of Communication Inquiry*, 10 (summer, 1986), p. 29.

然而，霍尔已经拒绝了结构主义认为语言结构也生产主体的观念，因为这是另一种还原主义形式（一种意识的反映理论），霍尔的理论模式需要主体有点独立性并且不能还原为话语或者条件。正如霍尔指出的："人们不是文盲……他们知道有些东西涉及他们是谁。假如他们从事一项计划，这是因为这项工作已经内置于他们，召唤他们，并且为他们建立了一种身份。"①

尽管霍尔使用了阿尔都塞式的语言，但是他引入了一种人道主义的人类概念，即主张人类是一种自觉自主的主体，他们的行动力源自于脑中呈现的观点（意识形态）。同样，这些希望通过形成有力观点（意识形态）来获得社会领导权（霸权）的人们也必然与语言结构及其存在条件是不完全相同的。在阿尔都塞这里，主体被意识形态所召唤是内刻于结构（形式）或者被结构诉说的，但是我们误以为这是在自由选择思考内容；对于霍尔来说，内置与召唤与说服类似。也就是说，唯有这种意识形态与"他是谁"彼此契合，人们才能被这种意识形态所"召唤"，并且他是谁必然是先在于且独立于这种意识形态质询的。在霍尔看来，拉克劳已经"拆解了"任何"观念的阶级决定"观念的有效性，② 因此他驳斥了人们"不能取消也无法磨灭地被刻上了他们应当去思考的观念"或者他们"应当具备"与其社会形态的立场相符合的政治观念。③ 霍尔主张："在立即的实践意识或者一般人的常识与他们可能成为什么之间必

---

① Stuart Hall，"Old and New Identities，Old and New Ethnicities"，in Anthony D. King，ed. ，*Culture*，*Globalization*，*and the World-System*，London：Macmillan Education，1991，p. 59.

② Stuart Hall，"The Problem of Ideology：Marxism without Guarantees"，*Journal of Communication Inquiry*，10（summer，1986），p. 39.

③ Stuart Hall，"Signification，Representation，Ideology：Althusser and the Post-Structuralist Debates"，*Critical Studies in Mass Communication*，2（June，1985），p. 96.

然存在一段距离。"①因此意识既不是条件给予的，也不是语言给予的——它与二者的关系是偶然的，因为主体性的一些残余时常会超出其决定。

这个偶然主体与符号的偶然性是成对出现的，因为"在本质上来看，语言与其所指并不是固定在一对一的关系当中的"；"表面上看起来一样的关系或者现象却能够建构出不一样的意义来"。②语言的不断"滑动"妨碍了其全面限定主体的能力；语言的不稳定性与主体结合排除了它们天衣无缝的可能性。偶然性也扩展到了社会条件领域："在一种社会关系或社会实践的条件与呈现它的不同方式之间'没有必然对应'的关系。"③既然语言、主观性及社会条件的一切必然的、内在的关系是缺失的，那么它们之间的其他任何连接都是外在的，并且必然勉强创造出一种驱使人们"应当具有"某种观念（以及政治理念）的观念。用霍尔的话来说："通过生成浓缩了一系列不同内涵的话语，不同社会集团的分散的实践条件可以有效地将这些社会力量聚合起来……从而能够成为一种干预性的历史力量。"④

自发主体概念可以通过在条件与意识之间以修辞方式锻造一种契合从而转化为（并将其他东西转化为）一种社会力量，这个概念反映了霍尔对后结构主义的基础主义批评的明显让步。不过，我认为霍尔通过将这种批评与现代主义联系起来从而犯了一个常

① Lawrence Grossberg, ed. , "An Interview with Stuart Hall", *Journal of Communication Inquiry*, 10 (summer, 1986), p. 52.

② Stuart Hall, "The Problem of Ideology: Marxism without Guarantees", *Journal of Communication Inquiry*, 10 (summer, 1986), p. 36.

③ Stuart Hall, "Signification, Representation, Ideology: Althusser and the Post-Structuralist Debates", *Critical Studies in Mass Communication*, 2 (June, 1985), p. 104.

④ Stuart Hall, "Signification, Representation, Ideology: Althusser and the Post-Structuralist Debates", *Critical Studies in Mass Communication*, 2 (June, 1985), p. 104.

见误解——而不是后结构主义——的基础主义观点。菲利普·伍德将现代主义立场与后结构主义对任何存在基础或者"根基"的批评进行了对比，结果他认为现代主义将基础主义视为"自我或者自主立法的对立物"（换言之，自我是上帝、自然、理性等的外在立法）。而在后结构主义看来，"'自我'的特殊理念、'自主性'，甚至表面上反基础主义的诸如'结构'的概念，它们都明显旨在粉碎自我概念，都有一个隐秘的基础假设在起作用"。① 为了反对这种认为意识是语言的效果或者物质条件的展现的观念，霍尔搁置了一种基于自主自律的现代主义的主体自由观念——霍尔的这种主体与语言及社会条件只存在一种偶然联系，人们能够以接合实践的方式来参与到政治计划当中。②

假如人们的意识与他们的存在条件之间的任何关联都是借助意指实践来创造的，那么对于霍尔来说这里就明显存在着两种优劣不同的接合方式：一种使得大众趋向挑战支配系统，以一种进步的方式干预历史进程；与上述相反，另一种则是维持"权力集团"的霸权，霸权使得"人们"顺从自己所处的屈从地位。因此，尽管在符号、主体和环境之间没有必然的联系，但是这里存在一个政治优先问题，这是文化研究求索的目标。一种休谟式的保守主义和相对主义回应了语言、意识和条件之间的这种纯粹任意关系，支持者包括罗蒂、利奥塔以及菲什等人。鉴于霍尔倾向马克思主义立场，因而他反对这种相对主义者的抉择。但是霍尔断言将这

---

① Philip R. Wood, "A Revisionary Account of the Apotheosis and Demise of the Philosophy of the Subject: Hegel, Sartre, Heidegger, Structuralism, and Poststructuralism", in Jean-Francois Fourny and Charles D. Minahen, ed., *Situating Sartre in Twentieth-Century Thought and Culture*, New York: St. Martin's Press, 1997, pp. 168-169.

② 史华慈(Schwartz)提供了一种对于自主个体的文化研究的固化以及由这里暗含的个人主义倾向所产生的有限政治概念的有趣批评。

些领域进行接合存在着进步和倒退的不同方式，这就假定了一个可以做出判断并吸引"人们"介入历史的基础。换言之，霍尔需要一个先在于任何特殊接合的"真理"。这个真理就分别存在于霍尔解释的"存在的真实状态"、"社会形态"、"社会关系"、"支配系统"、"结构"、"经济"等概念当中，而他坚持认为这些东西独立存在于符号表征或者主观经验之外：

> 社会关系确实存在。我们就在其中诞生。它独立存在于我们的意愿之外。它们真存于其结构和趋势当中。我们无法在不以某种方式将这些条件呈现给我们自身的情况下就进行某种社会实践；但是表征并没有彻底展现其作用。社会关系独立存在于心智之外。然而它们只能被概念化于思想及头脑当中。①

拒绝了"社会关系能给予我们一种用以感知与思考问题的明确知识"的观念，霍尔主张我们无法接近"在其文化及意识形态范畴之外的某种特殊社会的'真实关系'"。② 这种新康德主义构想似乎赋予了表征手段的决定地位。的确，这是保罗·赫斯特对于阿尔都塞的一种批判，他认为这只是反映论的变种罢了："我们可以毫不过分地认为一旦任何自主性屈从于这些表征手段的话，那么随之而来的必然是表征手段决定了表征本身。"③作为对这种批判的回

---

① Stuart Hall, "Signification, Representation, Ideology: Althusser and the Post-Structuralist Debates", *Critical Studies in Mass Communication*, 2 (June, 1985), p. 105.

② Stuart Hall, "Signification, Representation, Ideology: Althusser and the Post-Structuralist Debates", *Critical Studies in Mass Communication*, 2 (June, 1985), p. 97.

③ Paul Q. Hirst, "Althusser and the Theory of Ideology", *Economy and Society*, 5 (November, 1976), p. 395.

应，霍尔认为赫斯特无法领会"自主性与相对自主性之间的差异"。就霍尔而言，前者导致了"所有事物之间的绝对自主性的理论"，然而后者允许人们形成"一个不是简单的或者还原主义的'整体'"的概念。① 然而尽管后者假设一切事物之间存在一种"相对自主性"，但是人们仍然回避了它们的关系与整体的本质问题。在 1977 年，霍尔将这个整体定位在"经济结构"领域，在他看来，马克思已经构思了"一个在某种程度上超越还原主义的'决定'概念"。② 霍尔相信，如果不这样就会背弃了"马克思主义的经济基础与上层建筑的'地形学'"，而这才是"马克思主义的边界极限"。③

因此，表征与主题之间依据这种基础接合出了一种暂时的关联，而这种关联最终回返到了经济基础，而这里呈现了霍尔的经济主义表象，尽管他一直抨击经济还原主义。④ 在工作开始之前，霍尔对于"还原主义"的阐述为更深入的研究提供了保证。霍尔对"被历史规律保证"⑤的马克思主义进行了批判，这是霍尔从 20 世纪 50 年代到 90 年代的作品当中反复出现的主题，而这充当了文化研究的"他者"角色——这是文化研究领域旨在克服的问题。的确，

---

① Stuart Hall, "The 'Political' and the 'Economic' in Marx's Theory of Classes", in Alan Hunt, ed., *Class and Class Structure*, London: Lawrence & Wishart Ltd, 1977, p. 58.

② Stuart Hall, "The 'Political' and the 'Economic' in Marx's Theory of Classes", in Alan Hunt, ed., *Class and Class Structure*, London: Lawrence & Wishart Ltd, 1977, p. 58.

③ Stuart Hall, "The 'Political' and the 'Economic' in Marx's Theory of Classes", in Alan Hunt, ed., *Class and Class Structure*, London: Lawrence & Wishart Ltd, 1977, p. 59.

④ 这个观点似乎反驳了许多指责霍尔低估了经济的地位的批评家(比如 Garnham; Jessopet 等人; McGuigan; Sparks)。然而，屈服于经济主义与对明确的经济问题缺乏关注并非相互排斥的两个范畴。

⑤ Lawrence Grossberg, ed., "An Interview with Stuart Hall", *Journal of Communication Inquiry*, 10 (summer, 1986), p. 58.

霍尔的作品在某种程度上表明经济主义是马克思主义的某个特殊领域，并且没有哪一种超出文化研究范围的马克思主义思想可以超越斯大林主义的禁锢(阿尔都塞是个例外，但是他也被其他的错误所折磨；当然，葛兰西亦是如此)。没有哪一个含义是准确的。可以毫不夸张地说没有哪一个"西方马克思主义者"(包括卢卡奇在内)持守这种"机械马克思主义"的观点。事实上，他们的各种研究恰恰是在有意识地反对这种机械马克思主义，一些西方毛主义者也是如此(比如法国毛主义者尼科斯·普兰查斯与查尔斯·贝特尔海姆)，他们与苏联马克思主义的决裂恰恰就是反对其经济主义的生产力主导。有人或许会对这些思想家的作品的其他方面存有异议，他们甚至在这些思想家的作品中发现了经济主义的踪迹，但是也不能因此就谴责这些思想家是将历史视为某种铁定的经济规律的展现。

进一步来说，这种认为经济主义专属于马克思主义的观点忽略了资产阶级政治经济学与现代经济学的历史。贝特尔海姆对于经济主义的马克思主义的批判——它"在资产阶级意识形态的前提内部自寻烦恼"[1]——呼应了马克思的经典政治经济学批判。萨米尔·阿明认为马克思的《资本论》旨在揭露位于自由政治经济核心的经济主义："揭露资本主义社会的秘密，以及导致它将自身直接呈现为受到经济掌控的逻辑，经济占据了社会舞台的中心，它的不断铺展决定了整个社会的其他维度的发展，而社会看起来不得不根据这种需求来对自身进行不断调整。"[2]

资产阶级政治经济学建立在将资本主义理解为生产能力的自

---

[1] Charles Bettelheim, *Class Struggles in the USSR: The First Period*, 1917—1923, New York: Monthly Review Press, 1976, p. 20.

[2] Samir Amin, *Eurocentrism*, New York: Monthly Review Press, 1989, p. 5.

然累加的基础之上，它是供需"法则"的必然结果，它是人类本性的社会展现，也就是说，它所涉及的个体是作为经济人的、自利天性的个体，他们是寻求"将自身满意度最大化"的竞争者。[1] 经济主义绝非专属于经济主义的马克思主义，它是资产阶级经济学领域当中的主导阐释模式。阿明将经济主义称为资本主义本身的"主导意识形态"，这其中的"经济法则被视为一种将自身强加于社会的自然力量的客观规律……成为一种尤其是外在于资本主义社会关系的力量"。[2] 也就是说，经济被当作一种自发的、绝对的、自主的力量、事物或者体系。经济主义的马克思主义在将自身视为一种对资本主义的激进批判的同时，恰恰固守了经济主义这个概念。这种将社会关系、意识和上层建筑理解为生产力的反映的观点，与自由主义的政治经济学将经济视为其他社会表演的"中心舞台"的观点彼此对应。

就这方面意义来看，霍尔对还原主义的批评集中在文化反映问题，但并没有质问这种将经济视为绝对外在力量的一般概念，他也保留了经济主义。在"无阶级感"这篇早期涉及文化与"非文化"之关系问题的文章中，霍尔批评了上层建筑的"庸俗马克思主义解释"，主张精炼经济基础概念，并且呼吁我们对二者关系进行一种"自由解释"。[3] 可是，霍尔对"二战"后英国的分析直接定位在了经济主义框架当中，这完全打上了意识和文化的反映论烙印。他提及了"社会生活形式的转变"，并且认为这种变化可以体现在

---

[1] Maurice Godelier, *Rationality and Irrationality in Economics*, New York: Monthly Review Press, 1972, p. xv.

[2] Samir Amin, *Eurocentrism*, New York: Monthly Review Press, 1989, p. 7.

[3] Stuart Hall, "A Sense of Classlessness", *Universities and Left Review*, 5 (autumn, 1958), p. 27.

"作品的韵律与属性"、"技术变革"以及"消费品的数量增加"上。①
在霍尔看来，这些因素在客观上已然改变，而在"主观上，也就
是，当它们将自身呈现为劳动人民的意识"，② 因此显示在"新'阶
级意识'当中就是"引起了一组不同的情绪反应"。③ 因此，表面上
在经济基础领域的自我推进式改变就在主观性领域反映出来。正
如霍尔所言：

> 技术基础的转化已经发生作用……生成方式的发展必然
> 逐步提升人类意识的层级，并且或许能逐步在所有人类行动
> 领域创造更大的参与需求——"生产的社会关系"与工作密切
> 相关。④

这种自下而来的需求是不可避免的，然而，因为这种"以消费为基
础"⑤的新资本主义形式已经创造了一种"阶级混乱的总体感……导
致劳动阶级人民产生了错误意识"。⑥ 因此，霍尔警告道：

> 用物质和技术方式来实现人类的彻底解放几乎是可以掌

---

① Stuart Hall, "A Sense of Classlessness", *Universities and Left Review*, 5（autumn,
1958），p. 26.

② Stuart Hall, "A Sense of Classlessness", *Universities and Left Review*, 5（autumn,
1958），p. 27.

③ Stuart Hall, "A Sense of Classlessness", *Universities and Left Review*, 5（autumn,
1958），p. 28.

④ Stuart Hall, "A Sense of Classlessness", *Universities and Left Review*, 5（autumn,
1958），p. 28.

⑤ Stuart Hall, "A Sense of Classlessness", *Universities and Left Review*, 5（autumn,
1958），p. 29.

⑥ Stuart Hall, "A Sense of Classlessness", *Universities and Left Review*, 5（autumn,
1958），p. 30.

控的……但是总体来看，人类结构、社会道德关系与其则是完全矛盾的，它与我们的物质进步几乎是背道而驰。[1]

尽管霍尔肯定会反对他早期的还原主义分析思路，但此问题的提出有力地构建了此后三十年的文化研究蓝图：经济基础/上层建筑（经济/文化）的关系；文化与非文化的关系、意识与条件的关系；为何工人阶级（或者说"人民"）没有/不能/不会认识他们自身的统治问题；批判知识分子可以对此做些什么的问题。霍尔进行了一场穿越结构主义、结构主义的马克思主义以及葛兰西的思想历程，这为他提供了许多新的分析概念和方法，沿着这条道路性别和种族成为新增的分析领域，但是霍尔的原始问题依然延续。因而确实出现了这种将经济（或者资本主义）视为绝对的——一种自我驱动的力量或者事物的趋势。霍尔将这些术语的内涵改变为文化和意识与经济的关系问题。

在"阿尔都塞时期"的创作过程当中，霍尔通过将政治和意识形态构思为相对自主层级来反击还原主义，这种相对自主层级是指他们的结构、效果和"存在条件"都"不能还原为'经济'"。可是，霍尔继续将它们视为线性关系，换言之，无论是在理论还是实践上，经济都先于其他层级。他认为"政治、司法和意识形态是有关系的，但是又是'相对自主'的实践，因此不同形式的阶级斗争的场域，它们自身的斗争目标，显示了一种对于'经济基础'的相对独立的反作用力"。[2] 上层建筑层级的自主性对于"我们已经普遍认

---

① Stuart Hall, "A Sense of Classlessness", *Universities and Left Review*, 5 (autumn, 1958), p. 31.

② Stuart Hall, "The 'Political' and the 'Economic' in Marx's Theory of Classes", in Alan Hunt, ed., *Class and Class Structure*, London: Lawrence & Wishart Ltd, 1977, p. 56.

定为'经济'层级内的效果"具有促进作用，但是经济仍然占据优先地位。它作用于其他层级的效果是最基本的，其他层级则是次要的和"反作用力的"。也即是说，政治、意识形态和司法并不创造经济——经济似乎是自我生成的——但是唯有在事后做出回应。

九年之后，经过了这种葛兰西式的迂回路线，尽管霍尔声称可以给出一个崭新的、非还原主义的确定性，但是经济概念仍然得以延续。在"意识形态问题：不作保证的马克思主义"一文中，霍尔指出"人们存于其中的关系是'现实关系'，而人们使用的范畴和概念可以帮助他们在思想当中理解并接合这种关系"，但是"经济关系本身无法规定一个单一的、固定的、不变的概念化方式"，因为"它能够在不同的意识形态话语当中进行表述"。① 假如工人阶级接受这种将"市场"描述为一种"现实的和实践的自利驱动系统"，② 这是一种表征的结果。因此，一个只有通过"公平价格"和"公平薪资"这些范畴才能生活在资本主义生产循环当中的工人并不会被错误意识所困扰，而是被"不充分的"知识框架所阻碍。用霍尔的话来说，"这里涉及她不能理解自己正在使用的思维范畴之类的情况"。③

霍尔也坚持认为"资本主义生产与交换过程"的各种话语"将我们归为各种社会因素……也为我们给出了各种明确的身份"，④ 这里他冒了将表征方法绝对化的风险。霍尔主张通过一种"充足的"

---

① Stuart Hall，"The Problem of Ideology：Marxism without Guarantees"，*Journal of Communication Inquiry*，10（summer，1986），p. 38.

② Stuart Hall，"The Problem of Ideology：Marxism without Guarantees"，*Journal of Communication Inquiry*，10（summer，1986），p. 34.

③ Stuart Hall，"The Problem of Ideology：Marxism without Guarantees"，*Journal of Communication Inquiry*，10（summer，1986），p. 37.

④ Stuart Hall，"The Problem of Ideology：Marxism without Guarantees"，*Journal of Communication Inquiry*，10（summer，1986），p. 39.

或者"理论的话语"来了解这种"真实关系"，从而回避了这个问题，因此暗示了在语言、条件和意识之间存在各种真实的对应关系。这种充足话语来自何处？对于霍尔来说，它们最终是经济赋予的：

> 资本主义生产过程在经济方面具有真正的限制与约束性效果（即决定性），而生产循环的各种范畴则被进行了意识形态的构思，反之亦然。经济提供了在思想上将被使用的各种范畴的全部剧目。经济所不能做的（a）则是为某一特定时间的某一特定阶级或集团提供他们的特定思想的内容。以及（b）永远固定或者保证哪一种思想会被哪一个阶级所利用。因此，经济对意识形态范畴的决定作用只能表述为前者为后者限定了运作领域，建立了思想的"原料"。物质环境是约束条件、"存在状况"的集合，这可以用于对社会进行实际的思考与算计。①

因此，霍尔采取形式重于内容的方式将他的经济决定概念与反映论区分开来——这是结构主义的解决方式。通过给予经验的"原料"（这里视为思想的分类图式），经济（即"物质环境"）决定了思考可能达到的边界（或者构造原则），虽然我们无法命令任何一个既定存在者的实际思考内容。因此经济仍然作为一种先于思想与行动的绝对的外部原因。的确，霍尔认为阿尔都塞那不幸的"经济最终决定性"能被"经济最初决定性"所取代，因为"没有什么社会实践或者关系集合能够在它们自身所创造的固定关系的决定效

---

① Stuart Hall, "The Problem of Ideology: Marxism without Guarantees", *Journal of Communication Inquiry*, 10 (summer, 1986), p. 42.

果之中自由流动".①

在将霍尔的"无阶级感"与他对 20 世纪 80 年代的撒切尔主义的分析进行比较之时,我们会明显发现思路的延续与转变并存,而这在新时代计划中达到了高潮。在该计划中,综合汇通阿尔都塞、葛兰西和拉克劳,以及"没有必然联系"的论文俯拾即是。在《艰难的复兴之路》一书中,霍尔重申了"在阶级立场、政治立场和意识形态倾向之间没有必然联系的观点。大多数人不得不被'制造'和被'胜利'——而不是被动地反映".② 阶级不再是一种组织性修辞,不再是一个大体上给定的阶级决定意识的失信概念。工人阶级和统治阶级被拉克劳以理论上的"人民"对"权力集团"这一无组织性的概念所取代。错误意识也被抛弃了——被"身份"所篡夺——因为意识取决于我们"存在的真实情况"是如何接合的。同样人们的利益取决于一定社会条件下的存在立场,因为"社会利益是冲突"的,并且必然会被霸权计划所整编。

不过,这种差异掩饰了霍尔将经济视为一种自我立法的基础当中所蕴含的一种重要的连续性。在他们介绍新时代之时,霍尔和马丁·雅克认为新时代计划超出了"世界已然改变"的事实,即"发达资本主义社会正逐渐呈现出多样性、差异性和碎片化的特色,而不是同质性、标准化,并且经济和组织的规模呈现出现代大众社会的特色".③ "新时代"是福特主义向后福特主义转变的结果,其特色是"在大规模生产的旧装配线上诞生了'灵活的专业

---

① Stuart Hall, "The Problem of Ideology: Marxism without Guarantees", *Journal of Communication Inquiry*, 10 (summer, 1986), p. 43.

② Stuart Hall, *The Hard Road to Renewal: Thatcherism and the Crisis of the Left*, London: Verso, 1988, p. 281.

③ Stuart Hall and Martin Jacques, *New Times: The Changing Face of Politics in the 1990s*, London: Lawrence & Wishart Ltd, 1989, p. 11.

化'。最重要的是，正是这个东西正在精心安排并持续推动着这个新世界的进化"。他们认为这个转变是"划时代的"——与19世纪的"从'创业期'到发达或组织阶段的资本主义"篇章相比，这"已经明显而决然地将这个社会和文化的重心移动到一个新方向"。总而言之，"后福特主义处于改变的前缘，它逐渐设定了这个社会的基调，并且提供了文化变迁的主导节奏"。① 这并没有远离霍尔在1958年的宣言："技术基础的转变已然发生了作用。"在这两种情况下，经济按照自身的意志兴盛起来，而其他所有东西（文化、意识和政治等）则是对这个外部动力的反应。

这种经济概念也贯彻在了霍尔20世纪80年代有关种族、族性和全球化的许多文章当中。在1989年的两场讲座中，霍尔指出了全球化当中的一对张力：均质化（同一性）与特异化（差异性）。尽管反对将阶级视为一种"控制概念"②，并且将自己摆在了一个反对这种"单一逻辑的资本主义运行观"③的立场上，霍尔还是保留了一种将经济（即资本主义）视为一种外在的、自动生成的力量的观念。这里资本主义被视为一种东西——几乎是一种按照其自身逻辑和意志行动的主体："资本主义不断挖掘劳动力的不同形式。"④"为了维持其全球位置，资本不得不去洽谈……去合作并且部分地反映

---

① Stuart Hall and Martin Jacques, *New Times: The Changing Face of Politics in the 1990s*, London: Lawrence & Wishart Ltd, 1989, p. 12.

② Stuart Hall, "Old and New Identities, Old and New Ethnicities", in Anthony D. King, ed., *Culture, Globalization, and the World-System*, London: Macmillan Education, 1991, p. 46.

③ Stuart Hall, "The Local and the Global: Globalization and Ethnicity", in Anthony D. King, ed., *Culture, Globalization, and the World-System*, London: Macmillan Education, 1991, p. 30.

④ Stuart Hall, "The Local and the Global: Globalization and Ethnicity", in Anthony D. King, ed., *Culture, Globalization, and the World-System*, London: Macmillan Education, 1991, p. 30.

了它不断试图去克服的这种差异。"①"我们越是了解资本主义自身的发展，我们越能理解……沿着奔向一切都是商品之路，这当然也是资本主义的逻辑之一，它是资本主义逻辑的另一个重要部分，它通过特异化起作用。"②

在这个构想之内，资本主义是外在于和先在于思想、话语、实践和社会关系的。换言之，这就是某种类似自然力的东西，人类在事实之后对其做出回应，而不是一种社会关系的历史决定系统，据此我们平时通过我们的实践活动生产和再生产我们生存的条件以及我们自身。霍尔的经济观恰恰持守了经济主义的马克思主义和资产阶级经济学——反映论与它们完美兼容——经济（或生产力）扮演了历史的发动机，而"经济的铺展决定了社会的其他维度，它们似乎不得不去调整自身从而适应经济需求"。③ 目前来看霍尔存留了这个概念，他用语言、意识和文化的相对自主性来反对经济决定论。因此，经济力量下降为只担当部分的决定因素，文化则通过采取一种语言的非表征模式得到了提升，并且人类的自由通过复兴这种主体常常超越任何外在立法的现代观念得以恢复。

从后结构主义到后马克思主义：重诉既往

20 世纪 90 年代标志了"后马克思主义"的黎明以及文化研究与

---

① Stuart Hall, "The Local and the Global: Globalization and Ethnicity", in Anthony D. King, ed., *Culture, Globalization, and the World-System*, London: Macmillan Education, 1991, p. 32.

② Stuart Hall, "The Local and the Global: Globalization and Ethnicity", in Anthony D. King, ed., *Culture, Globalization, and the World-System*, London: Macmillan Education, 1991, p. 29.

③ Samir Amin, *Eurocentrism*, New York: Monthly Review Press, 1989, p. 5.

马克思主义问题式的断裂。具有讽刺意味的是，按照霍尔的意思，葛兰西是这种衰落的始作俑者，而葛兰西对文化研究的重要程度"恰恰体现在他在文化研究中以彻底的方式取代马克思主义的一些遗产上面。葛兰西'取代'马克思主义一举的激进性至今尚未被人们理解，并且或许人们也永远不会将之拿来与我们正在进入的后马克思主义时代进行根源上的考量"。① ——要是葛兰西得知自己是"后马克思主义"的使者，一定会大为惊讶，乃至可能会很绝望。在文化研究领域的理论朝圣之旅当中同样重要的是这种"语言学转向"，它已经"偏离了这种大致由马克思主义奠基的既定道路"。② 正如霍尔所言，"理论的重塑，作为一种不得不通过语言和文本的隐喻来质问文化的结果，代表了现在文化研究必须常常定位自身的突破口"。③ 在霍尔看来，早期文化研究的"阶级还原论"④倾向和"文化与符号转换的简单二元隐喻"⑤已经得到了解决，其解决方法是一种"从'经济基础和上层建筑'的二元隐喻的改良版本的藕断

---

① Stuart Hall, "Cultural Studies and Its Theoretical Legacies", in Lawrence Grossberg, Cary Nelson and Paula Treichler, ed., *Cultural Studies*, London: Routledge, 1992, p. 281.

② Stuart Hall, "Cultural Studies and Its Theoretical Legacies", in Lawrence Grossberg, Cary Nelson and Paula Treichler, ed., *Cultural Studies*, London: Routledge, 1992, p. 283.

③ Stuart Hall, "Cultural Studies and Its Theoretical Legacies", in Lawrence Grossberg, Cary Nelson and Paula Treichler, ed., *Cultural Studies*, London: Routledge, 1992, pp. 283, 284.

④ Stuart Hall, "For Allon White: Metaphors of Transformation", in David Morley and Kuan-Hsing Chen, ed., *Stuart Hall*, London: Routledge, 1996, p. 295.

⑤ Stuart Hall, "For Allon White: Metaphors of Transformation", in David Morley and Kuan-Hsing Chen, ed., *Stuart Hall*, London: Routledge, 1996, p. 303.

丝连向一种彻底的意识形态的话语权力概念的总体理论转向"。①经济基础与上层建筑问题的抛弃以及马克思主义的"转换隐喻"标志着文化研究探讨"条件与意识之间的辩证法"的努力的衰落。的确，霍尔赞同用"多元重音的对话""隐喻"来取代"阶级对立的辩证法""隐喻"。② 对于后马克思主义文化研究来说，相对自主性已经成为单一自主性；阿尔都塞的"支配结构"概念已经被没有中心和主导的结构概念所取代，并且历史必然性已经在历史偶然性面前臣服。

这种思想的迁移在霍尔写作《现代性的形成》的导言中显露无遗。霍尔将这本书描述为对那些有助于"转向现代性"的"四种主要社会过程"的检验——"政治的、经济的、社会和文化的"③——它们构成了现代社会的"形构的'发动机'"。④ 它们当中没有一个获得了"解释的优先权"，因为它们对于现代性的诞生都是必备要素。因此这本书"采取了一种多重原因解释"，这反映了它对"目的论"观点(尤其是马克思主义与现代化理论)的抵制，即反对将"社会发

---

① Stuart Hall, "For Allon White: Metaphors of Transformation", in David Morley and Kuan-Hsing Chen, ed., *Stuart Hall*, London: Routledge, 1996, p. 297.

因此，霍尔对这种福柯式方法的亲和力与日俱增，他从福柯这里较早维持了一种批判的距离，参见霍尔的"文化研究及其中心：问题式及问题"[Stuart Hall, "Cultural Studies and the Centre: some problematics and problems", in Stuart Hall, et al. ed., *Culture*, *Media*, *Language*, London: Hutchinson, 1980; "Signification, Representation, Ideology: Althusser and the PostStructuralist Debates", *Critical Studies in Mass Communication*, 2 (June, 1985)]。与此相反，他后来的"西方及他者：话语与权力"(Stuart Hall, "The West and the Rest: Discourse and Power", in Stuart Hall and Bram Gieben, ed., *Formations of Modernity*, London: Polity Press, 1992, 1993)则全部依赖于福柯方法。

② Stuart Hall, "For Allon White: Metaphors of Transformation", in David Morley and Kuan-Hsing Chen, ed., *Stuart Hall*, London: Routledge, 1996, p. 299.

③ Stuart Hall, Introduction to *Formations of Modernity*, Edited by Stuart Hall and Bram Gieben, London: Polity Press, 1992, 1993, p. 1.

④ Stuart Hall, Introduction to *Formations of Modernity*, Edited by Stuart Hall and Bram Gieben, London: Polity Press, 1992, 1993, p. 7.

展最终归因于某种单一原因：经济"。① 用霍尔的话来说，"不像许多早期社会学观点倾向于赋予阶级一种'主导'范畴的地位，这本书并没有采取一种明晰的等级制度或者优先原因，并且对经济还原主义持普遍的批判态度，因为在还原论中经济基础被假定为历史的决定力量"。② 与此相反，《现代性的形成》一书"为文化和符号过程增加了更为显著的分量"。文化被授予了"一种更高的解释地位"，因为它"被视为非反映的，而是现代世界的构成要素：作为经济的、政治的或者社会变迁过程的要素"。③

根据霍尔的意思，这个"关键概念的多元化"④标志着知识的进步。现在现代性被理解为"不同的暂时性"，"遵从非理性逻辑"，⑤"多元的结果"，以及"不均衡的、矛盾的、偶然性（而非必然性）"的事件。霍尔稍微放弃了这种将历史视为"一系列纯粹的偶然事件"⑥的观点，认为"这个形成过程并不是自主的与彼此分离的。它们之间存在各种关联——它们彼此相互接合。但是它们不可避免地聚合起来，都相互合作式地移动或者改变着"。⑦ 假如阿尔都塞的幽灵以霍尔的术语继续存在的话，那么这纯粹只是一种霍尔不

---

① Stuart Hall, Introduction to *Formations of Modernity*, Edited by Stuart Hall and Bram Gieben, London: Polity Press, 1992, 1993, p. 10.

② Stuart Hall, Introduction to *Formations of Modernity*, Edited by Stuart Hall and Bram Gieben, London: Polity Press, 1992, 1993, p. 11.

③ Stuart Hall, Introduction to *Formations of Modernity*, Edited by Stuart Hall and Bram Gieben, London: Polity Press, 1992, 1993, p. 13.

④ Stuart Hall, Introduction to *Formations of Modernity*, Edited by Stuart Hall and Bram Gieben, London: Polity Press, 1992, 1993, p. 11.

⑤ Stuart Hall, Introduction to *Formations of Modernity*, Edited by Stuart Hall and Bram Gieben, London: Polity Press, 1992, 1993, p. 9.

⑥ Stuart Hall, Introduction to *Formations of Modernity*, Edited by Stuart Hall and Bram Gieben, London: Polity Press, 1992, 1993, p. 11.

⑦ Stuart Hall, Introduction to *Formations of Modernity*, Edited by Stuart Hall and Bram Gieben, London: Polity Press, 1992, 1993, p. 9.

断将自己与马克思主义隔离开来的幽灵存在罢了，而霍尔认为马克思主义不可避免地打上了还原主义的烙印。随着后结构主义和后马克思主义篇章的展开，经济开始从那些有助于被称为现代性的东西的"四大进程"的中心位置上跌落下来。的确，现代性的"四大进程"，文化，被定义为"社会生活的符号维度"①，这样"社会意义的生产是一切社会实践功能的必备条件"②就显得更有决定性了。

尽管经济的地位在霍尔的新图式里下降了——现在它既不是最初的决定因素也不是最终的决定因素——这并不意味着经济主义的垂死挣扎。霍尔将维维恩·布朗讨论经济的篇章描述为"被新经济关系决定并被新经济思想控制和表现的经济生活的独特领域"的一种检验。这个"经济领域"包含"商业和贸易"，"市场和劳动的新部门的扩展，物质财富和消费的增长"。这一切都是"作为欧洲资本主义兴起和传统经济逐渐转化的结果"。关于欧洲的"经济发展"，霍尔指出，"它是由贸易和市场的扩展所驱动的"。"资本主义系统的生产活力"是被"自由放任主义和私人经济的市场力量"所解放的。这种"发展的引擎是商业和农业的革命"。③

这种语言将经济当作一种社会主体和社会关系独立运作的事物——的确，就像篇章标题所暗示的，"经济的诞生"同时就孕育了资本主义本身。这类似于我们过去常常描述地质变迁的语言。这也是资产阶级经济学的语言，即市场和资本主义被描述为好像

---

① Stuart Hall, Introduction to *Formations of Modernity*, Edited by Stuart Hall and Bram Gieben, London: Polity Press, 1992, 1993, p. 13.

② Stuart Hall, Introduction to *Formations of Modernity*, Edited by Stuart Hall and Bram Gieben, London: Polity Press, 1992, 1993, p. 14.

③ Stuart Hall, Introduction to *Formations of Modernity*, Edited by Stuart Hall and Bram Gieben, London: Polity Press, 1992, 1993, p. 3.

是从事物的自然秩序当中自发生成的一样。有证据表明霍尔认为"现代资本主义萌芽于封建经济的缝隙之中"。[①] 霍尔将经济描述为一种独特的、自生的领域，它重复了资产阶级经济学把经济视为"市场"的独立运作，它独立于并且奠定了其余的社会存在的基础。

将经济以这种方式进行构思的结果就是使得经济变得非社会化和非人性化了。经济与这种叫作"社会"的东西的分离是非常明显的。在他所写的"改变社会结构"一章里，霍尔认为作者哈里特·布兰得利：

> 将重点从经济过程转向了变迁中的社会关系，并且新型的社会结构是工业资本主义社会的特征。她所写的篇章关乎新社会和劳动力的性别分离的出现。她比较了前工业社会的阶级和性别形态，新社会阶级在乡村社会中诞生，他们围绕着资本和雇佣劳动被组织起来；工作形式与新形式的工业生产联合起来；也形成了新型的男女关系。[②]

在这种构想中，"经济过程"似乎浮现了其自身的协同，然后提供了"社会关系"在其他地方改变的推动力，这也与"经济"中的自发改变分离开来。

有一个词语可以用来设想这种方式——拜物教——在这里实际人类活动的结果被视为一种超人之物。这恰恰是马克思对古典政治经济学批判的目标，对资本主义进行分析从而揭示这种"拜物教的经济世界"，即"劳动和人类生活实践的语言"被转换成了"商

---

① Stuart Hall, Introduction to *Formations of Modernity*, Edited by Stuart Hall and Bram Gieben, London: Polity Press, 1992, 1993, p. 8.

② Stuart Hall, Introduction to *Formations of Modernity*, Edited by Stuart Hall and Bram Gieben, London: Polity Press, 1992, 1993, p. 4.

品的语言"。① 借助那只灵巧之手，"劳动的生动现实"降低成为其"异化的和抽象的形式"（即金钱），资本宣告了它与作为"他者"的人类劳动的"纯粹自主性"。资产阶级经济学的任务是将这种拜物教世界奉为神圣的事实和理论。正如大卫·麦克纳利所言：

> 因此庸俗经济学的拜物范畴构成了一个"自生"的神话……在庸俗经济学之中，资本成为一个狂暴的尼采信徒，一个贪得无厌的意在否定所有他者的力量，它拒绝承认自己的劳动源出，并且寻求一切存在条件的根源地位。②

尽管霍尔并没有宣称经济的"纯粹自主性"——他的四大"进程"自然而然地"在彼此之间发生接合"——然而通过将经济转化为一种独立于政治、文化和社会关系的客体，霍尔再生产了资产阶级经济学和经济主义的马克思主义的拜物教世界。而且，霍尔将每一个进程视为不同的"范围"或者"组织的串群"，③ 这就排除了将它们视为一种"复杂整体"的可能性，并且缺乏一种将社会视为相关进程的偶然堆积体的观点。实际上，后马克思主义者霍尔选择一个他曾经明确反对的立场：一种"传统的、社会学的、多元因素的、没有优先决定的方法"，在其中"所有东西之间都相互作用"。④

在1973年的"马克思主义文化理论中的经济基础与上层建筑"

---

① David McNally, "Marxism in the Age of Information", *New Politics*, 6 (winter), pp. 102-103.

② David McNally, "Marxism in the Age of Information", *New Politics*, 6 (winter), p. 103.

③ Stuart Hall, Introduction to *Formations of Modernity*, in Stuart Hall and Bram Gieben, ed., London: Polity Press, 1992, 1993, p. 11.

④ Stuart Hall, "Signification, Representation, Ideology: Althusser and the PostStructuralist Debates", *Critical Studies in Mass Communication*, 2 (June, 1985), p. 91.

一文中，雷蒙·威廉斯批评了这种非常立场，因为它必须"撤销这种存有一切决定进程的宣言"。[①] 威廉斯指出尽管自马克思以来的上层建筑概念已经经历了许多次修订，但是"'经济基础'这个被普遍接受的概念却并没有得到较为匹配的对待"，而又是"一个更为重要的概念，假如我们能理解文化进程的现实性"。他指出了这种将经济基础构思为"在本质上非统一且常常是以静态的方式"存在的趋势——实际上将其"视作是一个单方面决定其他事物的客体"。[②] 威廉斯断言这与马克思的原本立场并不一致，后者将决定的起源定位在人类的"特殊活动和关系"上。[③]

笔者认为威廉斯处在文化研究试图超越文化反映论的最薄弱之处：它试着通过将所有精力会聚于上层建筑的方式来反思经济基础与上层建筑的关系，然后再将这个被人们普遍接受的经济基础概念原封不动地搁置一边。通过这种不平衡的努力，毫无疑问霍尔对于反映论的挑战便不可阻挡地移向了上层建筑的自主性方向，然而与此同时也保留了经济基础的自主性。而且，一旦它们被认为是不同的领域，那么这就不可能以经验方式在它们之间建立一种必然的或者自由的关系。相反它们成为一系列客体、事件或者"进程"，它们的关系是外在的和偶然的。它们之间的任何"统一"完全是主观的和传统的——一种特殊"接合"的产物，即暂时打断和"固定"这种无尽的意指活动。通过主张文化的自主性来解决反映论问题，霍尔因此选择一种分析的和新实证主义的——即反

---

① Raymond Williams, "Base and Superstructure in Marxist Cultural Theory", *Problems in Materialism and Culture*, London: Verso, 1980, p. 36.

② Raymond Williams, "Base and Superstructure in Marxist Cultural Theory", *Problems in Materialism and Culture*, London: Verso, 1980, p. 33.

③ Raymond Williams, "Base and Superstructure in Marxist Cultural Theory", *Problems in Materialism and Culture*, London: Verso, 1980, p. 34.

对辩证法的——明晰模式，在后者的范围当中并没有一种作为自主对象或事实的事物。①

没能质疑经济基础的自主性也保留了这种心物对立，而这便撕裂了席勒的批评。在《现代性的形成》导言中，霍尔指出："经济的、政治的和社会发展的进程似乎有一个清晰的、客观的和物质的属性。它们改变了'现实世界'中的物质和社会组织——人们的实际行为是如何的。与此相反，文化进程一般处理无形的事物——意义、价值、符号、观念、知识、语言和意识形态。"尽管他宣称语言是"社会实践的产物"和"物质进程——就像经济和政治——依靠它们效果的'意义'"，② 但是霍尔将"物质的"和"话语的"设想为不同的区域，它们之间的关系必须经由分析假定得出，而不是作为辩证的、交互的构成时刻，即威廉斯曾经所言的"一个总体不稳定的实践"。③

二十年前，霍尔曾提出文化研究的未来在于发现一个可以解决"非还原确定性问题"④的方法。他的方法是将这个世界包装成不同的领域，而这些领域之间的关系是外在的、偶然的，因此就是非决定性的。实际上，霍尔返回到了汤普森对"生活经验的原料"与"规则和系统"的早期区分上来，但是与汤普森相反，霍尔将它们的关系视为任意的而非必然的。但具有讽刺意味的是，这种策

---

① 萨特比较了这种历史的辩证考察方法，这种方法将"单个进程的发展总体"当作其对象，这是一种分析的或者实证主义的方法，它"试图展现研究案例中的几个独立的、外在的因素是一种合力"(Jean-Paul Sartre, *Search for a Method and Critique of Dialectical Reason*, New York: Vintage Books, 1968, p. 15)。

② Stuart Hall, "The West and the Rest: Discourse and Power", in Stuart Hall and Bram Gieben, ed. , *Formations of Modernity*, London: Polity Press, 1992, 1993, p. 13.

③ Raymond Williams, *Marxism and Literature*, Oxford, England: Oxford University Press, 1977, p. 31.

④ Stuart Hall, "Cultural Studies: Two Paradigms", *Media, Culture, and Society*, 2 (1980), p. 72.

略保留了唯心主义和经济主义——这些是现代思想的孪生支柱——使得文化成为思想、语言和意义的专属领域，并且将经济转化为一种无声的、非意指实体的领域。霍尔的理论历程始于无法在经济主义的马克思主义和资产阶级经济学之外反思经济基础问题；自语言学转向以来，就已经将语言进行分离并给予其特权，然后再将其投射回整个社会实践。从身边的"原始材料"中自由创造意义的现代主体也开始了复兴。这种轨迹——这使得符号的自主性与主体和经济的自主性彼此竞争——排除了超越经济主义或者唯心主义的可能性。而且，一旦选择将结构主义作为与经济主义的马克思主义进行抗争的武器，文化研究本身就容易受到后结构主义对二者批评的侵害。一旦登上了结构主义的列车，无须对经济基础问题进行必要的理论工作，霍尔和文化研究就不得不借助马克思主义进行逢场作戏并且"再次完全转向另一边"了。①

我们几乎可以毫不夸张地认为：当那些最为著名的实践者公开宣称上述言论之时，文化研究就已经放弃了马克思主义立场。或许更为难堪的是文化研究领域因此保留了经济主义——这是它曾试图彻底废止的东西。英国文化研究是 20 世纪一系列试图构筑非还原主义的马克思主义文化理论的努力当中最近的一例。如同其他既往者一般，它沿着上层建筑之路进入这一理论构筑的计划当中。在这个意义上来说，它们也没能批判性地研究经济基础问题，这些努力至今无法让人满意。② 霍尔的理论历程以及在其帮助

---

① Stuart Hall, "The Problem of Ideology: Marxism without Guarantees", *Journal of Communication Inquiry*, 10 (summer, 1986), p. 28.

② 萨特是个例外，他的《方法寻求与辩证理性批判》(Jean-Paul Sartre, *Search for a Method and Critique of Dialectical Reason*, New York: Vintage Books, 1968)恰恰正在反思经济基础与上层建筑公式，并且试图超越经济主义的马克思主义和自由人本主义的局限。萨特的作品对于发展一种非还原主义的唯物主义文化理论是不可缺少的——这是我将在下一篇文章中继续探讨的论题。

下变得制度化的文化研究为那些继续投身对文化进行历史唯物主义理解的后继者是一笔宝贵的教训。假如我们能从文化研究将自身从经济主义和唯心主义当中解救出来的失败当中学习的话，那么我们或许会回想起威廉斯将文化构思为"一个总体不稳定的实践"的努力。从这一视角来看，"上层建筑（文化）"与"经济基础（非文化）"都不是自主性的。二者都是在一定的历史背景和社会关系的具体总体中的人类实践活动的物质化。意指并不是语言的独特属性，也不是文化的特殊领域，而是人类的实际活动（实践）与这些多样的过去与现在的活动"在事物以及事物的秩序之中"的物质标记，而这必定避开我们每一个人，这为我们所有人构筑了一个客观命令的领域，并且将我们每一个人镌刻进社会关系的系统当中。[1] 由此观之，资本主义并不局限于一个叫作"经济"的领域。它也不是一个事物、进程或者力量。它是一个动态的、冲突的社会关系的系统，就此来说它时常是一种资源、场域以及意指的对象。假如我们希望理解涉及社会总体性的文化的话，那么我们或许要注意威廉斯复议这种被普遍接受的经济基础概念的呼声，而长期以来人们对这里的经济基础概念缺乏质问。或许，我们应该开始发现"文化进程的现状"了。[2]

（宗益祥译　张　亮校）

---

① Jean-Paul Sartre, *Search for a Method and Critique of Dialectical Reason*, New York: Vintage Books, 1968, p. 156.

② Raymond Williams, "Base and Superstructure in Marxist Cultural Theory", *Problems in Materialism and Culture*, London: Verso, 1980, p. 33.

斯图亚特·霍尔学术历程中的加勒比流散群体与加勒比身份[※]

[美]格兰特·法雷德(Grant Farred)

《监控危机》——伦敦与加勒比的双重文化骄傲

后殖民主义的辉煌开拓时刻肇始于 1996 年 3 月在牙买加首都金斯敦举办的"加勒比文化大会"。这次会议特意安排为雷克斯·内特尔福德教授颁奖,他是西印度群岛大学(莫纳校区)的副校长,当地的杰出学者和文化名人。内特尔福德的著述颇丰,但在其近 40 年的学术生涯中最卓越的成就非其对牙买加黑人文化的贡献莫属。内特尔福德副校长作为"国家舞蹈戏剧公司"(主要表演非洲的戏剧舞蹈)联合创办人,创建了一个继续教育计划,和其他两名学者共同展开

※　原载:*Research in African Literatures*,Vol. 27,No. 4(Winter,1996).

了一系列关于 1960 年拉斯特法里运动的课题研究。① 拉斯特法里教派作为西印度群岛雷鬼音乐的思想来源，是全世界公认的牙买加黑人生活方式的典型表达形式。此次会议关键性的环节转向了斯图亚特·霍尔这位具有牙买加背景，以及与加勒比人有着千丝万缕的联系——特别是西印度群岛和英国以外的加勒比人——的思想家，然而，吊诡的是，其人本身的这种加勒比背景却被认为是微不足道的。

莫纳的巴里·舍瓦那博士在他题为"根源和路线"的引言中，高度评价了这位牙买加出生的社会学教授。他指出，到了加勒比学术界向霍尔致敬的时候了，就像他们将荣誉给予内特尔福德一样。在此次讨论会的背景下，舍瓦那博士的训谕既是一种信号，也是令人始料不及的。通过将霍尔与内特尔福德相提并论，舍瓦那授予了这位社会学教授一个非比寻常的加勒比形象：一位知识分子如此致力于为该地区黑人权利而做的斗争，甚至他移民到大都市也不会削弱他对此的理解与努力。如果霍尔的政治身份完全被认可，舍瓦那则挑战了大众对霍尔的一般认知，并将他假定为一位植根于加勒比黑人文化土壤中的知识分子典型代表。

"加勒比文化研讨会"不只是意味着对这位四十多年来一直执都市左派知识分子之牛耳的金斯敦人的再次致敬。当然，从本质上讲，这对霍尔来说是实至名归。不过，换做其他后殖民知识分子，又有多少在移民他国之后还能在本国受到如此礼遇呢？舍瓦那的评论中最具挑衅性的案例意味着对欧美学院派的一场批判，

---

① 在 1959 年拉斯特法里教派的帝沃力公园驻地骚乱出现后，牙买加政府委派专人来研究这一宗教群体。西印度群岛大学的教师内特尔福德（Nettleford）、M. G. 史密斯（M. G. Smith）和 F R. 奥吉尔（F R. Augier）在 1960 年创作了名为《关于金斯敦的拉斯特法里教的报告》（Rex Nettleford, M. G. Smith and F R. Augier, *Report on Ras Tafari in Kingston*, Prepared for the Jamaican government, 1960）。这个报告是对拉斯特法里教派的第一项全面研究。

即围绕斯图亚特·霍尔已经成为西方知识传统所推崇的人物的争论。在这个组织构架中，霍尔作为一个思想家，是以研究以下四个方面著称的，即文化研究、葛兰西的马克思主义哲学的复兴、当代理论和对撒切尔主义的批评。所有这些研究都与他在英国伯明翰和伦敦等城市的大学期间所做的研究工作相关。1996 年 3 月的评论并没有否认霍尔与都市的联系。然而，评论重新植根于并且回归至霍尔的学术轨迹上来：将具有领袖气质的霍尔重置于加勒比地区复杂的文化背景下及纷繁的斗争中进行考量，因为他的政治生涯的发展始于这片出生地。

霍尔重新审视他与本土的关系促成他改变了一些观点，如最近他多次在文中提及对流散群体和加勒比地区的看法，这些看法已经成为霍尔作品中重要且长期关注的焦点。在这一点上，舍瓦那的观点获得了双重反响。他们及时地反映出流散群体这一主题是霍尔作品不可或缺的部分。他们充当了一种指令来识别和解释那些经济上被驱使，精神上被诱导的流散经历，而这些经历并没有出现在他的作品中。我们通过研究霍尔的《监控危机：抢劫行凶、国家、法律和秩序》这一影响深远的作品，其觉察到了霍尔的风格转变，因为该书其实已经将霍尔定位为一个黑人后殖民主义知识分子了。除非被定位为一个跟欧美和加勒比移民社群与大都市种族主义之间有着密不可分关系的人物，否则其著作难以得到理解。（霍尔将大都市想象成第二大加勒比流散群体的聚集地："加勒比人已经成为继非洲、欧洲、亚洲后的又一流散群体，这一群体在再流散中重新形成新的团体。"①）《监控危机》清楚表明了霍

---

① Stuart Hall, "The Formation of a Diasporic Intellectual", in David Morley and Kuan-Hsing Chen, ed. , *Stuart Hall：Critical Dialogues in Cultural Studies*, New York：Routledge, 1996, p. 501.

尔从一个新左派知识分子向新左派理论家的转变，这种转变强调了英国和其他地区黑人流散群体在政治上的重要性。在这部 1978 年合著的作品中，正是大都市里各式各样反对黑人移民的种族歧视经验，迫使霍尔这位定居他国的牙买加人严肃地对待战后移民流散的问题。最近的十几年间，霍尔采用自传体形式强调重新参与加勒比移民的过程，而这种深刻的反思最早就出现在《监控危机》中。自传这种形式帮助霍尔完成了从他常有的对历史问题特征的关注到揭示个人发展的转变。这是一种能够自我表达的写作方式，时而调和了真实的霍尔与公众所知的霍尔之间的矛盾争论。然而最重要的是，这使得他能够商讨他与加勒比、美国和欧洲地区的"黑色大西洋"共同体之间的复杂关系。

作为独立前的那一代殖民地知识分子中的一员，斯图亚特·霍尔从一个极其有利的角度探讨了流散群体问题。流散——黑人被迫移民的持续历史过程——是霍尔作品中一个被延宕表述的问题。黑人沿着这条流放轨迹从非洲到新大陆又回到欧洲，沿途交汇于大西洋，历经了一次艰难的旅程。在这次航行中，被奴役的黑人们从非洲被运往殖民地的边缘地带；再从那里设法到欧洲和美洲的大都市，以寻找有利的经济环境。流散轨迹中最有趣的是近来出现的黑人回归独立的第三世界国家的现象，他们以此作为暂时摆脱都市种族主义的一种方式。①在《监控危机》出版之前，甚至之后相当长的一段时间，霍尔的作品被认为是对移民问题保持缄默，最多也只是采取一种缓和的态度。这种拖延不表态，很大程度上可以用牙买加土生土长的学者这一不寻常的身份来解释。

---

① 这一趋势在牙买加格外的明显。出生在英国的年轻的牙买加黑人离开了大都市回归加勒比岛国。这一现象延续了 10 年，被英国黑人独立电影制片人卡伦·威尔描述为"寻找极乐世界"。威尔出生于一个牙买加黑人移民家庭，对这些归来的英国人很感兴趣，目前正在制作一部关于这些重新定居的英国黑人的电影。

霍尔毕业于位于金斯敦的牙买加学院，这是一个施行精英教育的殖民地学校。霍尔1951年来到了英格兰，接受了牛津大学默顿学院的一个研究员职位。直到1958年，他都待在牛津，期间获得了文学学士，但1958年他却放弃撰写关于亨利·詹姆斯的博士学位论文，这一决定是受到了1956年一系列历史事件的影响。霍尔早期求学经历代表了其政治生涯的第二个形成阶段，是时，他刚离开牙买加来到英国，碰巧与后殖民世界和西方左派的诸多大事件联系在了一起。1956年是一个具有重要历史意义的年份：苏伊士危机，赫鲁晓夫的"秘密报告"事件，苏联对匈牙利的入侵以及新左派的形成，全都发生在这短暂的12个月间。1956年埃及总统迦玛尔·阿卜杜尔·纳赛尔冒着被英国海军袭击的巨大风险毅然决然地将苏伊士运河收归国有，这显示了这个刚独立的国家在面对正在走向衰落的殖民帝国威胁时的决心。赫鲁晓夫对其前任领导人斯大林的否定和他对匈牙利人民的攻击，都对西方左派运动产生了深远的影响。这也迫使那些习惯上认为他们思想的先驱来自于莫斯科的欧洲共产主义政党重新思考他们对共产主义的态度以及他们与苏联共产党的关系。由于苏联在布达佩斯反对抗议者的霸权主义行径，共产主义集团在与美国及其欧洲盟国的冷战中，不能具有任何道义上的制高点。这些事件引起了一次重要的政治巨变，导致了一场意识形态的根本转变。"西方老左派"在斯大林时期成熟的政治权威和政治体系受到严重质疑。在1956年事件的余波下，老左派声名狼藉；老左派的继承者则随着它的消亡而出现。新左派引领了一种不同的政治风格。尤其在高度严密的政党组织中，它反对官僚主义，并且认真地关注工人阶层和青年文化。霍尔被置于这些重大的发展变化的前沿，成为一位先锋支持者和新大众文化运动的评论者。对他来说，政治总是一个深远而遥不可及的课题，无法简单地贴上标签或者定位。

霍尔对文化政治的兴趣是源于他和《新左派评论》的联系。当霍尔一离开牛津，就成为《新左派评论》的前身之一《大学与左派评论》的创刊编辑，其他创刊编辑还有拉斐尔·塞缪尔、查尔斯·泰勒和盖布里埃尔·皮尔森。作为新左派运动的喉舌，《新左派评论》诞生于《新理性人》和《大学与左派评论》这两本期刊的联姻。这些左派期刊在主题、人员等相当多的方面都有重合之处，为了能在英国生存下来，这两份杂志不得不合并。（由于霍尔在牛津时一直大量参与《大学与左派评论》大量的工作，所以他很自然地被选为新刊物的主编。）在雷蒙·威廉斯、理查德·霍加特、爱德华·汤普森、霍尔、彼得·西季威克、拉尔夫·塞缪尔、佩里·安德森和汤姆·奈恩等人的共同努力下，《新左派评论》自 1960 年创刊以来，历经几代人，对英国激进知识分子的人生产生了深远的影响。在这本杂志中，左派有关文化、政治、经济和意识形态的重要理念相互碰撞，擦出火花，与其他杂志相比，其论战常常要更加激烈。

研究被压迫者的文化和边缘文化是霍尔长期坚持不懈的使命。这一使命是在新英国政治形态形成时期那种意识形态语境中生成的。与他在牛津求学时的教授雷蒙·威廉斯以及爱德华·汤普森、理查德·霍加特一起，霍尔利用新左派的政治视角/知识分子力量创立了"文化研究"计划。作为霍加特在伯明翰大学的助手，霍尔与其在 20 世纪 60 年代中期共同建立了"当代文化研究中心"（CCCS）。十年后霍加特离开，霍尔领导"当代文化研究中心"直到 20 世纪 70 年代后期。在他任职期间，"当代文化研究中心"发起了英国工人阶级文化、妇女运动、欧洲文学理论、知识分子的作用和黑人移民等一系列富有创造性的研究计划。

逃离牙买加——霍尔流散知识分子的形成

霍尔总是把他推迟回归加勒比归因于他从事的新左派工作。在近期陈光兴对他的一则访谈——"一个流散知识分子的形成"，一个绝妙的题目——中，霍尔重申了这一态度：

> 在加勒比联邦还存在的时候，我本该回来，并参与其间。在20世纪50年代当我决定留下来和即将成立的"新左派"展开"交流"时，我的梦想就结束了。当我自己在这里找到了一个新的政治空间，此刻，我便没有任何可能成为加勒比地区的政治积极分子。在那以后，一旦我决定在此居住而不是那里，尤其是凯瑟琳和我结婚后，回归的可能性就变得更加渺茫了。①

尽管霍尔在加勒比地区的将来并不依赖于加勒比联邦的生存状况，但在霍尔作为知识分子发展的关键时刻，西印度群岛建构联邦事业的失败，给了他一个继续留居英国的简单政治借口。"加勒比联邦"对其个人兼具象征意义，象征了他个人最重要的联盟，即与社会史学家凯瑟琳·霍尔的婚姻。尽管如此，新左派仅仅代表了霍尔参与英国政治的最初阶段。他从事的这份事业持续了很长时间，从英国福利国家制度的鼎盛时代到它被撒切尔政府埋葬，直至现在。

---

① Stuart Hall, "The Formation of a Diasporic Intellectual", in David Morley and Kuan-Hsing Chen, ed., *Stuart Hall: Critical Dialogues in Cultural Studies*, New York: Routledge, 1996, p. 502.

　　不过，霍尔留在英国而不是永久回归牙买加这个决定不仅仅是随着他对新左派政治上的贡献而转移的。他在自传里讲述了一个真实而痛苦的故事，这时霍尔的个人履历刚刚开始在他的作品中表现出来。1988年以前，霍尔的作品都以隐藏个人自传信息为特点。几乎不透露个人履历是一种蓄意的隐藏：在直至20世纪80年代中期的数十年的知识分子生涯中，斯图亚特·霍尔公然地压抑了自己作为牙买加人过往经历的记忆。当他最后要面对自传撰写的问题时，霍尔将他的牙买加经历背景以一种写作和访谈方式呈现出来，常常是一种自白式的，流露出在金斯敦的18年生活对其后来工作的影响。在金斯敦这个殖民地，一个中产阶级有色人种家庭的成长经历对霍尔的生活和工作产生了深远的影响。之后的几十年中，这些年的经历决定了他与英国牙买加和加勒比流散社群的关系。除了极少数情况，霍尔在牙买加所受的教育都使他与种族的关系变得不完整，并在政治上和精神上扭曲了霍尔的真实身份。确切地说，霍尔应该在身份政治——这是在20世纪80年代中期刚刚起步的一个政治研究领域，霍尔在其中做出了重要贡献——的语境中来关照自己的过去。

　　在新保守主义统治时期，身份建构成为不少社会团体关注的焦点。大都市和君主制国家的这些选民最关注这样一些后殖民话题：昔日的边缘学科、女性、男同、女同、双性恋、美国的黑人和亚洲人。身份政治学使得霍尔能够将精神矛盾与思想发展的线性关系共处一室，并在此范畴内重新探讨他的自我建构。霍尔通过这种写作方式公开地进行自我分析，等同于叙述未尽的责任、偶发事件、无意识和有意识的思考过程以及长期以来被压抑的个人记忆的一种模式。霍尔涉足身份政治始于20世纪80年代末期到90年代中期，使他能够辨别、反思、放大20多年来一直潜藏在他工作中的作为加勒比人的过往经历问题。这些问题迄今为止在他的全部作品中以隐晦的形式被提及。在一个经历了由三代加勒比人、亚洲人、非洲人移民体系上重建起来的政治上和文化上的大不列颠国，霍尔能够为他的读者勾画出一幅他的精神轨迹图，从金斯敦到伦敦，我们回顾得知自从他离开牙买加，这整个轨迹就一直影响了他的一生。

在1988年以"最小的自我"为题的文章中，霍尔将离开牛津留在英国的决定简要浓缩为一个富有隐含意义的句子。然而，这种简化，不仅仅是启示性的，更是呈现了一个精神世界，即颠覆了早期他站在新左派角度的解释。他最后声称："移居是一次旅行。"①尽管如此，他继续表达其个人对这一精辟观点深刻的支持。霍尔解释说："我在这里是因为我的家庭不在这里。实际上我是为了摆脱我的母亲来到了这里。生活的一般故事不都如此吗？一个人试图逃离另一个地方而待在某个地方。这就是我向所有人隐藏的我的故事。"②在霍尔文集中，"最小的自我"公开地介绍了他与牙买加的这段渊源。1988年的这篇文章持续个性化地、非心理分析式地、类似忏悔式地，定性了霍尔的这一时期的生活：霍尔的公共知识分子和内在的后殖民主义这两个身份就加勒比的种姓制度、肤色和阶级制度进行了一场对话。被压抑的内在自我并不能适应这种霍尔式的话语，在公开讨论中发现了罕见的、解放的声音。他在理论阐释中加入自传材料的介绍使得我们对于霍尔作品的理解呈现复杂化、个性化和充实化。对霍尔传记理解的新途径宣告

---

① Stuart Hall, "Minimal Selves", in Lisa Appignanesi, ed., *The Real Me: Post-Modernism and the Question of Identity*, ICA Documents 6, London: Institute of Contemporary Arts, 1987, p. 44.

② Stuart Hall, "Minimal Selves", in Lisa Appignanesi, ed., *The Real Me: Post-Modernism and the Question of Identity*, ICA Documents 6, London: Institute of Contemporary Arts, 1987, p. 44.

了将其外在和内在割裂开来的做法是站不住脚的，其中他的内在一面在其之前的作品中一直难觅其踪。

然而，"最小的自我"中有关霍尔的个人信息寥寥无几。它仅仅是霍尔高度政治化的传记过程的一个开始，这一过程后来在陈光兴1992年完成但直到1996年才出版的访谈"一个流散知识分子的形成"中达到顶峰。当霍尔在1988年的文章中向我们吐露心扉时，其表述是相当谨慎的——最明显的例子是他将摆脱母亲的理由轻易地转化为一般的心理分析。霍尔泛泛的弗洛伊德式的提问"生活的一般故事不都如此吗?"不仅闪烁其词，而且是有意识地去语境化了。这反倒将人们的注意力吸引过来，因为对一个思想家来说，被程式化地给予某种历史特性是不同寻常的。

当霍尔充分地给出其逃离母亲和牙买加的解释时，我们才清楚地了解他沉默的缘由。这是一个带有强烈个人色彩的故事，霍尔回想起(第一次公开)，他那中产阶级家庭对于殖民地种族主义等级制度的质疑，如何毁了他姐姐的人生并使其罹患精神疾患。在接下来的篇章中，霍尔痛苦地讲述了一个殖民地年轻人的种族意识觉醒的故事:

> 在我17岁的时候，姐姐经历了严重的神经崩溃。她与一个从巴巴多斯来到牙买加的年轻的住院医生相爱了。他虽是中产阶级，但是个黑人，我的家人是不可能同意的。在他俩面前横着一个巨大的家庭阻碍，事实上，她是为了回避这种情况才崩溃的……这是一个非常惨痛的经历，因为当时在牙买加几乎没有任何精神病治疗的方法。一位普通医生对我姐姐进行了一系列的电休克治疗，她还是没有完全康复。自打那时起，她从没有离开过家……但是这件事让我对家的概念

有了新的认识。我不会在留在这里。我不要被它毁掉，我要出走。①

这是一个十分悲惨的，讲述十几岁孩子孤独无助的"故事"，在1988年之前以及之后的相当长的一段时间内，霍尔从没有跟任何人说起此事。此事中有关对精神的压抑，创伤的回忆，均在生活中留下了不可磨灭的印记，但都被霍尔尽力地隐藏在了公共视野之中。"一个流散知识分子的形成"打破了霍尔自传中的缄默寡言和闪烁其词。霍尔生动地向我们揭示了移民复杂的精神根源；他描绘了一幅心灵的地图，勾画了他曲折的精神轨迹。从1992年对他的访问中我们可以清楚地看到，正如他在自传中不愿提及的，从一个地方到另一个地方的迁移是一个植根于历史、经济和思想意识的变迁过程。霍尔在个人背景描述中，用了过多的笔墨讲述了自己为了避免自我毁灭而离开一个家庭，去建立另一个临时的、不稳定的，也可能是长期的家庭的行为。可以说，霍尔伤痕累累的精神自传告诉我们，与其说他缺少政治愿望，不如说他的个人经历对他拒绝返回金斯敦负有更大的政治责任。他在英国新左派和他主编的杂志上的投入，使他能够尽量缓解这如油画般的狂躁的灵魂带来的影响，画中描绘的人物即是他母亲的缩影，"我来到这里是为了逃离我的母亲"，当然也为了逃避他姐姐的那段失败的爱情经历。虽然并不是没有某一个悖论存在，这在历史的角度上是适合的，霍尔应该接受这些溯源于大都市殖民主义精神上的问题。为了对殖民主义精神暴力这一问题本身进行研究，霍尔寻根

---

① Stuart Hall, "The Formation of a Diasporic Intellectual", in David Morley and Kuan-Hsing Chen, ed., *Stuart Hall: Critical Dialogues in Cultural Studies*, New York: Routledge, 1996, p. 488.

溯源，回到了这一问题的起源。

最重要的是，霍尔姐姐所遭受的可怕经历是对殖民群体和殖民地中滋生的种族主义的控诉。正如我们所见，与其在欧洲相比，殖民地的种族主义本身是一种是更为强有力的，饱受辱骂攻击的形式。霍尔的家庭充分说明了这一点，因为不是等级身份使得那个巴巴多斯求婚者没有资格娶到霍尔的姐姐，而是由于他的肤色。"我的父母不会同意的。"在访问刚开始时，霍尔回忆了他自己的经历，黑人是如何在金斯敦的中产阶级人群中被贴上了种族异类的标签："我在家庭里的身份是被排除在外的一分子，一个比其他成员都要黑的'小苦力'。"[1]陈光兴的这部分访问是受到具有特殊意义的潜台词的启发：正是殖民种族主义迫使霍尔疏远了他的族群，逼迫他远走他乡。牙买加上流社会作为后殖民统治阶层的一个选区，正是因为上流社会黑人们的种族主义倾向，令霍尔的生活在那里灵魂无依，最终使得他远离了这个社会。显然，种族成为一种政治甄别，但实际上在霍尔的作品中无迹可寻，直到他参与《监控危机》这本书的写作——才标志着他重新融入加勒比黑人社群中。霍尔从历史学和人口统计学角度对他早期作品中忽略种族问题给出了合理的解释（我会立即转变我对此的看法），但很显然，作为对其写作产生压抑影响的因素，这些问题不可能不被考虑。以下这些就是对霍尔的作品产生压抑性影响的问题，不得不引起我们注意：霍尔对于牙买加经历的记忆，在多大程度上造成了他来到大都市起初的几十年里缺少持续的种族背景的支撑？基于肤色的种族歧视在后殖民时期的青年霍尔心中烙下了如此深的印记。

---

[1] Stuart Hall, "The Formation of a Diasporic Intellectual", in David Morley and Kuan-Hsing Chen, ed., *Stuart Hall: Critical Dialogues in Cultural Studies*, New York: Routledge, 1996, p. 485.

他是为了逃离种族制度，从牙买加飞去了另一个大都市吗？

直到 20 世纪 70 年代早期，霍尔通过与加勒比工人阶级群体的接触开始关注这些问题，即使他采用了某种策略，但漫无边际地没有完全阐述明白。霍尔在 1970 年所著的短篇"英国黑人"，显然是一个自我暗示的文本。他表明："我不相信大多数来到英国的黑人移民会回归他们本土。"[①]像他们一样，虽然有不同理由，霍尔是不会回去的。更为诗意的解释是：他可以回"家"，但他已留不下来。在最后的 45 年间，霍尔前后几次探访牙买加，但是自 1951 年后，他就不可能永久性的回归了。他或许只是潜意识里知道自己不愿意回去，但是这是一个他从没有如此认真重新考虑的决定。事实上，自从离开牙买加，霍尔就没有像远离出生地那样背井离乡过。霍尔宣称他自己是最初的流散群体中的一员（"我成为最早的一批流散者"）；[②] 他的生活也逐渐在这种回归的不可能性中转变为在英国大都市中安家立业的过程。加勒比人到欧洲的再流散过程已经成为这一研究至关重要的历史因素。与其在加勒比没有一个属于他的精神"家园"（一个安全的，远离暴力的空间），他不如去保护在伦敦大都市中的这么一个地方（不管如何严阵以待）。既然不能回家，霍尔就努力建造一个新的家园。

从"居住理论"到"爵士乐"——霍尔的种族主义沉默

"英国黑人"标志着建设新家园的重要一环，也突出了霍尔作

① Stuart Hall, "Black Britons", in Eric Butterworth and David Weir, ed. , *Social Problems of Modern Britain*, London: Fontana, 1972, p. 324.

② Stuart Hall, "The Formation of a Diasporic Intellectual", in David Morley and Kuan-Hsing Chen, ed. , *Stuart Hall: Critical Dialogues in Cultural Studies*, New York: Routledge, 1996, p. 501.

品的另一个重要特点：他的居住理论。霍尔有关种族主义的作品是以论述随黑人移民居住而引起的种族歧视为背景的。种族主义批评——尤其是在当下——必须要有黑人移民居住理论，因为只有如此，霍尔才能够在理论上对这一现象做出评论。因此，自从那一刻，即加勒比移民在英国大都市建立了庞大的永久家园后，霍尔才开始有关种族作品的创作。居住意味着文化、经济和政治的定居，这使得西印度群岛黑人在更广泛的范围内直面英国各种制度和整个白人社会。20世纪50年代末代表了这一趋势的开端，但是黑人真正定居下来是在60年代后期和70年代早期。霍尔的居住理论代表了他的职业生涯中一个有趣的，但又有些许令人不安的一面。"英国黑人"不过区区四页纸，在此之前，霍尔作品中很少提及种族这个主题。而在这一主题出现后，评论则是通过精巧的布局、建议或者精细的比较，而非长驱直入的方式呈现出来的。

在明确提出种族主义的时候，例如，在与帕迪·沃纳尔合著的著作中就作为美国通俗文化表现形式的爵士乐展开讨论时，他们的论辩与关于英国通俗文化潮流的泛泛之论就是截然不同的。霍尔和沃纳尔写道："年轻的爵士乐家们继帕克之后回归到布鲁斯蓝调和'灵魂乐'，与一种新的迫切需要有着直接的联系，美国的黑人少数族群正在美国社会中找寻自己的身份和自由。"[1]在美国的民权运动和更大的社会变革的背景下，并没有充分地探究这种"黑人少数族群"的"新的迫切需要"以及他们为自由而付出的努力。不过，霍尔和沃纳尔并没有搞清楚在某些黑人音乐形式的复活和那一时期黑人移民所进行的政治斗争之间是否存在联系，以及如果存在，又是何种联系。

---

[1] Stuart Hall and Paddy Whannel, *The Popular Arts*, London: Beacon, 1964, p. 90.

霍尔的观点，即他的种族批判与那些在大都市居住的大量加勒比选民们密切相关，体现了一种不无问题的定居理论。事实上，到 20 世纪 70 年代中期霍尔一直在反复思考这个理论。在他参与 BBC 有关报道英国多种族社会的电视节目《种族主义及其反应》中，霍尔简要地评论道："提到今天英国社会中所讨论的种族问题，你有时会认为英国和加勒比或者印度次大陆种族之间的关系可追溯于四五十年代后期黑人移民潮的到来。"[①]尽管如此，在 20 世纪 70 年代早期以前，霍尔的作品中从未提及过英国西印度群岛黑人的古老传统。正如霍尔在《种族主义及其反应》节目中指出，加勒比人来到英国大都市已被大家广泛接受。同样属于老生常谈的是，定居在加勒比、亚洲和非洲以外的西印度群岛黑人和英国白人之间常引起的矛盾冲突。第一次世界大战以后的英国历史更是打上了种族主义冲突事件的印记。

"一战"刚刚结束，"1919 年的初夏，加迪夫和利物浦发生了突如其来的种族暴动事件"，大部分码头区域爆发了骚乱，这些冲突事件严重歪曲了聚居殖民地——纽波特、泰恩赛德、格拉斯哥以及伦敦东区——的黑人移民的形象。[②] 在后"帝国飓风号"时代（以 1948 年运送第一批加勒比劳工到英国的轮船命名），随着更多的西印度群岛人定居在英国大都市，这种对抗黑人的种族主义和暴力形式增强了。尽管大部分的黑人移民有着一定的经济基础，大量的加勒比黑人在这个时期出于各种原因移居大都市。西印度群岛人饱受他们本土高失业率和未就业率的困扰，很容易由殖民地被

---

① Stuart Hall, "Racism and Reaction", *Five Views of Multi-Racial Britain*: *Talks on Race Relations Broadcast by BBC TV*, London: Commission for Racial Equality, 1978, p. 24.

② Ruth Glass, Assisted by Harold Pollins, *London's Newcomers*: *The West Indian Migrants*, Cambridge, MA: Harvard UP, 1961, p. 127.

招募来振兴欧洲战后的经济。尤其是在美国政府 1952 年颁布了《麦卡伦—沃尔特法案》之后，长期在牙买加或者特立尼达岛的低收入的加勒比劳工们更愿意来到大都市寻找机会。这一法令大大限制了西印度群岛人从加勒比流向另一个移民中心——美国的移民人数。我们仅从数字上就可以看出这一时期加勒比移民数量增长之快。20 世纪 50 年代初，在英国的西印度群岛人达到 74 500 人；到 1959 年，这个数字增长到大约 336 000 人。在加勒比移民快速增长的这十年间，英国的黑人"历经了相当多的种族仇恨"，①这一做法在 20 世纪 50 年代末期，随着 1958 年 5 月发生的"诺丁山骚乱"和"凯尔索·科克伦在肯萨尔新城被谋杀事件"达到极点。科克伦，一个 32 岁的木匠"在肯萨尔新城一个肮脏的街角"②被谋杀。没有任何人因为凯尔索·科克伦谋杀事件被捕，即使有普遍的怀疑说，在这一地区的白人至上主义组织，奥斯瓦尔德·莫斯利先生的工会运动，白人防卫联盟或者国家劳动党应为此事负责。

战后英国种族关系最具戏剧化的转折点出现在同年 8 月 23 日。被人们普遍称为"诺丁山骚乱"，这场骚乱在诺丁汉米德兰城的一个黑人和一个白人争吵后一触即发。这一事件之后，英国公众生活话题中永远无法摆脱种族关系的话语。"种族关系"这个术语被创造出来是用来解释种族是以何种方式影响"二战"后的英国社会的。骚乱事件注意到殖民主义和欧洲经济的扩张正在改变英国人的意识形态领域，彻底瓦解了英国作为纯种白人社会的观念。种族政治是大都市的生活中的一个重要因素——它会持续数十年影响伯明翰、格拉斯哥、伦敦、利物浦和诺丁汉的城市生活。在诺

---

① Paul B. Rich, *Race and Empire in British Politics*, New York：Cambridge UP，1990，p. 175.

② Paul B. Rich, *Race and Empire in British Politics*, New York：Cambridge UP，1990，p. 164.

丁汉，被鲁斯·格拉斯（Ruth Glass）描述成一个"大量有色人种聚集的肮脏区域"①所发生的两个男人扭打在一起的事件被称作"追捕"。几天以后，诺丁山的种族骚乱转移到了伦敦。冲突在首都引起了更加紧张不安的气氛，并且持续的时间相比在米德兰的骚乱更长。诺丁山这个伦敦西郊的近邻，人口因西印度群岛的移民而大量增长，骚乱起源于此，并因此而得名，而"诺丁山"本身的地理位置则远远超出了骚乱事件的地点范围，它包括在"牧羊人的丛林"、肯萨尔新城、帕丁顿和麦得淡水河谷地区的加勒比聚居地。

1958 年秋天由于五月谋杀案而引发的一系列事件，使得英国公众生活中关于英联邦移民（西印度群岛人、巴基斯坦人和印度人）的讨论迫在眉睫。在 20 世纪 50 年代期间，黑人移民一直受到政府和商业领袖的欢迎，因为他们承担了大部分的下层工作，满足了供少于求的，不断增长的英国工业发展需要。然而，随着种族暴力的突然爆发，黑人被大多数英国白人妖魔化。白人工人阶级将英国经济的衰退归咎于新移民人群。市中心的住房供应不足，迫使居民集中居住，引起了黑人移民和白人下层阶级之间有关文化和生活方式的剑拔弩张。城市中白人青年就业机会的减少也都归咎于加勒比黑人移民的到来。很大程度上来说，所有这些争论都是虚构出来的——虽然都不缺少思想上的共鸣。格拉斯将黑人移民居住地称为"过渡区域"，这是对城市中最恶劣的住房条件的一个委婉形容。在黑人大量移居在伦敦诺丁山和肯萨尔新城以前，都市的衰落就早已注定。尽管如此，诺丁山骚乱的爆发使得白人保守派和反动派强烈要求控制黑人移民，用一个"礼貌的术语称作

---

① Ruth Glass, Assisted by Harold Pollins, *London's Newcomers: The West Indian Migrants*, Cambridge, MA: Harvard UP, 1961, p. 130.

某种有色地带"。① 当然，这种"有色地带"的确是一个礼貌术语，但不久就会退化为伊诺克·鲍威尔(Enoch Powell)的遣返黑人的口号，这位西南伍尔弗汉普顿选区的议员，被贴上了"内部敌人"的标签。种族主义事件，特别是20世纪50年代工人阶层中那些好斗的"小混混"们所犯的暴力事件中出现的白人种族歧视几乎少有人问津。但最重要的是，黑人群体在这十年中对种族关系保持沉默：在对这个国家(英国)种族关系做出评价时，他们(黑人移民)的立场经常莫名其妙地——或许不该这么莫名其妙地被忽视。②

不仅在统治话语中也在移民群体和英国左派中，缺少黑人移民关于种族关系的叙述，就等同于一个生动的、有教育意义的缺失。作为对1958年暴力事件的回应，从霸权角度论述对黑人移民的驱逐，即使是不公正的，但是可以理解的。他们被白人当权派看作是一种边缘的选区，一个绝对不会被整合到英国政体内的选举联盟。自从被定义为临时劳动力，而不是一个永久居住的群体，黑人移民被认为不会有本地的发言人来表达他们的心声。事实上，重要的——依然是无礼的——是这些定居的黑人的声音被有关诺丁山和凯尔索·科克伦案的讨论排除在外，然而，此时英国政府正与牙买加当权派合作建立英国加勒比福利服务。在1956年建成的福利服务，是为了帮助黑人移民在大都市寻找住房和就业机会。"由一个叫作伊沃·德索萨的福利联络官来负责，他是牙买加政府临时调派来的公务员。"③通过建立福利服务，英国政府授权给所雇

① Ruth Glass, Assisted by Harold Pollins, *London's Newcomers：The West Indian Migrants*, Cambridge, MA：Harvard UP, 1961, p. 153.
② Ruth Glass, Assisted by Harold Pollins, *London's Newcomers：The West Indian Migrants*, Cambridge, MA：Harvard UP, 1961, p. 244.
③ Paul B. Rich, *Race and Empire in British Politics*, New York：Cambridge UP, 1990, p. 186.

佣的殖民地黑人；因此国家明确地否认那些大都市黑人移民的表征权利。英国曾经被看成一个白人的政治舞台，一个加勒比移民完全无法踏足的地盘。黑人领袖的权利控制范围仅仅被限制在大都市以外；在英国他们没有选举权来表达意愿。黑人在种族上被边缘化的同时，在政治上被剥夺了公民权利。虽然如同英联邦的公民一样，他们可以享有居住在英国的权利，但是这无法改变他们内心种族流放者的身份。在伊诺克·鲍威尔1968年"血流成河"的演讲中，他关于遣返黑人移民的雄辩滔滔，对黑人的恶意中伤，正是源于他主张黑人就好比暂时的寄居者，是一群被同化了的，种族特征明显低等的外籍劳工。英国白人阶层只是稍做努力就吸引了黑人移民在大都市里真正定居下来，如果这些黑人不是靠数量上的原因能定居，就是靠自身种族特质和文化差异才聚集起来。

白人当权者对这些发展变化的反应是可以预料的，但问题是移民群体和英国左派不能够左右有关20世纪50年代末期种族骚乱的讨论。在这一点上，值得我们特别注意的是霍尔此刻保持沉默。在可能的范围内，他在移民和新左派之间象征性地搭建了一座桥梁。与大部分的西印度群岛中产阶级不同的是，选民从肯萨尔新城等地搬离，脱离了他们的工人阶级同胞，因为他们在物质上富裕起来。霍尔是那些被剥夺公民权利的移民群体中的一分子。从1958年到1960年，作为伦敦一所中学的老师，在白人暴力事件的威胁下①，霍尔护送了大量黑人学生返乡。霍尔的行为不仅仅表现了他个人的勇气，也显示了他为都市移民所做的贡献：这些行为体现出大都市中真实存在着种族主义引发的人身危险。从新左派的理论家中分化出了移民的激进分子。在20世纪50年代末期

---

① 该信息来源于1993年6月我在伦敦对保罗·吉尔罗伊的一次访问，以及他的一篇关于斯图亚特·霍尔的论述。

（和 60 年代大部分时期）的英国社会，这两个集团的利益部分重合，以至于一方不断地、公开地支持另一方的斗争。霍尔对此采取不安的观望态度，希望仅通过个人调解能够达到思想上的融合——移民和新左派代表了两派截然不同的支持者。具有讽刺意味的是，居然存在着一个如此分离的现状，考虑到新左派大部分人都来自于后殖民国家，如埃及。然而，如果一方能够意识到后殖民的作用，作为一种英国政治假想的表面范式，这一难题就迎刃而解了（霍尔将这一现象描述为"历史的遗忘——我想要称它为历史记忆的缺失，一种历史的遗忘，一种精神上的压抑——自从 20 世纪 50 年代起的，有关种族和帝国的记忆突然降临在英国人的身上"①）。种族冲突和反殖民主义的紧张气氛在大都市以外的地区出现，而不是出现在中心地区。

斯图亚特·霍尔对于 1958 年事件的沉默应该放在这一背景的复杂性下被解读。思想上被分离，政治上被折磨，他并没有在这一点上将他（和移民群体的）经历写进对英国种族关系的评论中。他投入新左派产生的集合效应，和他那挥之不去的牙买加过往经历，以及他无法言喻的留在英国的决定，所有这些导致了他所在移民社群的激进行为和他"公开的"政治评论之间的分歧。作为一场政治讨论，占主导地位的白人新左派不可能参与，更不可能为霍尔对黑人群体的激进行为提供任何政治说辞。② 有关移民问题的

---

① Stuart Hall, "Racism and Reaction", *Five Views of Multi-Racial Britain*: *Talks on Race Relations Broadcast by BBC TV*, London: Commission for Racial Equality, 1978, p. 25.

② 参见大卫·威杰里的《英国左翼 1956—1968》(David Widgery, *The Left in Britain* 1956-1968, Harmondswords: Penguin, 1976)，以其民族和国际的丰富视角为新左派写的一篇评论。苏伊士和匈牙利的危机连同对于"核裁军运动"的评论再次证明了最成功的新左派政治运动。尽管如此，"诺丁山骚乱"和"凯尔索·科克伦案"被过度粉饰，并没有代表关键的政治性时刻。

讨论还在起步阶段，还没有任何公开的讨论能够激起一场独立于政府之外的关于种族问题的辩论。

移民的压力——霍尔解不开的加勒比情结

缺少替代性的公共话语造成了后殖民表述和现实移民经历之间的分歧。用霍米·巴巴（Homi Bhabha）的术语说，存在一个时间间隔：定居下来之后长时间的磨合期。当加勒比群体已经安顿下来并已经遭受来自白人的种族歧视时，移民问题却仅仅是英国人广泛关注中的一个方面。1958 年，即在"帝国飓风号"靠岸十年之后，西印度群岛黑人还不可能构成一个定居的群体，然而他们确凿无疑已经是一群在英国社会中谋生的移民了。可无论如何，移民在大都市为自己打造的聚居地，本质上不同于一个居住在金斯敦获得奖学金的中产阶级男孩的生活居所。霍尔不仅仅在思想上将他厕身其中的团体划分为两个部分，而且在阶级上将自己与另外一个和他存在亲密种族关系的团队隔离了开来。一旦能够把阶级问题解决掉，霍尔就能严厉地公开声讨这些曾经出现的紧张气氛、压力和危险。

在 1970 年的文章"英国黑人"中，霍尔描写了有关早年加勒比移民遭受的压力。他富有同情心地回顾了他们的奋斗史。他写道："适应问题是长期的而不是短期的。"[①]他赞赏移民们在英国建设一个新家园的努力和坚持："顽强地坚持是这样的——照鲍威尔先生的说法——不管他们是否在成年人的时候，还是童年时候来到这里，又或者出生于此地，大量的黑人移民都会留下来……他们肯

---

① Stuart Hall, "Black Britons", in Eric Butterworth and David Weir, ed., *Social Problems of Modern Britain*, London: Fontana, 1972, p. 325.

定会长期成为这个社会的公民。"①

1970 年摆在霍尔面前的事实在十几年前并不是如此显而易见的。在诺丁山骚乱期间，霍尔通过社区积极行动对最极端的种族歧视状况做出回应；在这种情况下，社区积极行动意味着保护黑人移民儿童的生命。对于作为新左派的霍尔而言，诺丁山骚乱当然也是一个具有重大影响的政治事件，因为它代表了一个与其移民经历短暂勾连的时期。不过，只是在十几年后，霍尔才对大都市的黑人移民坚持不懈的政治斗争做出公开评论。

尽管加勒比移民 1958 年在英国定居下来，但在霍尔的词典中，他们只是一个在危急时刻霍尔才会与之结盟的团体。如果没有思想上的结盟，物质上切断了与加勒比移民经历的联系的霍尔只能在组织上与大都市左派建立有机联盟。只有当大都市里的种族歧视走向极端的时候，霍尔作为黑人移民的身份才能暂时超越他作为新左派知识分子的身份。在最初几十年自己的移民经历中，霍尔与加勒比群体的接触是犹豫不决的，就像他对于 20 世纪 50 年代英国种族主义的影响所公开保持的沉默被出其不意地打破一样。直到 70 年代中期，黑人移民的影响变得如此具有"社会破坏性"，霍尔才不得不面对这一问题，开始在"英国黑人"一文中做出正面回应。②《监控危机》——霍尔最早描述英国移民经历的作品——对肯萨尔新城和诺丁山事件做出了评价。

移民的生存状态，尤其是移民群体时常忍受的脆弱性时刻，成为 1978 年霍尔、查斯·克里彻（Chas Critcher）、托尼·杰弗森（Tony Jefferson）、约翰·克拉克（John Clarke）和布莱恩·罗伯茨

---

① Stuart Hall, "Black Britons", in Eric Butterworth and David Weir, ed., *Social Problems of Modern Britain*, London: Fontana, 1972, p. 325.

② Stuart Hall, "Black Britons", in Eric Butterworth and David Weir, ed., *Social Problems of Modern Britain*, London: Fontana, 1972, p. 325.

(Brian Roberts)共同合作研究的焦点。此外,《监控危机》宣告了霍尔对大都市移民进行政治评论的开始。霍尔和他的伙伴们将1978年有关"街头犯罪事件"、种族主义以及英国政府部署其司法机关反对黑人移民青年的研究,定义为"在思想战场中干预"。① 由于霍尔将"干预"理解成用政治手段改变意识形态和物质条件(《艰难的复兴之路》一书被描述成处于最前沿的"一系列的干预"),所以,思想争论就成为他所坚持的舞台。霍尔既重视哲学理论的运用,也重视政治行为的运用,当然,他更看重前者的作用:他重新定义了自己与移民群体的关系,明确划分出他将要同英国政府的种族主义阴谋进行斗争的领域范围。《监控危机》关注思想问题,这对社区行动分子与大都市知识分子——霍尔在诺丁山骚乱中就是其中之一——的分裂给予了某种解决。因为在1958年,行动分子霍尔与思想者霍尔是完全不可割裂的。在《监控危机》中,霍尔从伯明翰"当代文化研究中心"的建制基础上,主动担负了向媒体对移民团体的主流叙述发动挑战的任务。

如爱德华·萨义德(Edward Said)所说,知识分子就是"具备向公众表述、示范、传达信息、观点、态度、哲理能力的个体",②汉兹沃思危机预示着霍尔并没有像扩大"公众"这个词的外延一样,对这个词的意义做出如此大的改变。此外,霍尔现在是从一个变化了的哲学角度来称呼主流大众,这与新的"说法"有所不同。那时的霍尔正为英国媒体和左派寻求一个饱受折磨的移民群体经历的具体表述方式。对于霍尔来说,干预已经成为利用他的专业素

---

① Stuart Hall, Chas Critcher, Tony Jefferson, John Clarke and Brian Roberts, *Policing the Crisis: Mugging, the State, and Law and Order*, London: Macmillan, 1978, p. viii.

② Edward Said, *Representations of the Intellectuals: The 1993 Reith Lectures*, New York: Pantheon, 1994, p. 11.

养将自己的经历与移民群体相结合的一种方式。作为文化理论家、政治左派成员，霍尔的创作工作是一种弥补他历史上与加勒比群体疏离关系的工具，为的是重新将自己塑造成一个知识分子。虽然霍尔不能够公开描绘黑人移民在 20 世纪 50 年代末的经历，但他能够使他的作品适应英国在后殖民时代创立起的范式要求。在重建自己知识分子形象的过程中，霍尔已经成为一个代言人——在学术团体中，在英国左派中——为长久以来（即使只在名义上）他所来自的群体的经历、期望、想象和奋斗代言，但是对于这个群体而言，他只能算作部分的、曾经的一分子。

霍尔合著《监控危机》一书是为了抗议对三名在伯明翰市中区的汉兹沃思社区实施抢劫的青少年（保罗·斯托里、穆斯塔法·付亚特和詹姆斯·杜伊格南）所做的出乎意料的严厉判决。这三个年轻人中，斯托里和付亚特有着"移民"身份——斯托里的父亲是一个西印度群岛人，付亚特的家族与"塞浦路斯人有联系"，而杜伊格南住在一个被认为是"微型联合国"①的街道上。霍尔等人并没有忽视这次抢劫中的年老受害者罗伯特·基南的痛苦经历，对于他们为何要分析这次"抢劫"也没有疑惑：

> 我们认为这次的"抢劫"是一种社会现象，而不是街头犯罪的一种特殊形式。我们想知道"抢劫罪"的社会根源是什么……更重要的是，为什么英国社会在 20 世纪 70 年代早期那个特殊的历史关头，对抢劫这一事件做出如此极端的反应。②

---

① Stuart Hall, Chas Critcher, Tony Jefferson, John Clarke and Brian Roberts, *Policing the Crisis：Mugging, the State, and Law and Order*, London：Macmillan, 1978, p. 100.

② Stuart Hall, Chas Critcher, Tony Jefferson, John Clarke and Brian Roberts, *Policing the Crisis：Mugging, the State, and Law and Order*, London：Macmillan, 1978, p. vii.

"当代文化研究中心"非常关注这一抢劫事件的关键问题。霍尔等人认为，只有将社会上大多数人谩骂式的反应放到"20 世纪 70 年代早期"这个特定的时间段，才能真正理解这一行为的极端犯罪性质。《监控危机》一书描写了由当地政客所造成的"道德恐慌"的心理状态以及关注于汉兹沃思青少年成长的主流媒体。该集团认为"道德恐慌"是媒体/政府/警局对抢劫"威胁"的夸大。通过歪曲这一轻微犯罪的潜在危险，对这种不太算作犯罪，而可以归因为黑人青少年移民肇事者的行为，对这些肇事者给予不恰当的惩罚"判决"，英国政府却可以做出合理的解释。①

加强治理这种"新型"街头犯罪的呼声伴随着 20 世纪 60 年代后期及 70 年代初期第二代移民的出现而产生。《监控危机》的作者们认为的"特殊历史关头"是至关重要的，因为它标志着从英国移民者的形式到另一种形式的世纪性交替和重要转变。第一代加勒比移民无法在更广阔的英国社会中为他们自己谋得一席之地，因此他们转向内陆城市，追忆当年的岛屿生活以克服当时产生的与环境格格不入的异化心理。② 而第二代移民"生长在英国教育处境艰难转为劳动力市场下降的阶段，因此有着一个完全不同的心境。他们经济条件更好、受教育程度更高、技术能力更好、语言能力

① Stuart Hall, Chas Critcher, Tony Jefferson, John Clarke and Brian Roberts, *Policing the Crisis: Mugging, the State, and Law and Order*, London: Macmillan, 1978, p. 29.

② 保罗·吉尔罗伊一直在他的作品中关注这个问题，这样简明、有说服力的表达在其最新的作品集《小行动：关于黑人文化政治的思考》(Paul Gilroy, *Small Acts: Thoughts on the Politics of Black Cultures*, London: Serpent's Tail, 1993)中有迹可循。其中的一篇《用艺术装点你的袖子》根据文化上的认识，吉尔罗伊用史料描述第一代人的防卫立场。他认为："英国黑人定居者近似于移民的经历也意味着加勒比文化为他们能够保持和重新建立与其本土文化的联系提供了重要的资源。"(Paul Gilroy, "Wearingy our art on your sleeve", *Small Acts: Thoughts on the Politics of Black Cultures*, London: Serpent's Tail, 1993, p. 251)

更强、对文化的适应更强，他们对种族主义歧视和制度化的现实理解也更尖锐，从而他们的观念意识也更激进"。① 斯托里和付亚特是第二代移民的代表，但他们不属于"家庭条件较好或受教育程度较高"的一类。但他们是英国中心城市结构改变以及该地区结构性权利剥夺的产物。汉兹沃思曾经是英国第二大城市伯明翰最令人向往的社区，现在聚集着少数民族、伯明翰下层白人以及黑人愤青，这群人不同程度上都有过失业的经历。虽然没有一个明确的标志，但这一地区在 20 世纪 60 年代确确实实走向了衰落。保罗·斯托里的母亲曾尖刻地说，汉兹沃思是一个"肮脏的地方"。② 虽然斯托里（不知道他的父亲是西印度群岛人）和付亚特不属于第二代移民中的上流阶层，但他们毫无疑问地代表了他们这一代人对于移民在英国社会中种族地位的理解。

付亚特和斯托里的"激进意识"根植于他们这一代人所处的种族歧视和体制性种族主义的现实中，这是他们在英国米德兰地区生活的日常经历，但这种意识与伯明翰大学所认为的不同。汉兹沃思的年轻人遭遇到了最极端的种族歧视和权利剥夺，对他们来说如果劳动力市场没有衰落，他们压根就没有存在的价值。鲁斯·格拉斯发表于 1961 年的《伦敦的新来客》重点描写了第一代西印度群岛移民的经历。但这本书中有关机构性种族主义削弱新一代移民的描述还是很有先见之明的："出生并成长于这个国家的第二代移民会深深地感受到限制（在住房和就业方面）所带来的问

---

① Stuart Hall, Chas Critcher, Tony Jefferson, John Clarke and Brian Roberts, *Policing the Crisis: Mugging, the State, and Law and Order*, London: Macmillan, 1978, p.245.

② Stuart Hall, Chas Critcher, Tony Jefferson, John Clarke and Brian Roberts, *Policing the Crisis: Mugging, the State, and Law and Order*, London: Macmillan, 1978, p.101.

题……他们的职业前景将毫无前途……"①斯托里和付亚特的愤怒完全产生于在英国社会的经历，格拉斯将其描述为种族主义、教育程度不高、资源不足的群体。作为青少年，汉兹沃思的年轻人一直与当地警察或社会劳动者之间存在联系或者冲突。他们居住的街区饱受贫困之苦和广泛的社会性破坏——而这正是他们在英国阶级生活的一个普遍特征。对基南的袭击以及青少年的被捕立即受到了媒体的关注，这些媒体称汉兹沃思是一个问题地区；斯托里、付亚特和杜伊格南被塑造成这些问题的典型代表，并且强调指出，他们就是作为问题而存在的。

霍尔和他的同事介入了这一事件，不仅仅是为了抗议对青少年做出的极其不当的严酷惩罚，也因为他们想探讨黑人群体和"道德恐慌"之间不断升级的剑拔弩张的关系。《监控危机》一书中认为第二代移民好战性的增强是一种政治现象，并且他们努力抓住这一点来进行和解。然而，这种好战性的根源和影响不能简单地解释为英国黑人对贫困、异化和权利剥夺的愤怒表达。同时它也是国际黑人革命中所表现出的一种社会政治力量。保罗·吉尔罗伊（Paul Gilroy）指出，英国黑人的历史或移民时间很短（主要是在"二战"以后），因此他们主要受到来自于外部的公民权利彻底被剥夺的影响。在《黑色大西洋》一书中，吉尔罗伊指出"英国黑人完全依赖于其他地区黑人的输出，才能形成他们自身独特的、文化和政治身份"。② 霍尔和吉尔罗伊所在的社群当然也和殖民地其他社群和流散者一样没有什么不同之处，他们需要从那些黑人群体过往的多次持久抵抗的历史事件中借鉴经验。

---

① Ruth Glass, Assisted by Harold Pollins, *London's Newcomers*: *The West Indian Migrants*, Cambridge, MA: Harvard UP, 1961, p. 227.

② Paul Gilroy, *Small Acts*: *Thoughts on the Politics of Black Cultures*, London: Serpent's Tail, 1993, p. 249.

法治和秩序——霍尔关于社会管理的艰难思考

像其他反殖民和流散群体一样，英国的黑人移民从大西洋各地寻找移民输出和政治解决途径。吉尔罗伊提醒我们："美国黑人文化为全世界的黑人群体提供了政治语言。首先是对权利和正义的托词，然后是'黑人权利'的话语，这一话语漂洋过海，使得全世界的黑人兄弟意识到他们所居住的国家中存在的种族隔离、压迫和剥削。"[①]非裔美国人反抗的典型实例对英国黑人尤为重要，因为他们通过几个世纪不懈奋斗获取了丰富的历史和传统。非裔美国人在 20 世纪 60 年代的文化创造力、政治上的反抗以及以激进派"黑豹党"为首的"黑人权利运动"为西印度群岛人提供了一系列的斗争策略。非裔美国人多种多样的斗争形式丰富了汉兹沃思和布里克斯顿黑人运动的经验，那里的黑人群体几十年来一直饱受"隔离、压迫和剥削"之苦。霍尔回忆说，"美国黑人反抗运动"在中心城市的加勒比青年中产生了"强大的、复兴的'黑人觉醒'"。[②] 斯托里、付亚特和霍尔以不同的方式参与了跨越大西洋黑人文化、政治和意识形态的运动，该运动使得他们对社群（这个社群超越了国界，但在其政治核心中仍然存在权利被剥夺的现实）的概念扩大化了。具有讽刺意味的是，汉兹沃思和哈勒姆两座城市之间跨越大西洋的黑人联系竟然是合理的，因为英国警方大量借鉴了美国犯罪的罪名和"抢劫"的定义——伴随着种族主义，当然，照单全收了。

---

① Paul Gilroy, *Small Acts: Thoughts on the Politics of Black Cultures*, London: Serpent's Tail, 1993, p. 251.

② Stuart Hall, Chas Critcher, Tony Jefferson, John Clarke and Brian Roberts, *Policing the Crisis: Mugging, the State, and Law and Order*, London: Macmillan, 1978, p. 351.

　　"道德恐慌"与公开抗议警方和司法部门反对"抢劫犯"力量的联盟促使并保障了对汉兹沃思青年惩罚的实施。警方或者司法强制一旦增加，就会做出不利于斯托里及其朋友的判决，主要的权力集团——媒体、法院、政客和警察当局——可以削弱下滑的经济、结构性权利剥夺和机构性种族主义带来的影响，而所有这些在决定这几个汉兹沃思青年未来生活方面发挥了关键作用。一旦决定宣布，《监控危机》试图取代，或至少能够抗衡这一权力集团。霍尔和他的同事们想要挑战汉兹沃思事件意识形态上几乎缺失的表现和一般人对抢劫的定义。最重要的是，伯明翰学者认识到汉兹沃思事件将促成"一个'软弱'的法律和秩序社会的慢慢形成"，他们希望阻止这一发展，因为它使得英国社会中存在的反动势力得以增强；伊诺克・鲍威尔的言论和反移民种族主义构成了这些反动势力的前沿。①

　　"法治和秩序社会"随着抢劫危机的发生而出现，焦点聚集在中心城市的三个青少年身上，其理论基础是英国社会更为深远危机的反应，是凯恩斯主义福利国家和"社会权威"②失败的危机。在讨论《艰难的复兴之路》一书中这些关键问题时，霍尔写道："霸权——领导权的成功——是基于赞成而不是过分使用权力。"在某种程度上，必须与整个社会管理的成功相一致；随着经济状况变得更加危急，这也变得越来越艰难了。③当英国的一个经济萧条中部地区工业基础被毁坏殆尽，代表了这个国家"危急的"经济状况时，

---

　　①　Stuart Hall, Chas Critcher, Tony Jefferson, John Clarke and Brian Roberts, *Policing the Crisis*: *Mugging*, *the State*, *and Law and Order*, London: Macmillan, 1978, p. viii.

　　②　Stuart Hall, *The Hard Road to Renewal*: *Thatcherism and the Crisis of the Left*, London: Verso, 1988, p. 32.

　　③　Stuart Hall, *The Hard Road to Renewal*: *Thatcherism and the Crisis of the Left*, London: Verso, 1988, p. 32.

我们很明显地看到战后凯恩斯主义的契约正在被重新商榷。国际性经济危机期间，社会的全部就业、劳动、资本、国家之间的协定，主要政治对手之间的合作，社会福利的保障和改革的立法，所有这些都是很难达到的，尤其是在称为二线经济强国的英国。凯恩斯主义正在解体，在它的废墟上，依赖于一个不同社会权力形式的新霸权正在形成。资本和劳动力之间仍然存在很大矛盾的国家不再通过凯恩斯主义社会契约，而是通过"经济重构"——国有产业私有化、关闭效益差的企业、工会影响力的降低和高压政治来管理国家。对汉兹沃思这三个青年的惩罚明确表明了从凯恩斯霸权（它试图通过妥协与合作来改善冲突关系）向权力过度使用为前提的意识形态转化，因为在当前凯恩斯主义不稳定的形成状况下，其他任何方式都不能很好地管理这个社会。

这种社会经济危机以 20 世纪 60 年代和 70 年代的种族主义、鲍威尔反移民宣言为基础，并最终导致了撒切尔主义最完全和最残酷的结果。撒切尔主义是一种力争霸权的政治哲学，甚至因为它将国家支持的高压政策作为基本原则反对那些移民选民、同性恋者、那些它无法笼络或压制的工人阶级等，这些支持者们给英国的鲍威尔式的构想带来了挑战。英国黑人群体在这种不断增加的国家支持的重压下首当其冲。1985 年托特纳姆骚乱中的警察暴行非常恶劣，以至于伦敦北部地区很容易地会被误认为是南非黑人的一个城镇，在那里同时也发生了一场暴动。南非警方以前喜欢用的"高压水枪和塑料子弹"在英国"所有的警察装备中被悄悄替换了"。[①] 从个人方面来说伊诺克·鲍威尔个人或许被打败了，但"鲍威尔主义"成功了，因为在政治上失势后他提出的许多东西都

---

① Stuart Hall, *The Hard Road to Renewal: Thatcherism and the Crisis of the Left*, London: Verso, 1988, p. 75.

立即生效了……因为鲍威尔主义可以在种族主题、移民管制、英国人民和民族形象、"我们的文化和生活方式"①遭到破坏之间建立不可思议的联系和通道。鲍威尔认为"国家"优于"阶级"，撒切尔进一步改良了这一策略(参见《艰难的复兴之路》中"一场声势浩大的右倾秀"一章)，以便在大批移民到来时，他能够宣称英国是一个纯粹的白人民族而不是一个经济上分裂的社会。

汉兹沃思的基南先生被抢劫事件充分证明了这一点。它证实了英国城市的人口是怎样在发生迅速改变的，也证实了汉兹沃思是怎样作为移民聚居地的代表使得古老的英国郊区传统居民被迫去到城市范围以外的郊区去寻找避难所。汉兹沃思事件也成为一个英国内陆城市对于当地传统居民不再安全的故事。经济、帝国衰落和反移民种族主义之间的关系在20世纪60年代和70年代初期从鲍威尔式的文本叙述中被删除了，却被加入到霍尔式的另一个文本中，单刀直入地评论撒切尔主义。霍尔在描述了20世纪80年代初期的福克兰危机的同时，对汉兹沃思事件也提出了中肯的看法，反思了这些联系。他说："随着整个国家大势已去，我们似乎找不到其他合适的词语来形容我们的感觉：英国人是谁？他们将会去向哪里？我们只能形容是一个消失的伟大帝国的子民。"②鲍威尔的词汇正符合霍尔的描述，他的词汇太容易唤起"伟大帝国"的回忆。在汉兹沃思事件的紧要关头，鲍威尔苍白的逻辑存在的危险是他的种族主义档案以及他为维护国家身份所做的斗争，这些都成为诉求高压政策的避雷针。存在于20世纪60年代末及70年代的法律和秩序已经过时，它只有在"我们相同的生活方式"是

---

① Stuart Hall, *The Hard Road to Renewal*：*Thatcherism and the Crisis of the Left*，London：Verso，1988，p. 55.

② Stuart Hall, *The Hard Road to Renewal*：*Thatcherism and the Crisis of the Left*，London：Verso，1988，p. 68.

我们唯一的生活方式的情况下才是适用的。但现在法律和秩序的实施必须与都市新出现的复杂现实相一致。1972年汉兹沃思事件所传递的完全是一个扭曲的、深受种族主义磨难的、文化堕落的国家形象。

都市移民——霍尔后殖民时代的文化挑战

"都市（移民）聚居地"的扩散范围是如此庞大，以至于霍尔不得不重新思考他作为英国一个非本土知识分子的作用。黑人移民的不断增长使霍尔公开表明自己是属于这个团体的。他必须清楚地表明他对于移民的斗争所做的贡献，同时他必须提出一种政治范式以同时适应黑人群体和英国左派。事实上，霍尔必须重新定义他和大都市以及黑人群体（这些人像他一样定居在此）之间的整体关系。然而，作为后殖民知识分子中的核心人物，霍尔及其他像他这样的知识分子必须了解，他们所处的位置是一种过度表征的重负。后殖民知识分子被刻画成新形成的团体中既典型又非典型的代表，他们被统治集团塑造成边缘化群体少数成员中的代表，这些边缘群体对移民经历具有发言权，并且在关键时刻有资格为自己代言。表面上看起来，他们是杰出的少数民族代表——他们拥有主流的思想观点，但在其他方面仍具有可识别性。霸权词汇的使用、在主流文化中的游刃有余以及学术成就的水平使得这些人无法代表他们的（少数民族）团体。同时，他们的种族、本土文化、变异的民族身份亦或经常在霸权文化中被认为是削弱的甚至严重缺乏的民族身份，与他们流散的兄弟姐妹的气质正相符合。但由于受过牛津剑桥教育的霍尔所属的精英移民选区精通主流言论，所以这个群体也是一个传统的边缘化团体的政治先锋队。虽然殖民政策在殖民地人群中产生了阶级分化，但同时它也在传统意义上为本土精英人士提供了教育机会和双层文化的复杂性来抵制殖民主义。

如果不从阶级的角度看，斯图亚特·霍尔属于这样一代人，他的时代被贴上后殖民过渡期的标签。霍尔这一代所有的加勒比移民都出现在后殖民时期中间的一段特定时间：20世纪50年代他们离开边缘地带的时间几乎不比加勒比独立的时间早（特立尼达和牙买加在20世纪60年代早期都取得了国家主权），他们到达大都市时，后殖民移民群体的联合尚处于起步阶段。这一代人除了支持加勒比地区的独立运动，还巩固了在伦敦和伯明翰新形成的社群。霍尔这一代移民被指责在没有独立民族身份的情况下为自己在英国的生活谋得一席之地——加勒比主权有着至关重要的地位，因为它标志着（如果事实不是如此）向英国社会身份的转变。霍尔这一代人的意识形态飘忽不定，因此他们拥有政治身份更迭的过渡期——除非能够使得他们所掌握的文化资源最大化，他们才能获得这一身份。正是由于这些第一代移民对加勒比文化习俗的顺应，才使得他们在最初的流散经历中生存了下来。和霍尔不同，第一代工人阶级移民并没有准备好融入英国社会，他们很快就揭露这一观点是殖民主义神话。他们"默默地放弃'融入'这个实际愿望"，相反地，他们"把目光转向了其他事情——比如在他们自己的领域，在自己的人群中，为他们自己谋得过且过的生活"。①

霍尔作为一个受质疑的、非本土的知识分子，仍努力应付着过渡时刻的特殊挑战，他的立场跨越了整个过渡期。但这个

---

① Stuart Hall, Chas Critcher, Tony Jefferson, John Clarke and Brian Roberts, *Policing the Crisis: Mugging, the State, and Law and Order*, London: Macmillan, 1978, p. 245.

过渡期既不代表完全的历史分离，也不代表一个没有问题的连接点，而是这两者复杂的结合。在过渡期间旧的（殖民的）力量总是消失得太慢而新的（后殖民的）力量总是有着太多旧的痕迹，霍尔与过渡期的关系体现了这两种历史力量之间复杂的相互作用。作为一名来自于边缘地区，受过良好教育、博学多识的思想家，他是一个殖民地知识分子，除了研究后殖民时代大都市（以及以前的边缘地区）重组的问题，他还被独立前的经历所影响。为了阐明雷蒙·威廉斯作品中的过渡期这个术语，霍尔接纳了当权集团（殖民主义）的一些遗留特点，同时敏锐地抓住大都市后殖民主义形成的机遇。霍尔以意想不到的方式成为后殖民移民社群中这种混乱时刻、出乎意料的处境和变化状况的代表。

英国大都市战后流散群体的影响非常重要，它为霍尔重新定位自己在加勒比生活中的角色提供了政治和精神条件。它使得霍尔这个中产阶级的金斯敦人第一次毫无保留地审视自己在西印度群岛生活中的定位。西印度群岛黑人工人阶级移民到英国这一现象表明霍尔遇到了同样的挑战，如同他的伙伴内特尔福德一样致力于关注牙买加本土的事情。结构不平等、住房不足、毫无政治声息的解放（虽然在牙买加本土黑人组成了政治上的大多数，但是问题变得更加恶化了），黑人的通俗文化被排除在公众言论之外，这些都是像霍尔和内特尔福德这样的知识分子数十年来一直致力于解决的问题。地域上他们在不同的地方定居，但所做的努力是一样的。由于一些复杂的原因，事实上简单地说，他无法留在牙买加生活，霍尔选择不再回到家乡。在他生命最后的 30 年中，霍尔与他人一起致力于在大都市建造一个社区，这些人像他一样因为各种原因背井离乡寻找另一个更适宜的居住空间。在这样的历史背景下，巴里·莎文（Barry Chevannes）的评论再贴切不过了：

　　加勒比应该以斯图亚特·霍尔为荣，因为再没有其他知识分子像他一样如此努力地描述西印度群岛人在大都市再定居的过程。然而，剩下的唯一一个问题是，地点在哪儿：金斯敦还是伦敦，或者两者都是？

（李媛媛译　张　亮校）

斯图亚特·霍尔与英国文化研究的形成：一种流散的叙事[※]

[澳大利亚]塔尼亚·刘易斯(Tania Lewis)

近来，在国际文化研究界，围绕着将英国文化研究尊崇为文化研究的起源形态的倾向，出现了大量争论。正如亨德尔·赖特(Handel K. Wright)所指出的，有关英国文化研究的起源和形成的大多数解释，都倾向于强化其历史发展的神话和单一化解读。[①]乔恩·斯特拉顿(Jon Stratton)和伊恩·昂(Ien Ang)一直强烈批评英国文化研究中构建自身"起源神话"的倾向，认为这是一个在"(殖民的、父权的白人)伟人历史理论中"[②]构建的神话。他们担忧

※　原载：*Imperium*, Vol Ⅳ(2004).

①　Handel K. Wright, "Dare We De-centre Birmingham? Troubling the 'Origin' and Trajectories of Cultural Studies", *European Journal of Cultural Studies*, Vol. 1, No. 1, 1998, pp. 33-56.

②　Jon Stratton and Ien Ang, "On the Impossibility of a Global Cultural Studies: 'British' Cultural Studies in an 'International' Frame", in David Morley and Kuan-Hsing Chen, ed., *Stuart Hall: Critical Dialogues in Cultural Studies*, London: Rouledge, 1996, p. 368.

的是建构这种神话的方式：在这种建构方式中，英国文化研究基本上被认为是一种没有受到外部势力侵扰的英国本土的产物。

相比之下，斯特拉顿和昂认为，与其说文化研究先是在英国形成，而后被出口到其他国家，倒不如说"它是一个集合点，即主要是在20世纪60年代以后，并且在西方英语世界，在需要进一步探索的某种历史条件下，许多地理上处于多元分散状态的知识分子在经过一系列思想运动后所聚集、到达的国际集合点"。[1] 让我感兴趣的是，斯特拉顿和伊恩·昂认为"英国文化研究的历史对重塑种族和文化身份问题可能是有益的"。

我尤其想接受他们的如下观点，即在英国文化研究中斯图亚特·霍尔这位牙买加出生却以英国知识为背景的知识分子可能会提供对这种"起源神话"进行批判的有效方法。在这种批判中，他经常在其中扮演重要角色。正如他们所指出的，霍尔作为一名知识分子，必须不断地兼顾他的黑色皮肤、英国国籍以及他在文化研究中的标志性地位。他在英国文化研究中具有的独特地位为他提供了一种有效方式，从而积极投入对英国文化研究的修正主义解释中。特别是，他们认为，"[正如]霍尔在话语立场中所表达的，我们想要将其描述为流散的特征，霍尔对自己的学术和个人经历的理解"[2]为我们提供了一条通往批判英国文化研究形成的传统观点的道路。

本文拟通过讨论霍尔的学术经历，对英国文化研究提供一种

---

[1] Jon Stratton and Ien Ang, "On the Impossibility of a Global Cultural Studies：'British' Cultural Studies in an 'International' Frame", in David Morley and Kuan-Hsing Chen, ed. , *Stuart Hall：Critical Dialogues in Cultural Studies*, London：Rouledge, 1996, p. 375.

[2] Jon Stratton and Ien Ang, "On the Impossibility of a Global Cultural Studies：'British' Cultural Studies in an 'International' Frame", in David Morley and Kuan-Hsing Chen, ed. , *Stuart Hall：Critical Dialogues in Cultural Studies*, London：Rouledge, 1996, p. 368.

流散解读(diasporic reading)。尽管如此,在描绘这幅流散图画时,我并不想取代对英国文化研究的下述解释,即强调工人阶级文化和新左派政治的重要作用,我关注的是,按照霍尔的"学术实践模式"所提出的后殖民分析将这些问题重置于新的语境中。我的论点涉及重新想象英国文化研究作为一个基点,在一系列关于主观性的争论中留下了历史的印记;争论见证了文化研究关注点的转变,历经了从阶级到性别到种族,以及最近到对文化身份和族性的更一般性概念。然而,不是简单地将这一转变视为一种进步的运动——而是一种,从基于阶级身份和文化的"非善"模式向"多重"身份的"善"的模式的转变——我感兴趣的是,这些不同方法处理相似的一系列关注问题的方式,特别是当这些关注围绕当代社会中文化变革和身份碎片化的问题时。

剧烈的文化转型和个人移民经历在霍尔成为一名知识分子的过程中发挥了关键作用。在这个背景下,他的经历为作为一种学术—政治运动的文化研究的起源和发展提供了特别有效的视角。但是,在讨论与英国文化研究具体相关的霍尔的学术和政治生涯时,我并不想将霍尔或文化研究简单地归结为种族和文化问题。相反,我感兴趣的是用流散概念作为一种比喻,这种比喻不仅可以表达殖民地黑人移民破碎的经历,而且也可以用于一般的身份问题。我的灵感来自爱德华·萨义德(Edward Said)的"流亡"(exile)概念及其与学术实践的关系,我想指出,这种流散的经历不仅是一种"实际情况,[而且]我有意将它作为一个隐喻的条件",① 其在英国文化研究本身的形成和发展中发挥了重要作用。

就传统而言,围绕英国文化研究的形成而构建的叙事,来源

---

① Edward Said, *Representations of the Intellectual*:*The 1993 Reith Lectures*, London:Vintage, 1994, p. 39.

于农业地区威尔士和工业城市利兹，它们分别是雷蒙·威廉斯（Raymond Williams）和理查德·霍加特（Richard Hoggart）的出生地。这些"创立者"（及其文化研究本身）的故事往往被牢牢地定位在英国的土地上，特别是英国工人阶级的文化上。相比之下，我想提出一个替代性的原初叙事，它始于英国之外的英国殖民地的一个据点，它使支撑文化研究的原初神话的阶级体制和边缘性的逻辑体系更为复杂化。有些出人意料的是，霍尔本人常常被毫无疑问地置于霍加特/威廉斯的文化研究的轨迹当中，就像许多理论家将他定位于英国文化马克思主义和新左派政治传统当中一样。霍尔的近期作品转向更加自觉地强调自己的黑人身份、流散身份与其学术政治的关系，然而，这种转向不仅提出了基于阶级文化研究叙事来定位霍尔的正当性问题，而且也关系到作为整体的英国文化研究的一些起源神话的有效性问题。尤其是，霍尔在"想象中的黑人流散社群"中将他自己复杂的学术经历进行语境化重构，并将他移民经历的重要性作为一个政治/学术上批判的修辞，已经为英国文化研究提出了一个根本不同的创始神话的可能性。在接下来的部分，我想讨论一下霍尔的加勒比背景和他的移民经验，以及他的殖民身份，作为一种不仅挑战英国文化研究的传统起源叙事方式，并且作为引入一个新的批判词汇的方式，为理解这种基于身份和文化的破碎感及倍增感的学术—政治的形成发展的一种回应。

自我叙事

在"最小的自我"①这篇强调当代移民迁移的中心和经验的文章

---

① Stuart Hall, "Minimal Selves", in Ann Gray and Jim McGuigan, ed., *Studying Culture: An Introductory Reader*, London: Edward Arnold, 1993, pp. 134-138.

和最近的两次访谈(一次是和陈光兴的访谈,另一次是与酒井直树的访谈)中,① 霍尔描述了自己作为一名在50年代移民到英国的牙买加人的经历,特别强调这些经历对于塑造他的身份感所起到的作用。如霍尔所指出,通过新的身份叙事被迫永久地从原来的地方流离失所和被迫无休止地重建自己的身份的经验,导致了他"意识到一个事实,理论上说,早在我明白以上任意一点之前,身份从一开始就被创造出来"②这一被增强的身份建构感的起源,甚至可以较远地追溯到霍尔在牙买加的成长经历,那里是一个充满殖民和阶级关系紧张的环境。比如,霍尔的父亲任职于联合果品公司,并晋升到以前只有白人雇员的管理岗位。由于他的父亲最初来自有色的、中下层阶级背景这一事实,他的社会地位被进一步复杂化,而霍尔肤色更浅的母亲成长于一个受过教育的中产阶级种植园的环境,并认为自己是"实际上的'英国人'"。③

正如霍尔指出,成长在"一个中下层阶级家庭,一个试图成为牙买加中产阶级以及试图成为一个英国维多利亚时代的家庭",④

---

① Kuan-Hsing Chen, "The Formation of a Diasporic Intellectual: An Interview with Stuart Hall", in David Morley and Kuan-Hsing Chen, ed., *Stuart Hall: Critical Dialogues in Cultural Studies*, London: Rouledge, 1996, pp. 484-503; Stuart Hall and Naoki Sakai, "A Tokyo Dialogue on Marxism, Identity Formation and Cultural Studies", in Kuan-Hsing Chen, ed., *Trajectories: Inter-Asia Cultural Studies*, London: Routledge, 1998, pp. 360-378.

② Stuart Hall, "Minimal Selves", in Ann Gray and Jim McGuigan, ed., *Studying Culture: An Introductory. Reader*, London: Edward Arnold, 1993, p. 135.

③ Kuan-Hsing Chen, "The Formation of a Diasporic Intellectual: An Interview with Stuart Hall", in David Morley and Kuan-Hsing Chen, ed., *Stuart Hall: Critical Dialogues in Cultural Studies*, London: Rouledge, 1996, p. 485.

④ Stuart Hall, "Minimal Selves", in Ann Gray and Jim McGuigan, ed., *Studying Culture: An Introductory. Reader*, London: Edward Arnold, 1993, p. 135.

很早就教育了他差异的问题。他的家庭是殖民者文化的身份而不是牙买加的文化，他们执着于种族和肤色的差异（霍尔描述了他局外人的地位，作为家庭里最黑的成员，回忆起他的父母拒绝让他与更深肤色的同学混在一起），意味着霍尔经历了非常个人化的殖民主义文化的矛盾。他回忆起积极地从他的父母和他们的阶级以及殖民愿望中疏远。比如，作为一个年轻的学生，当他的父母感伤旧殖民地时代的离去，霍尔却强烈认同当时羽翼未丰的牙买加独立运动的反帝目标。然而，与此同时，他却在传统的英语应试教育体制中游刃有余。与较窄的经典教育通常允许的范围相比，霍尔的阅读范围更广（他在学校的最后一年里学习了弗洛伊德、马克思和列宁的作品），他承认他"非常喜欢成为殖民地知识分子中的一员"。[1] 从他早年，霍尔经历了两个非常不同的文化系统识别的紧张状态。虽然在取得霸权主义和殖民教育体系的学术成果中，他获得了越来越多的自信，但与此同时，他继续对加勒比地区民族主义运动抱有兴趣并且持续认同。

虽然霍尔成为那些似乎有能力在拥有加勒比身份的认同感和成为"英语方面的学者"[2]之间进行商讨的学校老师的强有力的榜样，但他的家庭环境没有提供任何等价的空间，使霍尔自己能够塑造一个类似的多重主体身份。回顾他的家庭生活和他在1951年移民到英国的原因，霍尔捕获了殖民主义及其矛盾对个人影响的主观效果。他反思道："当我看我童年和青春期早期的快照时，我

---

[1]　Kuan-Hsing Chen, "The Formation of a Diasporic Intellectual: An Interview with Stuart Hall", in David Morley and Kuan-Hsing Chen, ed., *Stuart Hall: Critical Dialogues in Cultural Studies*, London: Rouledge, 1996, p. 487.

[2]　Kuan-Hsing Chen, "The Formation of a Diasporic Intellectual: An Interview with Stuart Hall", in David Morley and Kuan-Hsing Chen, ed., *Stuart Hall: Critical Dialogues in Cultural Studies*, London: Rouledge, 1996, p. 488.

看到了一张沮丧的人的照片。我不想成为他们想让我成为的人，但我不知道如何成为别的人。"①具有讽刺意味的是，霍尔背井离乡的主观经验，来自于牙买加教育体系强加给他的牙买加身份和英国身份认同，在很多方面为霍尔移民英国提供了心理准备。正如他所指出的，他试图通过奖学金从殖民"家"逃脱到英国牛津大学，他从来没有完全属于那个"家"，牛津大学本身就是一个殖民机构的中心和一个他的家人讽刺地看作真正文化的"家"的地方。然而，并不奇怪的是，1951 年的牛津大学更是一个让霍尔倍加感到流离失所的地方。

英国文化的危机

评论霍尔在牛津大学的时光，首先应该关注他参与社会主义政治②所做的努力，正如我稍后要讨论的，我们看到霍尔在新左派的形成中曾发挥了核心作用。然而，在最近的一次采访中，霍尔提出了一种牛津时期很少被论及的后殖民政治文化和新兴的新左派之间的连续性。事实上，他在牛津时期的第一个三年的自画像是在后殖民政治生活中的总体"饱和状态"的一种体现，正如他在那时所经历的，在一种"第一代的黑皮肤的反殖民主义和后殖民的知识分子"所主宰的环境中，那些"毕业研究由本国政府资助

---

① Kuan-Hsing Chen, "The Formation of a Diasporic Intellectual: An Interview with Stuart Hall", in David Morley and Kuan-Hsing Chen, ed. , *Stuart Hall: Critical Dialogues in Cultural Studies*, London: Rouledge, 1996, p. 488.

② 例如，关于霍尔在牛津参与早期新左派的讨论可参见丹尼斯·德沃金《文化马克思主义在战后英国：历史学，新左派和文化研究的起源》(Dennis Dworkin, *Cultural Marxism in Postwar Britain: History, the New Left, and the Origins of Cultural Studies*, Duke University Press, Durham 1997)。

并随后返回自己国家中"的许多人"成为后独立时期的领导骨干"。①

当霍尔得到二等奖学金并决定留在牛津时，他进入英国左派政治的时期到来了。正在这个时期，他遇到了各种各样的人[如在日后的新左派发挥作用的艾伦·霍尔（Alan Hall），哲学家查尔斯·泰勒（Charles Taylor）]，这些人对马克思主义感兴趣，但与共产党和工党保持疏远关系。作为当时传统左派政治团体的一种替代，霍尔和其他这些"独立"左翼成员形成了社会主义社会团体，这个团体试图汇集各种左翼思想家（从后殖民知识分子到英国马克思主义者），这些左派思想家对斯大林主义和帝国主义持批判态度。然而，我认为霍尔越来越多地参与左派政治，并不是代表他与自己早期殖民政治的彻底决裂，而是激发了他对于流散群体的关注，这标志着霍尔自己与更多英国社会主义传统机构的矛盾关系。与此相关的是，霍尔参与的社会主义团体是由"外国人或内部移民：[同时]很多英国人都是外省的、工人阶级的，或是苏格兰人、爱尔兰人、犹太人"②组成的。这也就是说，早期形成中的新左派从旧左派的传统结构脱离的推动力，来自一群共享文化位经验的个体。

当霍尔等人关注于挑传统英国左翼的政治基础时，英国正在经历显著的由外部影响引起的社会动荡。如伊恩·昂和斯特拉顿指出："虽然英国提供了对英国语境中的'文化'进行彻底反思的独

---

① Kuan-Hsing Chen, "The Formation of a Diasporic Intellectual: An Interview with Stuart Hall", in David Morley and Kuan-Hsing Chen, ed., *Stuart Hall: Critical Dialogues in Cultural Studies*, London: Rouledge, 1996, p. 492.

② Kuan-Hsing Chen, "The Formation of a Diasporic Intellectual: An Interview with Stuart Hall", in David Morley and Kuan-Hsing Chen, ed., *Stuart Hall: Critical Dialogues in Cultural Studies*, London: Rouledge, 1996, p. 492.

特的创造性时刻，但这并不意味着英国文化研究出现了'独自的有机内在力量'。"①恰恰相反，1958 年霍尔在一篇名为"这个国家社会生活模式的主要转变"②的文章中，曾提及英国所处的环境，是被打上了国际而不是单纯的国内力量的印记。伊恩·昂和斯特拉顿认为，造成这种社会转型的主要过程之一是英国作为老牌殖民国家的地位逐渐下降，这种下降与美国作为"新西方的全球超级大国"③是同时出现的。

虽然布赖恩·S. 特纳（Bryan S. Turner）认为，与英国相比，在战后不久，其他英联邦国家立即开始以更公开的方式努力应对种族和多元文化的问题，④ 我仍然要指出的是，英国作为一个帝国力量的衰落，伴随着美国在新的世界体系中占据中心，和美国在 20 世纪 50 年代对英国不断增加的大众文化的出口，然而，这些共同见证了一个对英国单一的和排他的民族身份的重大挑战。事实上，斯特拉顿和伊恩·昂认为："帝国时代的结构正在摇摇欲坠，有一个非主导的更普遍的形式突然进入英国文化生活较早前的整

① Jon Stratton and Ien Ang, "On the Impossibility of a Global Cultural Studies: 'British' Cultural Studies in an 'International' Frame", in David Morley and Kuan-Hsing Chen, ed. , *Stuart Hall: Critical Dialogues in Cultural Studies*, London: Rouledge, 1996, p. 376.

② Stuart Hall, "A Sense of Classlessness", *Universities & Left Review*, Vol. 1, 1958, p. 26.

③ Jon Stratton and Ien Ang, "On the Impossibility of a Global Cultural Studies: 'British' Cultural Studies in an 'International' Frame", in David Morley and Kuan-Hsing Chen, ed. , *Stuart Hall: Critical Dialogues in Cultural Studies*, London: Rouledge, 1996, p. 376.

④ Bryan S. Turner, *Orientalism, Postmodernism and Globalism*, London: Routledge, 1992.

齐的等级结构中。"①这真正是以 40 年代、50 年代和 60 年代大量来自非洲、亚洲和加勒比地区殖民地的移民到英国为标志的，这个进程将占据英国身份核心的国内种族主义问题摆在了最显著的位置。但是这也为斯特拉顿和伊恩·昂反思在英国知识文化中的"边缘"人物，如理查德·霍加特、雷蒙·威廉斯，当然，也包括霍尔的出现提供了机会。

这三个人物的共同点是，他们的关注使得英国的文化传统和建构变得可见，这个进程由对"文化领地的斗争、谈判和反对"②的关注所支撑。事实上，斯特拉顿和伊恩·昂"提出英国文化研究不断增强的推动力，根据历史精确地判断，存在于对英国内部的、下属的、边缘的、次要力量的批判性关注和有效性的确认"。③ 比起斯特拉顿和伊恩·昂，我对文化身份的位移和破碎的概念比对边缘化的修辞更感兴趣。我认为"英国文化研究不断增强的推动力"是来自文化和身份之间存在的矛盾，像是霍尔这样一位矛盾处境下的人物，来自中下层阶级背景，接受的却是英国社会精英教育，然而被浸淫在英国工人阶级的社会主义文化之中，成为这方面的一个典型案例。霍尔在关于社会流动和战后英国"无阶级感"

---

① Jon Stratton and Ien Ang, "On the Impossibility of a Global Cultural Studies: 'British' Cultural Studies in an 'International' Frame", in David Morley and Kuan-Hsing Chen, ed., *Stuart Hall: Critical Dialogues in Cultural Studies*, London: Rouledge, 1996, p. 376.

② Jon Stratton and Ien Ang, "On the Impossibility of a Global Cultural Studies: 'British' Cultural Studies in an 'International' Frame", in David Morley and Kuan-Hsing Chen, ed., *Stuart Hall: Critical Dialogues in Cultural Studies*, London: Rouledge, 1996, p. 376.

③ Jon Stratton and Ien Ang, "On the Impossibility of a Global Cultural Studies: 'British' Cultural Studies in an 'International' Frame", in David Morley and Kuan-Hsing Chen, ed., *Stuart Hall: Critical Dialogues in Cultural Studies*, London: Rouledge, 1996, p. 376.

的早期文章中捕捉到了这种矛盾经验，在他对"奖学金男孩"的评论中，男孩保留了一些对家庭和社区的忠诚感，[但必须]不断地在正确的自我提升的动机（这将使他在大学里名列前茅）和错误的自我提升的动机之间进行严格的区分。① 然而，我非常同意斯特拉顿和伊恩·昂的是他们有关以文化研究的形成为中心的讨论，这是"一种再认识：在'社会'中不会只有一种'文化'，而任何'社会'都是由多种彼此决定和从属关系构建的历史具体文化所组成的"，② 因此，文化存在于斗争和争论的关系中。我认为，正是从这个意义上说文化作为斗争的一个站点，这支撑着霍尔自己的左翼政治，并且见证了他在牛津时期挑战一些老左翼的政治信条原则。

新左派的崛起

在 20 世纪 50 年代英国社会正经历一系列戏剧性的变革，英国传统左翼机构内部也遭受了一场等效的危机意识。正如伊万·戴维斯（Ioan Davies）所指出的，这场危机本质上是由 1956 年苏联入侵匈牙利以及英国（连同法国、以色列）参与的苏伊士运河危机，给英国左翼的传统意识形态基础以重大打击所造成。③ 斯图亚特·霍尔在 50 年代的英国时期遭遇了一场重大的民族社会文化变革，其左翼政治体制正在经历激烈的自查过程。这个社会和政治相对不

---

① Stuart Hall, "A Sense of Classlessness", *Universities & Left Review*, Vol. 1, 1958, p. 29.

② Jon Stratton and Ien Ang, "On the Impossibility of a Global Cultural Studies: 'British' Cultural Studies in an 'International' Frame", in David Morley and Kuan-Hsing Chen, ed., *Stuart Hall: Critical Dialogues in Cultural Studies*, London: Rouledge, 1996, p. 377.

③ Ioan Davies, "Cultural Theory in Britain: Narrative and Episteme", *Theory, Culture and Society*, Vol. 10, 1993, p. 115-154.

稳定的时代，给霍尔和其他独立的左翼政治家提供了一个为英国左翼设想另外一个政治路径的机会，这种路径位于"中心的共识政治"①和斯大林主义的过激之间。

乍一看，牛津大学的出现，不大可能是设法超越传统政党政治的左翼政治运动的背景之一。霍尔所描述的 50 年代的牛津大学是一个被垂死的文化保守主义和一个"意志琐事"（由怀旧般的尝试重新在校园里创造的一种故园气氛）所统治的地方，几乎没有显示出有利于激进思想产生的背景。正如霍尔评论道："像我这样的局外人，发现自己很难融入这个从教育和文化上重建英国阶级体制的过程中。"②然而，"局外人"如霍尔（以及许多英国出生的"奖学金男孩"）参与形成了各种各样新左派俱乐部并出版了新左派杂志，从而背离了当时占统治地位的学术和政治的关注焦点；1956 年的事件导致了两个期刊，《大学与左派评论》（ULR）和《新理性者》（NR）的合并。

《新理性者》最初由汤普森等人编辑，在更加传统的共产党左翼圈子和 30 年代的"人民阵线"社会主义政治中脱颖而出。相比之下，《大学与左派评论》由斯图亚特·霍尔、查尔斯·泰勒（加拿大人），拉斐尔·塞缪尔（Raphael Samuel）和加布里埃尔·皮尔逊（Gabriel Pearson）（两人都是犹太人）③主编，涌现出的牛津学生抗议运动并没有与政党相连接。霍尔回忆，这两代左翼政治之间的分歧与显著的地域和阶级差别如出一辙。更具体地说，《新理性

---

① Michael Green, "The Centre for Contemporary Cultural Studies", in Peter Widdowson, ed. , *Re-Reading English*, London: Methuen, 1982, p. 79.

② Stuart Hall, "The 'First' New Left: Life and Times", in Oxford University Socialist Discussion Group, ed. , *Out of Apathy: Voices of the New Left Thirty Years On*, London: Verso, 1989, p. 19.

③ Ioan Davies, "British Cultural Marxism", *International Journal of Politics, Culture and Society*, Vol. 4, No. 1, 1991, pp. 323-344.

者》总部设在英格兰北部，和农村工人阶级群体有着重要联系，而牛津/伦敦的《大学与左派评论》的"新左派者"更倾向于与世界主义者和现代主义者结盟，要么成为中产阶级，要么变成"向上移动"的力量。正如霍尔所承认的："作为一名殖民地居民，我当然更本能地对更多的社会匿名都市文化感到在行，虽然我对《新左派评论》缺乏与非大城市的工人阶级生活系统的联系感到后悔。"①

霍尔对传统的工人阶级政治的矛盾感情，在一篇 1958 年发表于《大学与左派评论》中，题为"无阶级感"的文章中明显地表现出来。在这篇文章中，霍尔描述了传统工人阶级的消亡，而有一些留恋工人阶级群体团结的怀旧色彩，与此同时，提供了一些差异和身份政治的早期洞见。正如霍尔所评论的："像老工人阶级群体一样团结，他们经常需要防御或攻击其他群体、其他国家和种族群体、'同性恋者'群体、'格格不入的怪人'、'奖学金男孩'，有时甚至是好战分子。"②

因此，当阶级政治继续主导左翼政治文化，霍尔和其他知识分子对英国文化本性的日益断裂敏感起来，并且在推动传统英国左翼政治的边缘化中发挥了重要作用。这个尝试使得左翼与当代英国更为密切相关，见证的大事件如 1960 年《新理性者》和《大学与左派评论》的合并形成《新左派评论》（ULR），后者（在头两年由斯图亚特·霍尔主编），反映了一个对于左翼问题和马克思主义理论的非正统的《新左派评论》特色的方法，又标志了新左派运动远离有组织政党，走向新的社会运动联盟的政治。例如，霍尔认为，

---

① Stuart Hall, "The 'First' New Left: Life and Times", in Oxford University Socialist Discussion Group, ed., *Out of Apathy: Voices of the New Left Thirty Years On*, London: Verso, 1989, p. 23.

② Stuart Hall, "A Sense of Classlessness", *Universities & Left Review*, Vol. 1, 1958, p. 27.

新左派企图伪造当时与各种社会和政治团体的链接，这些团体联合在以围绕核裁军运动为代表的"一种深层次参与最早的'新社会运动'周围；因此，我们处在随后成为 1968 年之后'新政治'的前沿阵地"。①

我认为，这种转变为以一个联盟为基础的政治可以被视为一种认可，这种认可来自新左派和霍尔一样人物的阶级政治传统观念的崩溃，以及被身份政治的更广泛的概念所替代。虽然这种社会身份的观念仍然在马克思主义范式框架内，但这种范式已开始转向随后变为主流的文化研究。特别是，在 70 年代葛兰西版本的马克思主义在当代文化研究中心（CCCS）脱颖而出，这让我们看到政治斗争在文化和意识形态的上层建筑领域发生作用，而不是单纯地存在于经济学和阶级领域。

文化转向的推动力不仅由新左派的社会政治运动提供，而且根植于由理查德·霍加特的《识字的用途》(1957)和汤普森的《英国工人阶级的形成》(1963)这两部作品里所描述的英国生活的其他表现中。此外，雷蒙·威廉斯的文化批判传统，提出了一些举足轻重的文本，如《文化与社会：1780—1950 年》(1958)和《漫长的革命》(1961)，对霍尔和英国文化研究的未来发展产生了重大影响。威廉斯与英国文化之间令人难以捉摸的关系使他对文化研究产生了深远的影响。就像霍尔一样，威廉斯的特点是一个充满政治—学术的身份，同时又沉浸在传统的英国知识分子文化（特别是利维斯的文学批评）中，被吸引到了批判马克思主义传统中来，并且正如伊万·戴维斯所指出，拥有一个"植根于威尔士祖先的强烈的殖

---

① Kuan-Hsing Chen, "The Formation of a Diasporic Intellectual: An Interview with Stuart Hall", in David Morley and Kuan-Hsing Chen, ed., *Stuart Hall: Critical Dialogues in Cultural Studies*, London: Rouledge, 1996, p. 494.

民地边缘感"。① 在威廉斯 20 世纪 50—60 年代后期的作品中出现的是英国文化帝国主义批判的开端，在这种批判中来自英国生活的文化和政治边缘人的声音开始被听到，批判过了十年左右的时间获得了完全的力量。威廉斯的英国文化内部人—外部人关系的观点，为他重新塑造英国历史和文化传统解释提供了理想的制高点。特别是，他重新设计了利维斯专注于高等文化的传统，将其分析框架扩展到包括由"普通"人的生活组成的日常文化进程。

霍尔和其他新左派关于流行文化和媒体的作品可以看作是步这种方法的后尘。例如，"阶级和大众传媒"发表于 1967 年，作为关于阶级问题综合论文集的一部分，② "创始人"作品的影响，如威廉斯关于霍尔思想的作品，明显与他关心的"感觉结构"相关，这给予阶级文化和他经常提到的文献，如威廉斯的《漫长的革命》和汤普森的《英国工人阶级的形成》以一致性。然而，与威廉斯不同，与创建新消费主义文化理论、媒体在当代社会越来越大的作用和战后英国的阶级关系不断上升的影响相比，霍尔对恢复英国战前系统的工人阶级文化没有太大的兴趣。正如科林·斯巴克（Colin Sparks）所评论的：

> 由富足的工人、大众媒体、向上的社会流动构成的新世界，被其他作家视作工人阶级及其文化的完整性和独立性的威胁，作为霍尔分析的起点，霍尔对文化研究形成的突出贡

---

① Ioan Davies, "British Cultural Marxism", *International Journal of Politics, Culture and Society*, Vol. 4, No. 1, 1991, p. 329.

② Stuart Hall, "Class and the Mass Media", in Richard Mabey, ed., *Class: A Symposium*, London: Blond, 1967, pp. 93-114.

献是坚持参与当代世界的紧迫感。①

"中心"的当代文化研究和转向理论

1964 年以后，霍尔在伦敦大学教授电影和大众文化研究，同时——与帕蒂·汉纳（Paddy Whannel）一起——出版了开创性的作品《流行艺术》（1964）。霍尔和霍加特创立了英国伯明翰大学的当代文化研究中心。如果说牛津大学似乎是一个新左派发展的不同寻常的站点，那么伯明翰大学的英语系发展（沉浸在一个隐式的阿诺德精神中）也许是一个更令人不可思议的场所，有关质疑支撑阿诺德精英文化观的人本主义价值的领域在此出现。根据霍尔的记载，英语系任命霍加特为教授，也许并不出乎意料但令人感到沮丧的是，霍加特宣布了他继续进行工作的意图，这个工作开始于他的《识字的用途》，研究大众文化对工人阶级经验的影响。② 霍尔指出，英语系实际上拒绝资助任何此类研究，这迫使霍加特用他自己经费去聘请一个大学研究员以建立和维护当代文化研究中心，这个人实际上就是斯图亚特·霍尔。

因此，虽然该中心位于大学院系内部，从一开始它就处于大学结构内部相当边缘的位置，但是这个身份在许多方面允许当代文化研究中心发展出一个可能比在学术上更为激进的知识分子代理机构，而非去发展历史学、英语和社会学中更为根深蒂固的学术规则。该中心的项目在大学中的待遇是临时的，这意味着虽然

① Colin Sparks, "Stuart Hall, Cultural Studies and Marxism", in David Morley and Kuan-Hsing Chen, ed. , *Stuart Hall: Critical Dialogues in Cultural Studies*, London: Rouledge, 1996, p. 78.

② Stuart Hall, "The Emergence of Cultural Studies and the Crisis of the Humanities", *October*, Vol. 53 (summer 1990), pp. 11-23.

有时当代文化研究中心面临被关闭的威胁，这一点不像其他学术部门，但是它不是被迫维持本科课程，因此，能够引导它的许多资源直接进入研究和理论构建当时更为广泛的社会和文化问题。

在 20 世纪 70 年代中期英国文化生活大型的和众多创作的批评中，现在已成为"伯明翰学派"方法的代名词开始出现，然而，在大多数情况下，该中心的第一个十年以寻找适合于英国文化生活的理论组织为特色，这个进程见证了文化研究与新左派主要依赖于欧洲知识分子的传统。特别是《新左派评论》，主动承担了翻译当时尚未有英语版本的欧洲文本的艰巨任务。当霍尔 1962 年辞任主编，该杂志在佩里·安德森（Perry Anderson）的领导下改换为更为具有传统学术色彩的期刊，它不太关注霍尔倡导的社会运动问题而去关注更广泛的理论问题。然而，正如伊万·戴维斯指出，尽管存在这种关注焦点的转变，该期刊仍然对六七十年代的英国新左派产生了巨大影响，结果将欧洲理论的焦点带入被视为停滞的英国知识分子文化关注中。① 对于霍尔而言，新左派内部的第二次"突破"对文化研究的发展是至关重要的。事实上，他最近提出，"如果没有那些'欧洲文本'[即法兰克福学派、本雅明和随后的葛兰西的翻译作品]，这些文本在学术界内部并不被阅读，那么文化研究不可能发展自己的项目：它无法生存；它也不可能成为在自己方向内的学术领域"。②

在 20 世纪 60 年代，《新左派评论》帮助新左派转而专注于重要政治理论，70 年代，看到了更广泛的批判文化的发展和制度。因此，当代文化研究中心（1968 年至 1979 年霍尔是该中心主任）在这个过程

---

① Ioan Davies, "Cultural Theory in Britain: Narrative and Episteme", *Theory, Culture and Society*, Vol. 10, 1993, p. 120.

② Stuart Hall, "The Emergence of Cultural Studies and the Crisis of the Humanities", *October*, Vol. 53 (summer 1990), p. 16.

中起到了举足轻重的作用，与此同时，该中心的那些人们不再是孤单的声音，因为在 70 年代他们也看到了以新左派为导向以其他一些大学为基础的部门和研究团队的形成，以及批判性的系列左翼期刊如《荧屏》(Screen)、《激进哲学》(Radical Philosophy)、《男/女》(m/f)、《女性主义评论》(Feminist Review)和《女性瘾者》(Spare Rib)，以及默林出版社 (Merlin Press)、冥王星出版社(Pluto Press)、收获者出版社(Harvester)等左翼出版社的出现。①

这个左翼知识分子思想的广泛制度化的主要成果之一是大量作品的出现，这些作品试图利用欧洲"大理论"去开辟一系列特别是关注英语文化的问题和讨论，当然，这个过程提出了关于英国自身地位的问题。显然，这种自我反思转向"国外"的理论，部分反映了各种"局外"的重要人物对英国知识文化的逐步渗透，这种面向欧洲的在英国知识界内部的转向，也可以被看作是作为整体英国身份更广泛转变的代表。特别是，这个时刻可能被视为标志着英国曾经的帝国君主身份和企图通过制造（英国于 1973 年加入欧洲经济共同体）与日益一体化的欧洲的联系，来维持自身作为一个"仍然是重要的、中级力量"的最终瓦解。②

然而，英国左翼的开放向全球扩大更多的影响力，明显比一个英国外交政策的功能更能反映在 20 世纪 60—70 年代一些西方国家经历的一系列复杂的社会文化变革。特别是，这个主流进程对生活在 70 年代的英国知识分子政治和方向的影响之一是，从 60 年代以来的高等教育的民主化和迅速扩张。不仅是英国的学生人数从 1960 年到 1967/1968 年期间翻了一番，而且其构成也变得更为

---

① Ioan Davies, "British Cultural Marxism", *International Journal of Politics, Culture and Society*, Vol. 4, No. 1, 1991.

② Alan S. Milward, "The Springs of Integration", in Peter Gowan and Perry Anderson, ed., *The Question of Europe*, London: Verso, 1997, pp. 5-7.

多样化，大量的女性学生和英国出身的黑人学生出现。就是在这样的大背景下，文化研究使得自己的目光移向英国知识分子传统以外的欧洲的文化和社会模式。

西方马克思主义与文化身份政治

一些理论家指出，20 世纪 70 年代的欧洲理论转向代表了英国文化研究的关键时刻。例如，比尔·施瓦茨（Bill Schwartz）认为，与"理论"的相遇，特别是与西方马克思主义的相遇，涉及戏剧性的重新定位，这个重新定位远离其最初的关注点"生活经验"的意义，转而关注日常生活文化和更广泛的权力结构之间的关系。[1] 同样，科林·斯帕克斯构建这一理论的时刻，是从更以人为本的文化作为其表现形式的方法，转变为特别是阿尔都塞的结构主义马克思主义的方法。[2]

在科林·斯帕克斯关于当代文化研究中心的叙述中，70 年代在霍尔领导下的当代文化研究中心，主要是由排除其他方法、注重意识形态的马克思主义者所主导的。当然，在他的一篇关于英国文化研究的理论遗产的文章中，霍尔似乎充实了这一单一解释，他描述了 70 年代女权主义和以种族为基础的，以当代文化研究中心工作中断为契机的理论方法的出现。[3] 霍尔也承认，虽然他和迈

---

① Bill Schwartz, "Where Is Cultural Studies?", *Cultural Studies*, Vol. 8, No. 3, 1994, pp. 377-393.

② Colin Sparks, "Stuart Hall, Cultural Studies and Marxism", in David Morley and Kuan-Hsing Chen, ed., *Stuart Hall: Critical Dialogues in Cultural Studies*, London: Rouledge, 1996, pp. 71-101.

③ Stuart Hall, "Cultural Studies and its Theoretical Legacies", in Lawrence Grossberg, Cary Nelson and Paula Treichler, ed., *Cultural Studies*, London: Routledge, 1992, p. 282.

克尔·格林（在霍尔支持下他于 1979 年成功继任中心主任）知道日益增长的女权主义的重要性，并试图将一些女权主义学者吸引到当代文化研究中心，[①] 当女权主义最终"中断"了在中心的身份言说，其遇到了强大的阻力，这种阻力来自"完全先入为主的父权主义的权力并且认为女权主义已经将其否定了"。[②] 此外，在关系到作为需要被理论化的中心社会类别的种族前景问题上，霍尔指出："事实上让文化研究把自己的日程放在关键的种族问题和文化政治问题上，本身就是一场深远的理论斗争。"[③]

然而，在提供了文化研究发展的流散解读问题上，我建议一种更为有效的方式来阅读多样的理论轨迹，这些多样的理论轨迹在此期间，相互影响和"中断"彼此。这种方式的目的是将他们视为一种更宽泛斗争的一部分，这一广泛斗争就好比对于英国文化的身份正在接受来自多方面挑战的广泛关注。此外，霍尔本身对这些中断的矛盾和模棱两可的态度曾经一度反对，提出流散主体的多种移民经验，在这种情景下，这些主体被要求既看作是压迫人的族长，也是种族上被标记为低等人的身份。我建议，这只是 70 年代文化研究在寻求与智力搏斗的一种复杂经验，从这个角度解读，从阿尔都塞到葛兰西所反映的马克思主义的转向，标志着试图与社会构建主体的矛盾达成妥协。

---

① Kuan-Hsing Chen, "The Formation of a Diasporic Intellectual: An Interview with Stuart Hall", in David Morley and Kuan-Hsing Chen, ed. , *Stuart Hall: Critical Dialogues in Cultural Studies*, London: Rouledge, 1996.

② Stuart Hall, "Cultural Studies and its Theoretical Legacies", in Lawrence Grossberg, Cary Nelson and Paula Treichler, ed. , *Cultural Studies*, London: Routledge, 1992, p. 281.

③ Stuart Hall, "Cultural Studies and its Theoretical Legacies", in Lawrence Grossberg, Cary Nelson and Paula Treichler, ed. , *Cultural Studies*, London: Routledge, 1992, p. 283.

正如保罗·琼斯(Paul Jones)注意到的关于当代文化研究的关键文本，如《监控危机》(1978)的讨论，该中心第一次集体创作、系统处理在战后时期英国身份的种族主义结构角色的作品，这些作品"已经不纠缠理论的抽象，而是去切入流行的/知识界的和政界的共识"。① 虽然文化研究往往被描绘成从文化主义到结构主义和形式主义再到"理论的清晰"的过程，但琼斯得出的结论是，这样的叙事不那么关注有能力充分阐述其利益程序的持续力量，和那些仍然积极介入政治的人们的"社会存在及其意识"。②

和琼斯一样，我提出，当代文化研究中心的发展历史不仅仅是对欧洲理论化的马克思主义敞开怀抱的历史。正如霍尔本人也评价说，新左派和随后文化研究"始终把马克思主义作为一个问题，一个困难，一种危险，而不是一个解决方案"。此外，霍尔"遭遇与马克思主义"的案例"需要一个与深刻的马克思主义欧洲中心论的尚未完成的争论"。③ 该中心关于西方马克思主义的介入方式，具有通过在解释模型与当代英国社会文化关系复杂性之间的关系的沟壑意识的特点。比如，被阿尔都塞的马克思主义最初吸引，是因为其意识形态产生的相对自主的概念能够远离与"庸俗"马克思主义相关的纯粹表达的文化模式。然而，阿尔都塞主义本身被限制，这种限制是由于它将文化领域视作一个主导意识形态的生产和再生产的纯粹领域，允许争论或反对的空间是非常微小的。

葛兰西特别是他复杂的霸权观念，为文化研究提供了在结构

---

① Paul Jones, "'Organic' Intellectuals and the Generation of English Cultural Studies", *Thesis Eleven*, Vol. 5/6, 1982, p. 119.

② Paul Jones, "'Organic' Intellectuals and the Generation of English Cultural Studies", *Thesis Eleven*, Vol. 5/6, 1982, p. 119.

③ Stuart Hall, "Cultural Studies and its Theoretical Legacies", in Lawrence Grossberg, Cary Nelson and Paula Treichler, ed., *Cultural Studies*, London: Routledge, 1992, p. 279.

主义马克思主义的一些更为严格和总体方面以外的出路。在葛兰西权力模式中特别关键的是，霸权属于一个历史性阵营的概念，其代表了一系列社会群体之间的联盟。意识形态的主体预先假定"拒绝一个预先给定的统一的意识形态的主体的任何想法"的认识，取代了"所谓'主体'的身份和层次的多样性的组成"。① 当阶级开始被社会不平等的女权主义和种族为基础的解释挑战时，我想要进行阐述的是霍尔的葛兰西主义转向不是一个阻止在英国文化研究内部的转向，而是强调文化身份政治的转向。

比如，虽然文化的女性主义批判在当代文化研究中心内出现，被描绘为由马克思主义者主宰机构中断的时刻，对这一刻的另一种解读可能是一个将性别引入争论的引导，这个争论是关于交互文化和扩展到葛兰西主义关注与构思的作为矛盾和社会建构的社会主体。这并不否认，女权主义的到来，特别是 1978 年《女性问题》的出版，代表了对男性主宰的当代文化研究中心机构和学术政治的一项主要挑战。② 霍尔在最近的一次采访中指出，伴随着一些其他要素，他最终在 1979 年离开当代文化研究中心，去往开放大学的原因之一是因为同时作为女性主义的支持者与中心的资深家长式人物是困难的。③ 不过，正如安妮·保罗萨摩所指出的，其他各种比如拉康的精神分析和马克思主义文化研究的修正主义版本

---

① Stuart Hall, "Gramsci's Relevance for the Study of Race and Ethnicity", in David Morley and Kuan-Hsing Chen, ed. , *Stuart Hall: Critical Dialogues in Cultural Studies*, London: Rouledge, 1996, p. 433.

② See Charlotte Brunsdon's discussion of the impact of feminism on the CCCS in "A Thief in the Night: Stories of Feminism in the 1970s at CCCS", in Morley and Chen, op cit. , pp. 276-286.

③ Kuan-Hsing Chen, "The Formation of a Diasporic Intellectual: An Interview with Stuart Hall", in David Morley and Kuan-Hsing Chen, ed. , *Stuart Hall: Critical Dialogues in Cultural Studies*, London: Rouledge, 1996, p. 500.

影响了英国文化研究的女权主义思想，在《妇女问题》中，为推进对"性、性别和社会关系组织的阶级的接合理解的发展"①做出了重要贡献。

当代文化研究中心关于推进文化身份问题的另一个重要转折点，是种族问题在文化研究中的出现。虽然中心关于亚文化的一些工作已经触及种族问题，但是《监控危机》的出版是对种族问题的第一次系统性处理。基于一个特定的事件，即三名种族主义青年于1972年在黑人主宰的伯明翰汉兹沃斯区域抢劫一名男子，因而遭到极端监狱审判，《监控危机》对具有70年代特征的英国政治共识的崩溃，及其通过英国内部围绕黑人犯罪问题产生的一种"道德恐慌"，从意识形态上来处理共识危机的方式，试图提供一种更广泛的分析。鼓励分析传统工人阶级的主题，比如工作、名望和民族性，作为同样的能指去建立一个跨阶级的共识，这种解释在《监控危机》中可以找到依据，证明了葛兰西的霸权概念作为一个历史的特殊的进程，该进程依赖于锻造与以往社会群体明显不同的、一个历史悠久的集团或联盟。更具体地说，它表明的是，英国工人阶级的"价值观"并不是某个特定的进步政治的附属品，而是可以作为本质上的保守派进行鼓励，在这种情况下，支持以结构的种族主义为基础的"独裁共识"。

此外，当代文化研究中心的分析也说明了围绕英国身份的种族问题的重要性越来越高，因此，这也说明了，围绕后帝国时期的英国文化和身份问题的内部紧张正在加剧。正如霍尔曾经评论过的那样，《监控危机》的出版"代表我自己的理论和学术工作以及

---

① Anne Balsamo, "Feminism and Cultural Studies", *The Journal of the Midwest MLA*, Vol. 24, No. 1, 1991, p. 53.

该中心的决定性转折"。[①] 在这个意义上，他认识到在霸权斗争中社会同类比阶级扮演的角色更为常见，同时也迈向对当代英国的"黑人"和"英国性"问题的相互交织的基本性质的一些理解方法。通过于 1982 年出版《帝国罢工的回归：70 年代英国的种族和种族主义》，这项工作得到进一步巩固，这本书是由一群最新出现的黑人知识分子包括保罗·吉尔罗伊（Paul Gilroy）、翰泽·坎拜（Hazel Carby）和帕瑞提哈·帕玛（Pratibha Parmar）共同写作的，充当了分散一群黑人活动家、艺术家和遍布全国各地，但特别集中在伦敦和当代文化研究中心的批评家的催化剂。

通过对 20 世纪 80—90 年代的英国"流散群体的文化政治"的轨迹描绘，卡波纳·莫瑟认为，《帝国反击战》的出版和一些在 80 年代早期以文化研究为导向的种族主义的批判，"看到了通过集体活动聚集的重要大众，在 80 年代中期，他们的紧急议程开始影响围绕黑人代表关键主题的公共机构"。[②] 我们看到，这些发展随后在保罗·吉尔罗伊的独特并有影响力的，可以说是第一个自觉的黑色英国文化研究文本的著作《没有黑色的英国国旗》（1987）中，称为黑人文化研究领域的出现。

撒切尔主义、新时代和种族的回归

1979 年，斯图亚特·霍尔离开了当代文化研究中心，到开放大学任职。20 世纪 80—90 年代，霍尔在开放大学继续着自己的研

---

① Stuart Hall，"Cultural Studies and its Theoretical Legacies"，in Lawrence Grossberg，Cary Nelson and Paula Treichler，ed. ，*Cultural Studies*，London：Routledge，1992，p. 283.

② Kobena Mercer，*Welcome to the Jungle：New Positions in Black Cultural Studies*，New York：Routledge，1994，p. 14.

究，直到最近才从社会学系主任岗位退休。在此期间，他出版的最重要的作品是《艰难的复兴之路》，霍尔认为这本散文集是关于"战后英国政治和文化生活历史性的转折点"，[①] 就是 70 年代中叶转向右派以及随后的"铁娘子"撒切尔夫人执政的 1978 年至 1988 年。从"中心"到霍尔的以葛兰西为基础，保守民粹主义分析的灵感来自撒切尔是他的论点，即围绕种族和英国风格的问题，撒切尔设法在"人民"中建立假想的团结感。因此，尽管英国的"民族文化"在一段时期已经受到了帝国主义衰落、全球化和世界市场的转型的威胁，但是霍尔认为撒切尔通过"一种范围更窄的，但是比以前更坚固的定义"可以重新定位英国风格来探索身份危机。[②]

然而，在 20 世纪 80 年代末，霍尔对种族、文化和身份的研究发生了决定性的转折，即将研究重点由英国风格的霸权结构所代表的边缘和消极的种族以及黑人转向一个相当不同的分析方式，这种分析方式将族性而非种族视为优先研究对象。不是将族性视为"其他"，霍尔争论道，在当代社会环境下，诸如英国作为族性和文化身份的先驱或中心的情况下，是什么代表了每天的经验，例如，在首次发表于 1988 年的文章中，霍尔宣称移民现在已矛盾地成为"现代体验的代表"。[③] 在他的新时代作品和其他著作中，他继续认为西方社会的社会生活和差异属性的日益复杂已导致普通人身份的扩展，并为新的身份政治开辟了空间。作为一个主要的

---

① Stuart Hall, *The Hard Road to Renewal*: *Thatcherism and the Crisis of the Left*, London: Verso, 1988, p. 1.

② Stuart Hall, "The Local and the Global: Globalization and Ethnicity", in Anthony D. King, ed., *Culture*, *Globalization and the World-System*: *Contemporary Conditions for the Representation of Identity*, USA: Macmillan, Binghamton, 1993, p. 25.

③ Stuart Hall, "Minimal Selves", in Ann Gray and Jim McGuigan, ed., *Studying Culture*: *An Introductory Reader*, London: Edward Arnold, 1993, p. 134.

文化争论站点，这种身份先驱的标志之一是"族性的意外回归"。①
然而，与在英国身份危机的保守辩论中通用的传统种族和民族观
念不同，霍尔劝告左翼转向支持他当时的"族性的新形式"②观念。
对霍尔而言，"更多元化的族性观念"可能是"反对被包围的、霸权
的英国风格。在撒切尔主义之下，稳定地占据政治的主导地位和
文化话语权。并且因为是霸权主义，作为族性它并不代表自己"。③
对族性而言，这样的方法在展现英国性中发挥了作用，"毕竟是种
族身份一个非常具体和特殊的形式。它在一段具体的历史中有着
一席之地……它存在于有关领土，国内，国外，远在天边，以及
近在眼前的一整套概念中"。④

霍尔认为，虽然英国性一直被建构为连贯和"自然"，事实上，
"它总是与差异进行着协商。为了呈现出它本身作为霸权实体，它
总是要吸收所有的阶级、种族或性别的差异"。⑤ 因此，随着全球
化的进程，国家文化认同和民族国家之间关系的解散揭示了英国
性的建构性质。反思英国身份过程的中心是流散主题的身影，这
一身影的位置在致力于常规和独一无二的"统一"文化前景和族性

---

① Stuart Hall, "The Meaning of New Times", in Stuart Hall and Martin Jacques,
ed. , *New Times: The Changing Face of Politics in the 1990s*, London: Lawrence &
Wishart Ltd, 1989, p. 132-133.

② Stuart Hall, "The Meaning of New Times", in Stuart Hall and Martin Jacques,
ed. , *New Times: The Changing Face of Politics in the 1990s*, London: Lawrence &
Wishart Ltd, 1989, p. 133.

③ Stuart Hall, "New Ethnicities", in Kobena Mercer, ed. , *Black Film*, *British
Cinema*, BFI/ICA Documents 7, London: Institute of Contemporary Arts, 1988, p. 29.

④ Stuart Hall, "The Local and the Global: Globalization and Ethnicity", in Antho-
ny D. King, ed. , *Culture*, *Globalization and the World-System: Contemporary Condi-
tions for the Representation of Identity*, USA: Macmillan, Binghamton, 1993, p. 22.

⑤ Stuart Hall, "The Local and the Global: Globalization and Ethnicity", in Antho-
ny D. King, ed. , *Culture*, *Globalization and the World-System: Contemporary Condi-
tions for the Representation of Identity*, USA: Macmillan, Binghamton, 1993, p. 22.

之间。正如我曾在这篇文章里指出的，这一身影在转向英国文化研究的发展轨迹中起到了重要作用。

20世纪80年代末以来，霍尔的作品重新转移到在全球化的框架中和强调种族和身份的本质上去中心化的英国文化研究，在这些作品中存在着一个巨大的转变，这一转变同样反映在黑人文化研究的重要人物的流散作品中，例如，保罗·吉尔罗伊1993年出版的《黑色大西洋》，试图与"具有如此多现代欧美文化思想特征的离散国家动态的教条主义关注"①做一个彻底的决裂。然而，我一直认为，从一开始英国文化研究就被锻造出国家和跨国影响之间的紧张关系，也就是英国文化研究始终在一定程度上有一个全球化的或流散的身份。正如比尔·施瓦茨指出，在全球背景下将文化研究重新语境化将面临某些危险，危险之一是文化研究由以生成的具体的社会情境被简化为僵化的空洞抽象。相比之下，在这篇文章中，我试图做的是保持一种明确的、英国文化研究由以出现的英国化语境，同时努力寻找一种"对本地文化在全球化背景下如何被建构更加敏锐的觉察力"。②

作为英国黑人知识分子的领袖，斯图亚特·霍尔扮演了特别有用的角色，可以通过他的角色来重新定位英国文化研究的发展和"更具想象力地去思考允许文化研究和与其相关领域研究作品出现的历史条件"。③ 特别是把文化身份置于跨国政治的广泛背景下，通过将英国新左派的关注点重新语境化，霍尔的传记提供了一种

---

① Paul Gilroy, *The Black Atlantic*：*Modernity and Double Consciousness*, London：Verso, 1993, p. 6.

② Bill Schwartz, "Where Is Cultural Studies?", *Cultural Studies*, Vol. 8, No. 3, 1994, p. 387.

③ Bill Schwartz, "Where Is Cultural Studies?", *Cultural Studies*, Vol. 8, No. 3, 1994, p. 387.

有用的方式，这种方式复杂化了基于对英国文化研究形式的传统阶级式解释。然而，在关注文化身份问题上，我已经寻找到了问题化的概念，这一概念仅仅出现在参与的边缘性上。相反，这篇文章提出的是关注紧张和矛盾的流散框架，这些经常将霍尔的生活和职业标记为中产阶级、受过高等教育的人和英国黑人知识分子。在这里所提倡的流散概念拥有一种存在于和穿透各种身份文化之间的功能。换句话说，通过流散镜头解读英国文化研究，为我们提供了一种理解这项学术事业为什么以及如何与全世界许多类似的思想运动和团体相关联，并且被他们所接受的途径。

（乔茂林 译　李媛媛 校）

斯图亚特·霍尔和"种族"[※]

[英] 克莱尔·亚历山大(Claire Alexander)

> 我对深刻的变化感兴趣，但我认为学术研究不应该为证明某个政治观点而短期改变。要指出其中的复杂性、模糊性以及意想不到的结果——这就是学术使命。
>
> —— 斯图亚特·霍尔

1994 年 4 月在拜访普林斯顿大学的一个大学老友时，我参加了为纪念科内尔·韦斯特(Cornel West)的(短暂停留的)哈佛之旅而举办的"种族问题会议"。那次会议是一个名副其实的非裔美国学术名人荟萃的盛会：除了韦斯特本人，托妮·莫里森(Toni Morrison)、曼宁·马伯(Manning Marable)、帕特丽夏·威廉斯(Patricia Williams)以及安吉拉·戴维斯(Angela Davis)均应邀出席。在公开的小组讨论结束后，大家便开始进行提问和评论。第一位发言者穿过拥挤的观众走到麦克风处，很平静地介绍了他自

※　原载：*Cultural Studies*，No. 4(2009).

己——"斯图亚特·霍尔,开放大学"。房间里顿时掌声四起。这是我见过唯一的一次,某个人仅仅只是说出了他的名字就得到全场的起立鼓掌。当我事后向科内尔·韦斯特提及此事时,他告诉我——"克莱尔,有一点你必须明白,我们都是读着斯图亚特的作品成长的,没有他我们不可能相聚在这里。我们都站在他的肩膀上。"

斯图亚特·霍尔在过去四十年中对于种族和民族研究的形成领域所做的贡献非常巨大。无论是他的个人经历还是作品,霍尔一直是英国、美国、加勒比地区国家以及其他国家学者学习的典范,他开创了关于种族、政治、文化和身份思考的新途径。他通过创作有关种族和阶级、种族和国家主题的作品,从著作《监控危机》(1978)①中影响深远的干预措施,到最近他关于"新族性"和"差异政治"的理论,霍尔重新定义了种族研究的思路和方法。亨利·路易斯·盖茨(Henry Louis Gates)在《纽约客》杂志中称斯图亚特为"英国黑人关于英国黑人研究的重要理论家"②,而玛雅·雅吉(Maya Jaggi)在英国《卫报》上对霍尔进行的深入访谈(2000年7月8日)中仅仅称他是一枚"黑色符号"。20世纪70年代和80年代初是英国动荡不安的一个时期,当时情景喜剧《爱你的邻居》中展现出的日常随处可见的种族主义是对种族关系进行评论的顶峰时期。当时电视上能够看到的仅有的一些有色面孔是鲁道夫·沃克(Rudolph Walker)(在《爱你的邻居》中)、阿特·马利克(Art Malik)[保罗·斯科特(Paul Scott)的国王怀旧盛宴《皇冠上的珠宝》]以及周末下午茶时间的游戏节目《黄金进球》中的鲍勃·蒙克豪斯(Bob

---

① Stuart Hall, Chas Critcher, Tony Jefferson, John Clarke and Brian Roberts, *Policing the Crisis*: *Mugging*, *the State*, *and Law and Order*, London: Macmillan, 1978.

② Maya Jaggi, "Prophet at the margins", *The Guardian*, 8 July Available at: www. books. guardian. co. uk/departments/politicsphilosophyandsociety/story (accessed 9 July, 2007), 2000.

Monkhouse)的助手艾依莎(Ayeesha),当然对于我们中许多成长于这个时代的人而言,斯图亚特·霍尔在公众场合的出现——不管是在深夜 BBC 2 套的开放大学课程,又或者是他面对一系列新闻媒体参与到有关种族问题的辩论中——给予一代英国黑人和亚裔英国人留下不可磨灭的印记,而这无可厚非地被贴上特定的标签(虽然霍尔本人可能并不承认这种价值)。他作为学者,以及作为其他人,尤其是少数族裔、学者、艺术家和电影制片人事业的"推动者"①,在英国学术界的影响力是独一无二的,并且在将种族和族性研究认定为一个合法的(后来是核心的)研究领域以及在重新定义其决定因素方面也是很有帮助的。例如,霍尔在伯明翰当代文化研究中心(CCCS)任职的这段时间(1968—1979)不仅见证了《监控危机》的发表,也聚集了一群致力于推翻传统的种族研究方式的学生,其中最引人注目的是《帝国反击战》合辑②,保罗·吉尔罗伊(Paul Gilroy),黑兹尔·卡比(Hazel Carby)以及约翰·索罗莫斯(John Solomos)也参与其中。对我们这些后辈来说,斯图亚特·霍尔不仅为我们的思考提供了(有时也是反对性的)概念性框架和新观点,同时也指明了学术研究可以并且应该怎样做的方法。对我而言,黑兹尔·卡比的话在她唤起这一问题的同时,引起了一种强烈而复杂的感恩意识:

> 在斯图亚特·霍尔的出版物和讲座中体现出来的无比丰富的思想、政治见解和历史研究范式,指引了我整个学术和社会活动事业,使我少走弯路。霍尔政治上的贡献、愿景,最重要

---

① Maya Jaggi, "Prophet at the margins", *The Guardian*, 8 July Available at: www.books.guardian.co.uk/departments/politicsphilosophyandsociety/story (accessed July 9, 2007), 2000.

② Centre for Contemporary Cultural Studies, *The Empire Strikes Back*, London: Hutchinson, 1982.

的是，他的政治和学术的一体性是我整个职业生涯的基础。

近年来涌现出大量研究霍尔作品的出版物，尤其是关于他对于文化研究发展所做的贡献。① 但关于霍尔的种族和族性理论的批判性研究作品却少之又少。也许部分原因是霍尔的作品本身采取了一系列短文的形式，更多的是基于话题和演讲，而不是一个持续、发展的理论性评论——戴维·斯科特（David Scott）曾经评价说"与其说斯图亚特是写书的作者倒不如说他是进行干预的作者"。② 霍尔关注的焦点主要是在当前问题——他称为"当前危机矛盾的、冷酷的根基"③——关注这个领域里需要干预的策略。斯科特继续说道："一个很能理解霍尔思想的人，总是思维敏捷，站在他的角度思考，自言自语，保持与他步调一致……因此，你不可能正好在你几分钟前离开霍尔的地方找到他，他也不会用同样的方式思考同样的观点。"④这在一定程度上说明霍尔坚持认为理论所扮演的角色"就像是一盒子工具"，⑤ 是问题开放和理解的途径而不是终点，因此，必然是变化性的。⑥ 格罗斯伯格（Grossberg）引用霍尔

---

① Chris Rojek, *Stuart Hall*, Cambridge: Polity Press, 2003; Helen Davis, *Understanding Stuart Hall*, London: Sage Publication Ltd, 2004; Brian Meeks, "Introduction: return of a native son", in Brian Meeks, ed., *Culture, Politics, Race and Diaspora: The Thought of Stuart Hall*, London: Lawrence & Wishart Ltd, 2007.

② David Scott, "Stuart Hall's ethics", *Small Axe*, Vol. 17, 2005, p. 3.

③ Laurie Taylor, "Culture's revenge", *New Humanist*, Vol. 121, No. 2 Available at: www.newhumanist.org.uk/volume121issue2 _ comments (accessed July 3, 2007), 2006.

④ David Scott, "Stuart Hall's ethics", *Small Axe*, Vol. 17, 2005, p. 4.

⑤ Deleuze, cited in David Scott, "Stuart Hall's ethics", *Small Axe*, Vol. 17, 2005, p. 10.

⑥ Lawrence Grossberg, "Stuart Hall on race and racism: cultural studies and the practice of contextualism", in Brian Meeks, ed., *Culture, Politics, Race and Diaspora: The Thought of Stuart Hall*, London: Lawrence & Wishart Ltd, 2007.

本人的话:"这可能是一个看似松散的,但并非不严谨的理论性的工作。它总是与一个具体时刻的细节相关联",[①] 而斯科特形容霍尔为"当代卓越的理论家"。[②]

将理论作为工具的观点也许反映在霍尔自己的作品中:我们中的许多人已经获取了这些理论性的见解,并且将其应用于我们经验性或者概念性的日常工作、空间和问题中。虽然这导致了创新和重要的工作,将霍尔的观点应用于新的时代、地点和公民,但在绝大多数情况下,这一过程已经没有了原初观点的深度和复杂性,使它们简化成一种观点速记形式或者一种方便的、再三演练以及重复的警句形式,用以代替枯燥的分析——更像是商店里的橱柜而不是工具箱。克言·托马斯李(Keyan Tomaselli)曾这样评价:"虽然霍尔的作品在全球的影响力已经很令人震惊……但在我们团体学术实践中仍时常有霍尔'被消耗'掉的危险,他的作品被用作可以引用的引言和被投机的概念并合法化,他的观点被视为给予而不是被不断地检验、参与和应用。"[③]

本专辑很重视霍尔作为一名种族和族性理论家所做的贡献,以

---

① Lawrence Grossberg, "Stuart Hall on race and racism: cultural studies and the practice of contextualism", in Brian Meeks, ed., *Culture*, *Politics*, *Race and Diaspora*: *The Thought of Stuart Hall*, London: Lawrence & Wishart Ltd, 2007, p. 99.

② David Scott, "The permanence of pluralism", in Paul Gilroy, Lawrence Grossberg and Angela McRobbie, ed., *Without Guarantees*: *In Honour of Stuart Hall*, London: Verso, 2000, p. 283. 斯科特写道:"在对危机时刻进行理论化时,重要的不仅在于确定当下之主张自命为答案的那个问题是否可能,而且在于这个问题能否继续成为一个值得回答的问题。"(David Scott, "The permanence of pluralism", in Paul Gilroy, Lawrence Grossberg and Angela McRobbie, ed., *Without Guarantees*: *In Honour of Stuart Hall*, London: Verso, 2000, p. 283.)

③ Keyan G. Tomaselli, "Reading Stuart Hall in southern Africa", in Paul Gilroy, Lawrence Grossberg and Angela McRobbie, ed., *Without Guarantees*: *In Honour of Stuart Hall*, London: Verso, 2000, p. 384.

批判的态度审视他的作品，通过他的作品来审视当前危机不断变化的形式，以及思考霍尔作品中所阐明的历史、空间及个人的具体特征。本专辑涉及的文章通过对霍尔作品的回顾形成了当前研究领域的重要场域，并且开辟了新的议题。他们在致谢中承认，我们很多人在个人及学术方面都应该感谢斯图亚特·霍尔，想要改变他的作品越来越商品化的格局，并深入思考它所提出的挑战以及它通过何种方式来"照亮黑暗时代"。① 本专辑特意从更广阔的背景下来分析霍尔关于"种族"的作品。我们在肯定这么做的必要性的同时，也希望能从其他新的角度阐明霍尔最具有挑战性的（可能大多数人理所当然地认为是具有讽刺意味的）干预。从研究霍尔的这些文章的类别看，虽然反映出对霍尔作品的关注必然是全球范围的，但投稿者主要是来自英国。这些文章既回顾了记忆、国家和归属的问题（卡比），或者文化研究缺乏的问题（哈里斯）；也展望了网络中"新族性"的出现问题（帕克和宋）；或者以一种独特的角度评价霍尔早期的作品的重要性，从而理解南非的种族"政治神学"（戈德堡）或理解当代的城市（基斯）；并以谈话的形式阐述后殖民主观主义（纳拉扬）以及身份/差异政治（圣·路易斯）的观点。作者们还将霍尔的研究范畴从早期明确的关于葛兰西、"种族及其相互联系"（戈德堡）和文化研究的发展（哈里斯）方面的贡献延伸到最近关于"新族性"（圣·路易斯、帕克和宋）、民族、流散和身份（纳拉扬、圣·路易斯、卡比）、多元文化（基斯）的评论，以及不同年代深受霍尔思想影响的学者们。

　　该引言的其他部分试图从更广阔的学术背景和全球视野下对斯图亚特·霍尔本人及其有关种族和族性的作品进行定位。克里斯·罗杰克（Chris Rojek）曾在他 2003 年出版的那本书的致谢部分

---

① David Scott, "Stuart Hall's ethics", *Small Axe*, Vol. 17, 2005, p. 2.

评价说"这本书中的斯图亚特·霍尔即是我眼中的霍尔，充满了我在研究他作品过程中对这个仍在世作家产生的偏爱"，① 但同时很多人会发现很难在一个精神匮乏和浮躁的背景下捕捉到罗杰克笔下霍尔的影子——任何一个哪怕只是从一个小的方面来理解霍尔的人格和作品主旨的人都会认同这一评论。我对霍尔作品的研究对形成自己的作品风格起到了决定性作用，甚至在此之前，作为出生在 20 世纪 70 年代，成长于 80 年代撒切尔夫人时期的英国少年，在很多方面我的成长过程都深受斯图亚特·霍尔的影响。他关于街头犯罪的种族化文章以及后来关于"新族性"的——表征和经验，结构和代理性的文章，构成了我自己作品的决定要素。这些个人和知识方面的经历毫无疑问对本研究起到了一定的影响：接下来便是我心目中的斯图亚特·霍尔。

对斯图亚特·霍尔的定位

在我的印象中，斯图亚特·霍尔是被邀请到"种族问题"大会上发言的为数不多的非美国人之一，这足以体现出他的国际声誉及其作品的影响力。或者事实上他是对美国"种族"问题研究有着重要影响的少数英国学者之一——更令人感到疑惑的是，他拒绝在任何时间移居美国，对此霍尔本人更愿意称为是"从边缘而不是中心来看世界"。② 毫无疑问，霍尔的声誉和影响力是可以穿越国家和学科界限的，在过去四十多年中致力于研究他的学术贡献的人对此再清楚不过了：霍尔从开放大学退休三年后，他的学生们

---

① Chris Rojek, *Stuart Hall*, Cambridge: Polity Press, 2003, p. ix.

② Maya Jaggi, "Prophet at the margins", *The Guardian*, 8 July Available at: www. books. guardian. co. uk/departments/politicsphilosophyandsociety/story（accessed 9 July, 2007）, 2000.

于 2000 年出版《没有保证》文集向他致敬，显示了霍尔在文化研究、媒体和电影研究、黑人/种族研究、后殖民研究、心理学、文学、历史学、社会学、政治学、社会政策和教育方面的贡献不仅覆盖了英国和美国，也辐射到澳大利亚、加勒比地区、韩国、日本、印度、台湾、墨西哥、南非。[①] 西印度群岛大学莫纳图书馆网站(www. mona. uwi. edu/library/stuart_hall)列出了从 1957 年到 2004 年的 317 篇(公认不完全统计的)独立出版物，这些书目反映了霍尔职业生涯的广泛性——从早期的《大学与左派评论》到后来《新左派评论》[②]的编辑工作，再到公开大学教学资料的编写，以及出版杂志文章、采访和书籍，在学术界甚至超越学术界以外，提出了批判的学术干预。主题范围包含从小说《查泰莱夫人的情人》(1960)到"八卦专栏世界"(1967)；从"马克思关于方法论的笔记"(1974)[③]到《通俗艺术》(1964)；[④] 从《年轻的英格兰人》(1967)到"英国黑人"以及从影响深远的《监控危机》(1978)[⑤]到形式多变的

[①]　Paul Gilroy, Lawrence Grossberg and Angela McRobbie, ed. , *Without Guarantees : In Honour of Stuart Hall* , London : Verso, 2000.

[②]　Bill Schwartz, "Disorderly politics : reading with the grain", in Brian Meeks, ed. , *Culture , Politics , Race and Diaspora : The Thought of Stuart Hall* , London : Lawrence & Wishart Ltd, 2007.

[③]　参见格罗斯伯格对霍尔的"唯物主义者方法"展开的论述。(Lawrence Grossberg, "Stuart Hall on race and racism : cultural studies and the practice of contextualism", in Brian Meeks, ed. , *Culture , Politics , Race and Diaspora : The Thought of Stuart Hall* , London : Lawrence & Wishart Ltd, 2007)

[④]　参见法雷德(Farred)在霍尔作品更广泛的语境中，一篇对"大众艺术"所做的论述。(Grant Farred, "'The first shall be last' : locating the popular arts in the Stuart Hall oeuvre", in Brian Meeks, ed. , *Culture , Politics , Race and Diaspora : The Thought of Stuart Hall* , London : Lawrence & Wishart Ltd, 2007)

[⑤]　Stuart Hall, Chas Critcher, Tony Jefferson, John Clarke and Brian Roberts, *Policing the Crisis : Mugging, the State , and Law and Order* , London : Macmillan, 1978.

"新族性"([1988] 1992)。

　　粗略地扫一眼这个书单就能知道霍尔作品的确切特征——兼收并蓄,包含了文化生活的各个方面,偏爱合作创作以及短暂的、批判的干预进行理论和政治上的努力,① 致力于教学事业,并将学术领域扩大到日常生活中。政策和政府文件表明了霍尔在学术界以外的声誉,以及他长期以来对社会变革的参与——从 1967 年(为英联邦移民国家委员会所著)的《年轻的英格兰人》到 2000 年影响深远的(为拉尼美德基金所著的)《英国多种族的未来》②——这些书籍的重印和翻译成多种语言证实了这些干预措施在各个时间和空间里所发挥的重要作用。同一网站还列出了 1982 年到 2003 年之间的 129 篇特邀讲座和会议论文,从剑桥大学到西印度群岛大学,从英国电影学院到联合国教科文组织,从艺术委员会到夏灵基市市政议会——这个列表体现了霍尔作为一个演说家的声誉。③ 它甚至没有列出霍尔无数次在新闻报刊、广播和电视节目中露面(从BBC 的电视节目《新闻之夜》到电台节目《荒岛大碟》),这些媒体的广泛传播使得他在英国乃至国际上家喻户晓,并且使其成为英国少数的真正公众知识分子之一。

---

① M. Rustin, "'Working from the symptom': Stuart Hall's political writing", in Brian Meeks, ed. , *Culture*, *Politics*, *Race and Diaspora*: *The Thought of Stuart Hall*, London: Lawrence & Wishart Ltd, 2007.

② Bhikhu Parekh, *The Future of Multi-Ethnic Britain*, London: Runnymede Trust, 2000.

③ 马丁·雅克(Martin Jacques)描述斯图亚特·霍尔是左派最优秀的演说家之一,或者说,他与杰西·杰克逊(Jesse Jackson)以及任何一个你所听说过最好的学者都不分伯仲。(1997, cited in Helen Davis, *Understanding Stuart Hall*, London: Sage Publications Ltd, 2004, p. 1.)

我认为第二个角色在霍尔作品的学术研究工作中常常被忽视,① 但它对理解霍尔的学术选择和他更广泛的重要性起着重要作用②;它表明了霍尔坚持认为学术生活和政治生活不可分割,③ 坚持认为十分有必要将思想观点向尽可能多的观众传达并且鼓励用不同的方式思考和行动——这就是亨利·吉鲁(Henry Giroux)所说的"批判公共教育学"(2000)。正如霍尔本人在 2006 年与劳里·泰勒(Laurie Taylor)的一次访谈中评论道:

> 我是一个智力上的悲观主义者和意志上的乐观主义者。我真的认为你需要分析你眼前的事物,并试着去了解他们是怎样的,而不是你希望他们成为怎样的东西。然后试着找出改变的可能性并将其转化成可能。对,这就是我的策略。

自相矛盾的是,鉴于斯图亚特·霍尔影响力和声誉范围,他同时也是一个"古怪的"英国学者[误用保罗·吉尔罗伊的令人回味的短语④]。在很大程度上,他的学术构架和写作风格最初形成于牙买加的英国化殖民教育体系,接着在多文化的后殖民英国时代,经历了社会、文化和政治上的变革。霍尔对自己的定位主要是在

---

① Chris Rojek, *Stuart Hall*, Cambridge: Polity Press, 2003; Helen Davis, *Understanding Stuart Hall*, London: Sage Publications Ltd, 2004; James Procter, *Stuart Hall*, London: Routledge, 2004.

② Grant Farred, *What's My Name? Black Vernacular Intellectuals*, Minneapolis MN: University of Minnesota Press, 2003; David Scott, "Stuart Hall's ethics", *Small Axe*, Vol. 17, 2005, pp. 1-16.

③ M. Rustin, "'Working from the symptom': Stuart Hall's political writing", in Brian Meeks, ed., *Culture, Politics, Race and Diaspora: The Thought of Stuart Hall*, London, Lawrence & Wishart Ltd, 2007.

④ Paul Gilroy, "The peculiarities of the Black English", *Small Acts*, London: Serpent's Tail, 1993.

这个特定选择的民族和历史背景中——对此他称之为"我们的岛国故事"，① 或者，更讽刺一点说，是"在野兽的肚子上"。② 他作品中反映的焦点在"这里的问题而不是那里的问题"，③ 无论是撒切尔主义的兴起、新工党的失败④还是"英国多种族的未来"⑤、英国左翼政策变化引起的担忧问题。将霍尔定位为英国文化研究创始人之一，毫无疑问地巩固了这一声誉——这一定位表明，近年来出版的关于霍尔作品研究的三本英国书籍都以定义霍尔的重要性为起始，并以此结束；⑥ 而格兰特·法雷德（Grant Farred）形容斯图亚特·霍尔为"文化研究的化身……政治上被普遍神圣化（地方性政治化）的代言人，走在身份政治研究最前沿的通俗的理论家"。⑦

　　自相矛盾的是，正是这种与英国文化研究的关系——霍尔领导下的对当代文化研究中心的改革以及随后的全球扩张——既是霍尔国际性声誉鹊起的基础，同时至少在一定程度上，也

---

① Maya Jaggi, "Prophet at the margins", *The Guardian*, 8 July Available at: www. books. guardian. co. uk/departments/politicsphilosophyandsociety/story（accessed 9 July, 2007), 2000.

② Helen Davis, *Understanding Stuart Hall*, London: Sage Publications Ltd, 2004, p. 191.

③ Helen Davis, *Understanding Stuart Hall*, London: Sage Publications Ltd, 2004, p. 195.

④ Laurie Taylor, "Culture's revenge", *New Humanist*, Vol. 121, No. 2 Available at: www. newhumanist. org. uk/volume121issue2 _ comments（accessed 3 July, 2007), 2006.

⑤ Bhikhu C. Parekh, *The Future of Multi-Ethnic Britain*, London: Runnymede Trust, 2000.

⑥ Chris Rojek, *Stuart Hall*, Cambridge: Polity Press, 2003; Helen Davis, *Understanding Stuart Hall*, London: Sage Publications Ltd, 2004; James Procter, *Stuart Hall*, London: Routledge, 2004.

⑦ Grant Farred, *What's My Name? Black Vernacular Intellectuals*, Minneapolis MN: University of Minnesota Press, 2003, p. 168.

是他的主要局限性所在。例如，罗杰克（2003）写道，人们曾批判霍尔"时髦"、①"潜在的狭隘"②以及"对英国问题的执着"③——对此，罗杰克本人则含糊其辞地称为"'英国性'问题"。④当然，可以说文化研究来自于三大思想家及其文本，霍尔称之为"驻足不前"⑤——理查德·霍加特（Richard Hoggart）的《识字的用途》（1958），雷蒙德·威廉斯（Raymond William）的《文化和社会》（1958）和 E. P. 汤普森（E. P. Thompson）的《英国工人阶级的形成》（1963）——这些作家和作品像霍尔自己一样主要关注英国文化的观点，虽然是从边缘的角度。⑥但霍尔与"英国性"的关系却存在固有的矛盾：正如他告诉陈光兴教授的那样，"由于接受过殖民地教育，所以我内心里了解英国。但我不是而且永远不会成为英国人"。⑦

霍尔 1964 年来到"当代文化研究中心"，时值理查德·霍加特

---

① Terry Eagleton, "The hippest", *London Review of Books*（7 March, 1996）, pp. 3-5.

② John Hartley, *Popular Reality: Journalism, Modernity and Popular Culture*, London: Arnold Press, 1996.

③ John Hartley, *Popular Reality: Journalism, Modernity and Popular Culture*, London: Arnold Press, 1996.

④ Chris Rojek, *Stuart Hall*, Cambridge: Polity Press, 2003, p. 29.
参见比尔·施瓦茨［Bill Schwarz, "Stuart Hall（review article）", *Cultural Studies*, Vol. 19, No. 2, 2005］对罗杰克的书所著的文章，对这些问题做出了深入的讨论。

⑤ Stuart Hall, "Cultural studies: two paradigms", in John Story, ed., *What is Cultural Studies? A Reader*, London: Arnold Press, 1996, p. 32.

⑥ Stuart Hall, "Cultural studies: two paradigms", in John Story, ed., *What is Cultural Studies? A Reader*, London: Arnold Press, 1996.
参见哈里斯对文化研究的出现以及消除"种族"所做的论述。（Roxy Harris, *New Ethnicities and Language Use*, Basingstoke: Palgrave Macmillan, 2006）

⑦ Stuart Hall, "The formation of a diasporic intellectual: an interview with Stuart Hall", in David Morley and Kuan-Hsing Chen, ed., *Stuart Hall: Critical Dialogues in Cultural Studies*, London: Routledge, 1996, p. 490.

任主任期间，1968 年霍尔接任主任一职后，果断地调整了文化研究的思路和方法。在这一转变中，罗杰克引用理查德·霍加特"简洁"的观点，使得文化研究"更政治化也更理论化"，① 当然，结构主义和葛兰西的影响也为文化问题向权力、争斗和抵抗话题的开放提供了重要途径。虽然中心许多工作的重点是关于阶级的，其中最著名的是关于青年亚文化研究（《通过仪式抵抗》，1976），② 但往往有关性别③和相对不严重的种族主义的话题也被痛苦地打开了。④ 不管历史存在多大的争议，霍尔的存在，以及他和英国性观点之间存在的含糊不清的关系也挑战了文化研究的民族界限，同时也为文化研究作为一个研究领域得以巩固和全球化发展开辟了道路。⑤ 保罗·吉尔罗伊曾对文化研究的发展进行过评论："斯图亚特是第四大人物；他的后殖民主义观点的形成、移民经验以及

---

① Chris Rojek, *Stuart Hall*, Cambridge: Polity Press, 2003, p. 66.

② Stuart Hall, "Cultural studies: two paradigms", in John Story, ed., *What is Cultural Studies? A Reader*, London: Arnold Press, 1996.

③ Stuart Hall, "The formation of a diasporic intellectual: an interview with Stuart Hall", in David Morley and Kuan-Hsing Chen, ed., *Stuart Hall: Critical Dialogues in Cultural Studies*, London: Routledge, 1996; Charlotte Blunsdon, "A thief in the night: stories of feminism in the 1970s at CCCS", in David Morley and Kuan-Hsing Chen, ed., *Stuart Hall: Critical Dialogues in Cultural Studies*, London: Routledge, 1996.

④ Stuart Hall, "Cultural studies and its theoretical legacies", in David Morley and Kuan-Hsing Chen, ed., *Stuart Hall: Critical Dialogues in Cultural Studies*, London: Routledge, 1996.

参见保罗·吉尔罗伊(1987, 1996)针对围绕种族和国家问题的早期文化研究范式，意识形态上的缺陷进行的有力批判。(Paul Gilroy, "British cultural studies and the pitfalls of identity", in Houston A. Baker JR., Manthia Diawara and Ruth H. Lindeborg, ed., *Black British Cultural Studies: A Reader*, Chicago, IL: University of Chicago Press, [1987]1996)

⑤ 虽然这又是一种发展，但霍尔自己却怀着矛盾的情感，"我从没有将它辩解为一个领域。我认为，作为领域它包含了很多无意义的东西"。[Laurie Taylor, "Culture's revenge", *New Humanist*, Vol. 121, No. 2 Available at: www.newhumanist.org.uk/volume121issue2_comments (accessed 3 July, 2007), 2006]

对种族研究的关注从不同的侧重点对英国工人阶级进行了批判性的理解。"①对此，霍尔在采访中告诉巴克(Back)，"文化研究源于我与那段经历相妥协的斗争，那是我第一次发现我是一个黑人知识分子"。在其他地方，霍尔同样也表示，"在思考我自己的身份过程中，我意识到这始终取决于你是否是一个移居者这一事实，取决于你其他方面的不同之处……殖民地问题往往就是'其他某些地方'——双向边缘化、流离失所，而不是取决于他/她在哪里，或者从何说起"。②

这种总是"其他人"的感觉，也许可以定义和解释霍尔整个学术生涯中，一贯的关于国家和归属感观念的特征。事实上正是这种为了争取获得民族身份最基本的要求——在民族幻想中为"其他人"找到一席之地的愿望——将他早期关于移民的研究与他对于撒切尔和"新时代"的批判联系在了一起，同时给他在《英国多种族的未来》③中饱受争议的"重新思考民族的历史"的说法和他对于"多元文化问题"④的分析提供了动力。他面临的挑战一直是如何"将边缘问题写入中心处，将外部问题写到内部去……'我们的岛国故事'

---

① Maya Jaggi, "Prophet at the margins", *The Guardian*, 8 July Available at: www. books. guardian. co. uk/departments/politicsphilosophyandsociety/story (accessed 9 July, 2007), 2000.

② Stuart Hall, "Minimal selves", in Houston A. Baker JR., Manthia Diawara and Ruth H. Lindeborg, ed., *Black British Cultural Studies: A Reader*, Chicago, IL: University of Chicago Press, [1987]1996.

③ Bhikhu C. Parekh, *The Future of Multi-Ethnic Britain*, London: Runnymede Trust, 2000; James Procter, *Stuart Hall*, London: Routledge, 2004.

④ Stuart Hall, "The multicultural question", in Barnor Hesse, ed., *Un/Settled Multiculturalisms: Diasporas, Entanglements, Transruptions*, London: Zed Press, 2000.

一个更为全球化的版本",① 是'用一个更深刻的包容性方式'②来重新想象英国性,以及坚持认为帝国和流散的历史在民族中心形成中的重要角色——犹如"将糖放入一起搅拌"。③ 从他出生地到移居地,这种错位的感觉贯穿了霍尔作品的重要部分:他评论说,"正是那种流散经历,过多地体验了流放和迷失之感,但足以领悟一种始终推迟'到来'的难解之谜"。④ 这使得他非常热心地关注第二代英国黑人被驱逐后得到认可以及他们被赋予的权利感。霍尔在"最小的自我"中写道:

> 我一直深感不解的是,如今年轻的黑人被边缘化、被隔离分化、被剥夺选举权、变成弱势群体并被分散开来。但他们看起来似乎也拥有这片土地。尽管万物都有它的中心……他们也以某种方式在这片土地的中心位置上占有一席之地。⑤

对于文化和想象的、多元的所处身份的关注清晰地反映了这

① Maya Jaggi, "Prophet at the margins", *The Guardian*, 8 July Available at: www. books. guardian. co. uk/departments/politicsphilosophyandsociety/story (accessed 9 July, 2007), 2000.

② Maya Jaggi, "Prophet at the margins", *The Guardian*, 8 July Available at: www. books. guardian. co. uk/departments/politicsphilosophyandsociety/story (accessed 9 July, 2007), 2000.

③ Stuart Hall, "Racism and reaction", *Five Views of Multi-Racial Britain*, London: Commission for Racial Equality, 1978, p. 25.

④ Stuart Hall, "The formation of a diasporic intellectual: an interview with Stuart Hall", in David Morley and Kuan-Hsing Chen, ed. , *Stuart Hall: Critical Dialogues in Cultural Studies*, London: Routledge, 1996, p. 490.

⑤ Stuart Hall, "Minimal selves", in Houston A. Baker JR. , Manthia Diawara and Ruth H. Lindeborg, ed. , *Black British Cultural Studies: A Reader*, Chicago, IL: University of Chicago Press, [1987]1996, p. 114.

一个人以及学术上的定位：霍尔后期的作品（从"最小的自我"往前）①富有启迪性地将个人、政治以及学术相互联系在一起——"起先，我认识到文化是很主观和个人的东西，同时又是你生存的结构"。② 霍尔最新的关于流散问题的探索也是很吸引人的，为他调和多方面的分歧提供了空间，这些分歧有时对立，有时又相互影响，尤其是反映在他和他家乡牙买加之间的曲折关系上——"我现在能将它写出来是因为我已经走到了这个漫长的旅程的尽头……我花了五十年的时间回到家乡……这是我无法占有但我必须学会占有的地方"。③ 霍尔深刻地评论道，"我渴望过一种类似本该可以过上的生活"。④ 因此，2004 年西印度群岛大学以斯图亚特·霍尔的名义⑤举办的国际性的会议是很合时宜的，该会议汇集了英国、美国和整个加勒比地区的学者，庆祝"本土学子回归"。⑥

---

① Stuart Hall, "Minimal selves", in Houston A. Baker JR. , Manthia Diawara and Ruth H. Lindeborg, ed. , *Black British Cultural Studies*: *A Reader*, Chicago, IL: University of Chicago Press, [1987]1996.

② Stuart Hall, "The formation of a diasporic intellectual: an interview with Stuart Hall", in David Morley and Kuan-Hsing Chen, ed. , *Stuart Hall*: *Critical Dialogues in Cultural Studies*, London: Routledge, 1996, p. 488.

③ Stuart Hall, "The formation of a diasporic intellectual: an interview with Stuart Hall", in David Morley and Kuan-Hsing Chen, ed. , *Stuart Hall*: *Critical Dialogues in Cultural Studies*, London: Routledge, 1996, p. 489.

④ Maya Jaggi, "Prophet at the margins", *The Guardian*, 8 July Available at: www. books. guardian. co. uk/departments/politics philosophy and society/story (accessed 9 July, 2007), 2000; see also Hall's interview, this issue.

⑤ 西印度群岛大学(莫纳)加勒比思想中心于 2004 年 6 月 17—19 日举办了"文化、政治、种族和流散：斯图亚特·霍尔的思想"研讨会。来自这次会议的一些主要文章后于 2007 年由布莱恩·米克斯(Brian Meeks)伊恩兰·德尔(Ian Randall)收录于劳伦斯 & 威沙特(Lawrence & Wishart Ltd)出版的同名文集中。

⑥ Brian Meeks, "Introduction: return of a native son", in Brian Meeks, ed. , *Culture*, *Politics*, *Race and Diaspora*: *The Thought of Stuart Hall*, London: Lawrence & Wishart Ltd, 2007.

种族化斯图亚特·霍尔：模棱两可的表征责任

　　一定程度上是由于他工作的时间和范畴，又或许是因为对于人们给予他的定位感到不安，斯图亚特·霍尔在人们心目中还一直是非常难以捉摸的形象，但他在许多方面却被质疑和彻底重塑。霍尔本人曾这样评价过文化研究"有时我觉得像是一个生动的场面，像是过去精神的复活"，① 而特里·伊格尔顿（Terry Eagleton）曾这样评论道："任何作家创作有关英国左翼知识分子的小说，如果从四处寻找一些典型人物将各种趋势和阶段联系起来着手，就会发现自己已经不自觉地在重塑斯图亚特·霍尔了。"②霍尔既承认也拒绝过这样的定位，他评述道：

　　　　我想要将自己从对人们表征的许多责任中解脱出来——我至少肩负三种表征：人们期望我为整个黑人种族辩护，无论是理论的方面，还是批判性的方面的所有问题，有时也期望我谈论有关英国政治，以及文化研究的看法。这就是众所周知的英国黑人知识分子的责任。③

　　这些定位中的第一种（关于种族的）是最令人气愤的一种，至

---

　　① Stuart Hall，"Cultural studies and its theoretical legacies"，in David Morley and Kuan-Hsing Chen, ed. , *Stuart Hall：Critical Dialogues in Cultural Studies*，London：Routledge，1996，p. 262.

　　② James Procter，*Stuart Hall*，London：Routledge，2004，p. 3.

　　③ Stuart Hall，"Cultural studies and its theoretical legacies"，in David Morley and Kuan-Hsing Chen, ed. , *Stuart Hall：Critical Dialogues in Cultural Studies*，London：Routledge，1996，p. 263.

少在英国是这样的。例如，早期被引用的，盖茨将霍尔描述为"英国黑人的杰出理论家"就很有趣，这一描述可能被许多英国学者看作是对霍尔影响力的狭隘的、限制性的，甚至蔑视的描述。在前面提到过的最近几篇关于他作品的概述中，有关霍尔种族身份和他在种族研究方面影响的问题在人们对他角色定位的讨论中就显得很不合时宜，讨论主要就霍尔作为文化研究的鼻祖，新左派的领军人物、针对撒切尔以及后来的布莱尔的批评家身份，他关于媒体和表征问题的作品以及他与马克思、阿尔都塞和葛兰西的相遇等问题展开。海伦·戴维斯（Helen Davis）在为《了解斯图亚特·霍尔》一书所做的引言中写道："霍尔不是以对族性与种族的思考作为他工作的起始的。他的工作本身就是一个漫长的（自我）发现之旅。"[1]詹姆士·普罗科特（James Procter）相当武断地评论道，"从霍尔早年生活来看，文化研究呈现出一种不寻常的复杂性"，[2] 但在这篇文章中其他见解深刻的方面，霍尔对族性和种族问题的研究，与霍尔本人以及他五十多年来从事的英国黑人流散的研究却相距甚远。普罗克特就简单地将霍尔的种族身份定位为起源问题——正是他在加勒比地区的童年生活形成了他"对阶级、种族和身份政治的学术关注"。[3] 同样地，罗杰克也宣称"这么多年来，我一直试图探索霍尔学术兴趣转移的复杂线索，据此我得出的结论是我们必须正视霍尔在牙买加的成长经历"。[4] 但是，毫无疑问罗

---

[1]　Helen Davis, *Understanding Stuart Hall*, London：Sage Publications Ltd, 2004, p. 3.

[2]　James Procter, *Stuart Hall*, London：Routledge, 2004, p. 5.

[3]　James Procter, *Stuart Hall*, London：Routledge, 2004, p. 5.

[4]　Chris Rojek, *Stuart Hall*, Cambridge：Polity Press, 2003, p. 47.

杰克将这一①形成时刻局限于霍尔在加勒比的童年时期，局限于与当地的"'深色人种'/'黑人'之间的冲突"中②，甚至局限于遭遇殖民地有色人种等级制度迫害而伤痕累累的家庭生活的紧张关系中③——对霍尔而言，他的学术研究是个人的行为而非政治的。正如比尔·施瓦茨回应说"罗杰克不会允许自己反复地考虑加勒比和英国之间的复杂互动……这不仅忽视了 20 世纪 50 年代霍尔的学术生活中加勒比的部分，也忽视了 60 年代及以后他在英国的加勒比组织中的进一步发展"。④ 值得玩味的是，罗杰克却用了 11 页的篇幅详细讨论了，在过去的二十年中，霍尔的学术生活被种族、族性和后殖民主义的研究工作所占据的历史。⑤

相反地，格兰特·法雷德在他对于霍尔早年生活和工作研究的记录写道，霍尔的牙买加阶级特征使得他"参与英国种族研究⑥的时间推迟了近二十年"。对法雷德来说，霍尔的"黑色之旅"是在

① Stuart Hall, "The formation of a diasporic intellectual: an interview with Stuart Hall", in David Morley and Kuan-Hsing Chen, ed., *Stuart Hall: Critical Dialogues in Cultural Studies*, London: Routledge, 1996; Stuart Hall, "Minimal selves", in Houston A. Baker JR., Manthia Diawara and Ruth H. Lindeborg, ed., *Black British Cultural Studies: A Reader*, Chicago, IL: University of Chicago Press, [1987]1996.

② Chris Rojek, *Stuart Hall*, Cambridge: Polity Press, 2003.

③ 参见戴维·斯科特批判"多元主义的永恒"的文章。参见：David Scott, "The permanence of pluralism", in Paul Gilroy, Lawrence Grossberg and Angela McRobbie, ed., *Without Guarantees: In Honour of Stuart Hall*, London: Verso, 2000。

④ Bill Schwarz, "Stuart Hall (review article)", *Cultural Studies*, Vol. 19, No. 2, 2005, p. 196.
参见霍尔与莱斯·巴克的访谈，这篇访谈涉及这些早期遭遇。

⑤ 施瓦兹进一步评论道："不是只有加勒比人才在罗杰克的想象范围之外；这也反映了他主观的黑人民族性"。[Bill Schwarz, "Stuart Hall (review article)", *Cultural Studies*, Vol. 19, No. 2, 2005, p. 199.]

⑥ Grant Farred, "'The first shall be last': locating the popular arts in the Stuart Hall oeuvre", in Brian Meeks, ed., *Culture, Politics, Race and Diaspora: The Thought of Stuart Hall*, London: Lawrence & Wishart Ltd, 2007, p. 152.

20 世纪 70 年代的动荡中产生出来的，与第二代英国黑人的出现密切相关，在这次活动中，霍尔"第一次站在了黑人这边，这一团体内的位置实质上是新的、未知的"①，因而实现了他自身的本土化。在某些方面，法雷德关于霍尔"变成黑人"的观点与霍尔自己所说的他自己觉醒的"黑人"身份相一致。作为一名棕色皮肤、"中产阶级奖学金男孩"②成长而来的罗氏奖学金学者，霍尔曾评论说，从他 1951 年到牛津后一直到 20 世纪 70 年代的这段时间内，他先后参与的反对殖民政治和反对新左派的活动包含了任何简单的"种族"身份。③ 他告诉戴维斯：

> 因此，社会主义运动包含了所有这些问题，这是我拥有"身份"最少的时刻。直到新左派之后，我才意识到 20 世纪 50 年代我见到的涓涓涌入伦敦的西印度人的人数将会非常大，他们会留在这里成为新的流散群体，那些文化认同问题以及所有的我认为已经遗忘和不能忍受的问题均出现了！④

但是，对法雷德（事实上也是对罗杰克和普罗克特）而言，霍尔的种族身份是本来就存在的，隐藏于表征之下的，是对黑人身份的一个迟来的认识。霍尔自己非常典型地指出"黑人"身份可能

---

① Grant Farred, "'The first shall be last': locating the popular arts in the Stuart Hall oeuvre", in Brian Meeks, ed., *Culture, Politics, Race and Diaspora: The Thought of Stuart Hall*, London: Lawrence & Wishart Ltd, 2007, pp. 194-195.

② Grant Farred, *What's My Name? Black Vernacular Intellectuals*, Minneapolis MN: University of Minnesota Press, 2003.

③ Stuart Hall, "The formation of a diasporic intellectual: an interview with Stuart Hall", in David Morley and Kuan-Hsing Chen, ed., *Stuart Hall: Critical Dialogues in Cultural Studies*, London: Routledge, 1996.

④ Helen Davis, *Understanding Stuart Hall*, London: Sage Publications Ltd, 2004, p. 194.

会在一个特定的历史时刻出现：

> 事实上，"黑人"也从不仅仅出现在那里。在精神上、文化上和政治上，它一直是一个不稳定的身份。同时，它也是一个叙述、一个故事、一段历史。它是一个被建构出来的、被讲述的、被谈论，而不是简单地被发现的东西……黑人身份是一个需要被学习，并且只能是在某个特定时刻学习的身份。①

关于霍尔的种族身份（抑或不是黑人？）的斗争表明，怎样在他的更广阔的思考和写作的背景下去定位他关于"种族"的研究，充满了更多的不确定性。盖尔·刘易斯（Gail Lewis）在"斯图亚特·霍尔和社会政策"（2000）这篇具有挑战性的文章中指出，霍尔往往被狭隘地误解为主要是一个种族（有些人称为黑人/问题）研究的理论家，而且这和他具体的身份有关。（作为一个知识分子的代表，霍尔被认定本身就是黑人，因此他所说的——不管如何雄辩——都仅仅被理解为关于黑人民族性，关于英国黑人，除非这些人确确实实在那儿：显而易见，才有相关性。）②对其他人来说，黑人民族性是霍尔超越了的东西，他关于"种族"的研究在更丰富的准则下就变得次要了（有时是不和谐），③ 它是与 1978 年的《监控危机》一同出现的偶然的兴趣，直到 20 世纪 80 年代后期转向（个人/文化）

---

① Stuart Hall, "Minimal selves", in Houston A. Baker JR. , Manthia Diawara and Ruth H. Lindeborg, ed. , *Black British Cultural Studies*: *A Reader*, Chicago, IL: University of Chicago Press, [1987]1996, p. 116.

② Gail Lewis, "Stuart Hall and social policy", in Paul Gilroy, Lawrence Grossberg and Angela McRobbie, ed. , *Without Guarantees*: *In Honour of Stuart Hall*, London: Verso, 2000, p. 194.

③ Chris Rojek, *Stuart Hall*, Cambridge: Polity Press, 2003.

身份时才消失。前者的定位必然降低霍尔干预措施的范围、深度和影响力，而后者则抹去了他长期以来对于种族平等和黑人公共领域问题所做的积极的努力。霍尔或许被认为在"和"而非"或"这两种特性中占据一个空间（而不是一个职位），对此也许不足为奇。① 尽管霍尔本人并没有承认他与黑人团体和黑人政治之间的关系——在过去的二十年，这种关系可能存在于某人对这些所提出的主张本质的批评声中——这种参与形成的本质甚至可以被清晰地追溯到早年他在牛津大学玩乐队的时候以及他第一次"发现"我们是"西印度人"的时候。作为伦敦南部的一名代课教师，当他护送黑人学生放学回家以防他们被攻击，当他被卷入导致诺丁山暴动的紧张局势（1958）②以及后来1964年（臭名昭著的斯梅西克选举期间）搬迁至伯明翰时，③ 霍尔就敏锐地意识到这些新近的黑人移民群体的问题，并参与了其中：

> 我清楚地知道种族问题演化成了政治问题。其他的问题——住房、种族歧视、治安、"可疑的"法律；第二代人觉得他们既不属于英国也不属于其他任何国家；受到瑞格（reggae）和拉斯特法里教（Rastafarianism）的影响。在伯明翰生活和工作不可能不遇到所有这些问题。④

---

① Lawrence Grossberg, "Stuart Hall on race and racism: cultural studies and the practice of contextualism", in Brian Meeks, ed., *Culture, Politics, Race and Diaspora: The Thought of Stuart Hall*, London: Lawrence & Wishart Ltd, 2007.

② See Hall's interview, this issue.

③ 1964年英国保守党候选人彼得·格里菲斯（Peter Griffiths）罢免了一个长期任职的前移民劳动党议员，并打出了非官方的旗号"如果你想与一个黑鬼做邻居，那就选劳动党"。(J. Solomos, *Race and Racism in Britain*, Basingstoke: Macmillan, 2003)

④ Maya Jaggi, "Prophet at the margins", *The Guardian*, 8 July Available at: www. books. guardian. co. uk/departments/politicsphilosophyandsociety/story (accessed 9 July, 2007), 2000.

在特定的时间和地点出现了一系列新的身份——是"西印度人"，然后是"移民"，再然后是"黑人"。霍尔认定自己的身份是种族性的这一观点与这些新身份是一同出现的，或者是这些新身份中的一部分。霍尔写道：

> 问题在于，当一个人学着去做"一个移民"的时候，他发现自己再也不能成为移民：这儿不是一个能让人安定下来的地方。然后，经历了漫长的、重要的、政治性的教育，我发现自己是"黑人"。①

同样地，他告诉莱斯·巴克："在我一生中我从没称呼自己是黑人，大多数人也没有……多数的黑人不会用60年代后期人们认为他们自己是黑人这样的方式来看待他们自己。所以对我来说这是一个发现……是黑人问题的一个重新发现。"

当然，正如霍尔本人所说的，"'黑人'也不仅仅出现在那里"。通过20世纪80年代以来与一系列"第三代英国黑人"（反传统的黑人和亚洲视觉艺术家、摄影家、电影制作人）的交往②，霍尔从中探索了英国黑人流散群体转变的和创造性的形象，以及他自己流散者身份的形成："自从80年代以来，我一直致力于写作关于文化认同的问题，少数民族团体里的视觉艺术已经开展了那个领域

---

① Stuart Hall, "Minimal selves", in Houston A. Baker JR., Manthia Diawara and Ruth H. Lindeborg, ed., *Black British Cultural Studies：A Reader*, Chicago, IL：University of Chicago Press, [1987]1996, p. 116.

② Stuart Hall, "The formation of a diasporic intellectual：an interview with Stuart Hall", in David Morley and Kuan-Hsing Chen, ed., *Stuart Hall：Critical Dialogues in Cultural Studies*, London：Routledge, 1996, p. 501.

的很多工作。"①霍尔曾说过他关于表征(representation)、差异和新族性的影响深远的观点,来自于那次邂逅,"我在写身份的问题,他们在实践它……它让我更加意识到艺术作品是可探索的空间,在这个空间中思想会自己产生结果",② 但也许他在帮助黑人艺术家寻找到空间和认知的过程中提供的个人和学术支持有着更深远的意义。艾萨克·朱利安(Isaac Julien)曾谈及,"黑人艺术家和电影制片人能自由地表达自己的观点",③ 而吉兰·塔瓦多斯(Gilane Tawadros)则说过,"有一段时间艺术学院试图抑制成为英国黑人或亚裔英国人的意义……斯图亚特说,经验和它的艺术表现更矛盾;它们借鉴了很多东西。他给予了新一代艺术家莫大的信心"。④

记录种族:从《年轻的英国人》到"多元文化问题"

霍尔关于种族的学术作品,在他的个人身份以及所展现的更广泛的社会、政治和文化的背景下,反映并定义了这些转变。当然,霍尔最伟大的成就之一是在所有的社会进程中坚持了种族的内在性,反过来,将种族看作一个可以用来探索更广阔的结构的

---

① Laurie Taylor, "Culture's revenge", *New Humanist*, Vol. 121, No. 2 Available at: www. newhumanist. org. uk/volume121issue2 _ comments (accessed 3 July, 2007), 2006.

② Maya Jaggi, "Prophet at the margins", *The Guardian*, 8 July Available at: www. books. guardian. co. uk/departments/politicsphilosophyandsociety/story (accessed 9 July, 2007), 2000.

③ Isaac Julien and Mark Nash, "Dialogues with Stuart Hall", in David Morley and Kuan-Hsing Chen, ed., *Stuart Hall: Critical Dialogues in Cultural Studies*, London: Routledge, 1996, p. 481.

④ Maya Jaggi, "Prophet at the margins", *The Guardian*, 8 July Available at: www. books. guardian. co. uk/departments/politics philosophy and society/story (accessed 9 July, 2007), 2000.

镜头，而不仅是反映它自身的一个"东西"，认识到这点很重要。[①]
格罗斯伯格引用霍尔的话说，"我从来没有把种族和族性当成一种
子类来研究。我一直从事于种族化的整个社会形成的研究"。[②] 但
是，根据这些提示，我们就可以大概确定霍尔关于种族写作的三
个阶段：早期关于新移民"西印度"社群和新兴的"第二代"的研究；
在当代文化研究中心任职时转向理论研究的阶段；以及从 20 世纪
80 年代中期以来的"文化转向"，这个时期具有两个不同，但有关
联的主题——英国黑人文化政治的转变和关于"新族性"的争论；
以及后殖民和流散群体的理论化，尤其是关于加勒比的。

　　与大众观点相反的是，霍尔在学术上遭遇新出现的"西印度"
群体的时间，比他在《监控危机》中开创性地干预早了十几年，并
且形成于他参与新左派的时候。他本人评论说在这个形成性的过
程中，"在那段时期内，我对于代词'我们'总有疑问……我在新左
派中确实处于一种流散的定位。即使我当时不写关于流散或黑人
政治的东西……我总是从一个有着不同的成长经历的人的角度来
看待英国政治事件"。[③] 霍尔曾说，那个时期他以及其他人对阶

---

① Gail Lewis, "Stuart Hall and social policy", in Paul Gilroy, Lawrence Grossberg and Angela McRobbie, ed., *Without Guarantees: In Honour of Stuart Hall*, London: Verso, 2000, p. 195; Lawrence Grossberg, "Stuart Hall on race and racism: cultural studies and the practice of contextualism", in Brian Meeks, ed., *Culture, Politics, Race and Diaspora: The Thought of Stuart Hall*, London: Lawrence & Wishart Ltd, 2007, p. 101.

② Lawrence Grossberg, "Stuart Hall on race and racism: cultural studies and the practice of contextualism", in Brian Meeks, ed., *Culture, Politics, Race and Diaspora: The Thought of Stuart Hall*, London: Lawrence & Wishart Ltd, 2007, p. 101.

③ Stuart Hall, "The formation of a diasporic intellectual: an interview with Stuart Hall", in David Morley and Kuan-Hsing Chen, ed., *Stuart Hall: Critical Dialogues in Cultural Studies*, London: Routledge, 1996, pp. 493-494; Bill Schwartz, "Disorderly politics: reading with the grain", in Brian Meeks, ed., *Culture, Politics, Race and Diaspora: The Thought of Stuart Hall*, London: Lawrence & Wishart Ltd, 2007.

级的主要关注，折射出他对"种族"的兴趣，"黑人事业，起源于种族的政治在……60年代中期之前都不是一个你能涉及的自主领域"。[①] 但正如格罗斯伯格很有说服力地辩解道，霍尔的职业"一直是关于种族和种族主义的问题"，[②] 从通过帝国主义和反殖民斗争的镜头来批判马克思主义的新左派，到早期的出版物，如"英国黑人"。

1967年的《年轻的英国人》以及又一次在1970年的"英国黑人"中，霍尔开始探索新到来的定居者的经历。他关注的焦点在随后的几年中（虽然通过不同的方式）定义了他的工作，他关注于在一个后殖民国家中，年轻黑人和他们的地位；关注移民和东道主之间的相互交流和理解。在《年轻的英国人》中，霍尔写道：

> 种族是一个集体的概念。从本质上讲，种族关系是群体之间的关系，而不是个体之间的关系；在这种关系中，个体之间的互动受到存在于一个群体和另一个群体之间的模式化的观念和信仰的整体所调节和影响……年轻的移民正在试图弥补英国和家乡之间的差距……属于他的部分身份是西印度人、巴基斯坦人或印度人……也有每一段新的经历都想拥有的"年轻的英国人"的身份……他必须学会通过某种方式来处理好他的这两个身份，使它们合二为一。但许多进入更广阔的社会的道路向他封闭了……返回的路也被封锁了，再也找

---

① See Hall's interview, this issue.

② Lawrence Grossberg, "Stuart Hall on race and racism: cultural studies and the practice of contextualism", in Brian Meeks, ed., *Culture, Politics, Race and Diaspora: The Thought of Stuart Hall*, London: Lawrence & Wishart Ltd, 2007, p. 101.

不到前进的路。①

在这里阅读当时主要的"种族关系"范式②和困扰于"两种文化之间"（或许具有迪布瓦［Dubois］的"双重意识"的迹象）的青年黑人的想法时，总是让人觉得有趣并且有点惊讶的。但我们也可能看到霍尔后来开始关注于表征问题、驱逐种族主义者的行为以及他坚持认为属于新的国家的权利和必要性。他也关注年轻的黑人他们自己采取的反抗政策和所管理的机构：

> 在过去的一两年中我见过的年轻移民正转而求助于他们自己的储备……在这些年轻人中有一种自豪感和独立性，这是对他们适应能力、生存能力的一种称颂，以及他们决定不仅为他们自己也是为了他们的家庭、祖国、文化、卓尔不群和成就致敬。③

正如刘易斯所说，这种早期工作决定了霍尔的思想特点与他后来的关于种族（关注"结合"和"偶然性"）的描写保持一致。前者关注于在特定的历史（以及空间）④定位中社会、文化、经济和政治社会

---

① Stuart Hall, *The Young Englanders*, London: Community Relations Commission, 1967, quoted in Gail Lewis, "Stuart Hall and social policy", in Paul Gilroy, Lawrence Grossberg and Angela McRobbie, ed. , *Without Guarantees*: *In Honour of Stuart Hall*, London: Verso, 2000, p. 194-195.

② John Solomos and Les Back, *Racism and Society*, Basingstoke: Macmillan, 1996.

③ Gail Lewis, "Stuart Hall and social policy", in Paul Gilroy, Lawrence Grossberg and Angela McRobbie, ed. , *Without Guarantees*: *In Honour of Stuart Hall*, London: Verso, 2000, p. 195.

④ Gail Lewis, "Stuart Hall and social policy", in Paul Gilroy, Lawrence Grossberg and Angela McRobbie, ed. , *Without Guarantees*: *In Honour of Stuart Hall*, London: Verso, 2000; Lawrence Grossberg, "Stuart Hall on race and racism: cultural studies and the practice of contextualism", in Brian Meeks, ed. , *Culture, Politics, Race and Diaspora*: *The Thought of Stuart Hall*, London: Lawrence & Wishart Ltd, 2007.

关系的交集，① 后者关注于身份构建和创造的过程。刘易斯写道，"这两个'极点'在文化的领域内碰到了一起，对他而言，这是关于价值的斗争点——不仅仅是关于抽象的符号，也是关于生活经验的'真实性'"。②

20世纪70年代霍尔对于种族话语的关键性的干预——合作撰写的③《监控危机》(1978)④，关注"抢劫"和种族的道德恐慌，将这一兴趣发挥到了极致。该文预示了有影响力的《帝国反击战》文集(1982)⑤中的很多主题的文章也产生于伯明翰的当代文化研究中心。这篇文章有助于将研究焦点从同化、整合和"移民问题"转移到对话语、表征及其含义在引起20世纪80年代大范围黑人抵制运动而出现的"法律和秩序社会"中所起的作用的认知。⑥ 虽然这是霍尔关于种族问题的第一部(也是唯一的一部)持续的经验性的基础研究，但它反映出了与早期工作相比在方法和语调方面明显的转变，尤其是那些可能被称为理论转向的部分。霍尔在中心接触到葛兰西和阿尔都塞的作品的影响力是显而易见的，关注的焦点明

---

① and Spatial, see Keith, this issue.

② Gail Lewis, "Stuart Hall and social policy", in Paul Gilroy, Lawrence Grossberg and Angela McRobbie, ed., *Without Guarantees: In Honour of Stuart Hall*, London: Verso, 2000, pp. 195-196.

关于霍尔的"种族"作品存在两种批评，一是他将文本和抽象概念优先于经验和生活(哈里斯)，二是他设想的与"黑人群体"的距离使得他将黑人斗争浪漫化。由此出发审视他的早期感觉颇为有趣。(Chris Rojek, *Stuart Hall*, Cambridge: Polity Press, 2003)

③ 与查斯·克里彻(Chas Critcher)，托尼·杰弗逊(Tony Jefferson)，约翰·克拉克(John Clarke)和布莱恩·罗伯茨(Brian Roberts)一起。

④ Stuart Hall, Chas Critcher, Tony Jefferson, John Clarke and Brian Roberts, *Policing the Crisis: Mugging, the State, and Law and Order*, London: Macmillan, 1978, pp. vii-viii.

⑤ Centre for Contemporary Cultural Studies, *The Empire Strikes Back*, London: Hutchinson, 1982.

⑥ See Harris this issue and Keith, this issue.

显是关于政府和媒体在制定国家和种族危机意识形态中所起的作用。因此，此处的研究不是关于"种族"、"黑人群体"甚至是"行凶抢劫"，而是在 20 世纪 70 年代的英国，它们作为更广泛的社会、文化、政治和经济危机的标志性话语发挥作用的方式。① 作者写道：

> 本书开始于"抢劫"，但结束于另一个不同的地方……它同样也写到了一个正在陷入某种特定危机的社会。本书试图探讨种族、犯罪和青年的主题——浓缩在"抢劫"的画面中——为何以及怎样也成为危机的链接点，成为它意识形态上的引领者。同时本书也谈及了这些主题在构建专制共识，作为一种保守的反弹中怎样发挥其机制作用：我们将此过程称之为缓慢地建立一个"温和的"法律—秩序社会。②

《监控危机》汇集了霍尔在不同领域的一系列的作品，并以这些作品作为文章写作的基础。例如，它是霍尔关于媒体的作品（最著名的是在 1973 年第一次将精华部分"编码和解码"起草成一份工作文件）的延伸，同时阅读本文和早期合编的《通过仪式抵抗》③会有很大的收获。《通过仪式抵抗》一文主要描写了青年人和道德恐慌，

---

① Lawrence Grossberg, "Stuart Hall on race and racism: cultural studies and the practice of contextualism", in Brian Meeks, ed., *Culture*, *Politics*, *Race and Diaspora*: *The Thought of Stuart Hall*, London: Lawrence & Wishart Ltd, 2007, p. 107.

② Stuart Hall, Chas Critcher, Tony Jefferson, John Clarke and Brian Roberts, *Policing the Crisis*: *Mugging*, *the State*, *and Law and Order*, London: Macmillan, 1978, pp. vii-viii.

③ Stuart Hall and Tony Jefferson, ed., *Resistance through Rituals*: *Youth Subcultures in Postwar Britain*, London: Hutchinson, 1976.

亚文化的形成和抵制以及从一个被"共识定义"的社会转变为由危机和高压政治所构建的社会。① 它还是独裁的民粹主义主题、"新种族主义"批评以及将要描述霍尔下一步对撒切尔主义②和"新时代"③采取干预措施的"小英格兰人"民族主义表述的重要的(并且,之后看来,是有先见之明的)预兆。但这篇文章还代表了这个时期其他的一些作品,这些作品有关种族理论化,最重要的是,衔接其他结构(关于性别,重要的是,关于阶级)而形成的社会性、历史性的结构类别。④ 从《种族主义和反应》(1978),⑤ "种族、链接和统治下的社会结构"(1980)⑥和"葛兰西与研究种族和族性的重要性"(1986)⑦开始,霍尔一直关心着种族的含义以及在特定地方与

---

① James Procter, *Stuart Hall*, London：Routledge, 2004.

② Stuart Hall, *The Hard Road to Renewal*, London：Verso, 1988.

③ Stuart Hall and Martin Jacques, ed., *New Times：The Changing Faces of Politics in the 1990s*, London：Lawrence and Wishart Ltd, 1989, P. 17.

④ 霍尔有关"链接"的观点在黑兹尔·卡比和保罗·吉尔罗伊的《帝国反击战》(Centre for Contemporary Cultural Studies, *The Empire Strikes Back*, London：Hutchinson, 1982)中,在性别和阶级方面得到了重要的发展和探索。

⑤ Stuart Hall, "Racism and reaction", *Five Views of Multi-Racial Britain*, London：Commission for Racial Equality, 1978.

《种族和反应》是一系列的五篇文章,在1978年由种族平等委员会和英国BBC广播公司联合出版。

⑥ Stuart Hall, "Race, articulation and societies structured in dominance", in Houston A. Baker JR., Manthia Diawara and Ruth H. Lindeborg, ed., *Black British Cultural Studies：A Reader*, Chicago, IL：University of Chicago Press, [1980]1996.

⑦ Stuart Hall, "Gramsci's relevance for the study of race and ethnicity", reprinted 1996, in David Morley and Kuan-Hsing Chen, ed., *Stuart Hall：Critical Dialogues in Cultural Studies*, London：Routledge, 1986; Stuart Hall, "Gramsci's Relevance for the Study of Race and Ethnicity", in David Morley and Kuan-Hsing Chen, ed., *Stuart Hall：Critical Dialogues in Cultural Studies*, London：Rouledge, 1996, p. 433.

种族相关的工作。①

　　从 20 世纪 80 年代后期以来，霍尔的作品中就出现了从"危机事态"到"突发事件"②两个"极点"之间的显著变化。向文化和身份的转变在某些方面让人想到霍尔最早期关于主观性、机构和抵制作用的关注，也被认为是他思想的一个中断③，或被形容为是违背了反对种族主义的斗争——因为它太欢乐、太后现代，也太非政治化了。④　不过，霍尔思想中的这一时期是黑人身份和政治的思考和执行方式发生转变的重要阶段，它反映了从 20 世纪 80 年代中期以来统一的黑人政治身份的瓦解，⑤　同时这段时期的电影、摄影、艺术、音乐和文学中出现了新一代的黑人主体。霍尔形容这种转变为：从策略之战"身份政治"（1991）⑥到地位之战"差异政治"；或者是从"关系表征"到"政治表征"（1992）⑦。文化和族性是意义之争

　　①　See Goldberg, this issue, for a discussion of the significance of this work in the South African context.

　　参见查尔斯·米尔斯（Charles W. Mills）（Charles W. Mills, *The Racial Contract*, Ithaca, NY: Cornell University Press, 1997)对"霍尔转变的种族表征"的评论文章，是对霍尔种族理论转变的批评论述。

　　②　Gail Lewis, "Stuart Hall and social policy", in Paul Gilroy, Lawrence Grossberg and Angela McRobbie, ed., *Without Guarantees: In Honour of Stuart Hall*, London: Verso, 2000.

　　③　A. Sivanandan, "All that melts into air is solid: the hokum of New Times", *Communities of Resistance: Writings on Black Struggles for Socialism*, London: Verso, 1990.

　　④　C. W. Mills, "Stuart Hall's changing representations of 'race'", in Brian Meeks, ed., *Culture, Politics, Race and Diaspora: The Thought of Stuart Hall*, London: Lawrence &. Wishart Ltd, 2007. (see St Louis, this issue, for a discussion of the politics of Hall's work)

　　⑤　Stuart Hall, "Frontlines/backyards", in Kwesi Owusu, ed., *Black British Culture and Society*, London: Routledge, 2000.

　　⑥　Stuart Hall, "Old and new identities, old and new ethnicities", in A. King, ed., *Culture, Globalisation and the World System*, Basingstoke: Macmillan, 1991.

　　⑦　Stuart Hall, "New ethnicities", in James Donald and Ali Rattansi, ed., *"Race", Culture and Difference*, London: Sage, [1988] 1992.

的领域，回归（转向）到文化和族性当然会让人想起当代文化研究中心早期的一些观点，认为亚文化是赢得空间的方法，尽管考虑到后撒切尔时代，在避开本地、民族主义和帝国主义冲击的同时，全球化、消费主义和"主体革命"的角色定义了这些"新时代"。除了主要关注于英国外，这段时间内霍尔也关注了全球化、后殖民和流散问题，往往通过自传的形式重新审视他和加勒比历史和文化之间的关联。尤其是流散的观点，使得霍尔能够驳斥狭隘的、内向型英国身份说法的复活，同时与他个人的历史和学术之旅联系在一起。①

20世纪80年代末期和90年代初期霍尔写了十几篇关于身份的文章，② 其中大部分文章的主题是关于种族、族性、后殖民主义和流散的问题。通过一系列计划性的干预——可能最主要是在"最小的自我"（1987）③、"新族性"（1988）④、"文化身份和流散"（1990）⑤和"后殖民时期什么时候到来？"（1996）⑥中，霍尔明确地、不可改变地转换了身份的思考方式，新的方式关注于不确定性、偶然性、主观性、多样性，关注于"变化过程"而不是"已经成为"，关注于差异和"延异"。就像罗克西·哈里斯（Roxy Harris）所说的那样，霍尔的干预措施激发了一代的学者和研究人员（主要是少数

---

① See also Yasmeen Narayan's and Hazel Carby's papers, this issue.

② James Procter, *Stuart Hall*, London: Routledge, 2004.

③ Stuart Hall, "Minimal selves", in Houston A. Baker JR., Manthia Diawara and Ruth H. Lindeborg, ed., *Black British Cultural Studies: A Reader*, Chicago, IL: University of Chicago Press, [1987]1996.

④ Stuart Hall, "New ethnicities", in James Donald and Ali Rattansi, ed., '*Race*', *Culture and Difference*, London: Sage, [1988] 1992.

⑤ Stuart Hall, "Cultural identity and diaspora", in Jonathan Rutherford, ed., *Identity: Community, Culture, Difference*, London: Lawrence & Wishart Ltd, 1990.

⑥ Stuart Hall, "When was the postcolonial? Thinking at the Limit", in Iain Chambers and Lidia Curti, ed., *The Postcolonial Question*, London: Routledge, 1996.

民族的）理论性地和经验性地去探索英国黑人群体复杂的经历和行为，并且激发了少数群体对空间的求索。①

然而，身份的这种观点不仅假定了理论性意见在任何纪律下都存在于学术界的状态，②它还广泛地影响了有关政策和政治话语，因为前首相、内政部以及种族平等委员会都宣称并庆祝了我们的多元化身份（通常以解决平等或社会公正问题为代价）。霍尔的干预措施中，消费和商品化的危险在这个领域中最明显和令人不安。另一个事实是，从排除其最具破坏性以及批判性（双重意义层面）的见解上来说，这项工作的普遍性已经被理解和应用。对这些作品的熟悉度以及作品中令人回味的短语——"没有保证"的身份、"无辜的终结"、"渐变的过程"这些观点——已经变得陈腐甚至是老生常谈，虽然这些观点在霍尔的作品、政见和道德观点的更广泛的背景和文本中被反复提及而变得混乱了。③一方面坚持心理学和自传体发挥的作用；另一方面坚持历史和政治方面，从重要的途径打开并确定了身份问题的研究——"身份形成于一个不稳定的时期，那个时期'不可言说的'主观主义故事碰上了历史、文化的叙述"。④正如卡比在她的文章中对这个问题进行的有力证明，这是一个不安的、暴力的、寂静的、挣扎的空间，而不是一个享有特权、权威言论的状态。⑤

---

① See David Parker and Miri Song's paper, this issue.

② C. Alexander, "Beyond Black: rethinking the colour/culture divide", *Ethnic and Racial Studies*, Vol. 25, No. 4, 2002, pp. 552-571; B. Alleyne, "An idea of community and its discontents", *Ethnic and Racial Studies*, Vol. 25, No. 4, 2002, pp. 607-627.

③ See St Louis, this issue, David Scott, "Stuart Hall's ethics", *Small Axe*, Vol. 17, 2005, pp. 1-16.

④ Stuart Hall, "Minimal selves", in Houston A. Baker, M. Diawara and R. H. Lindeborg, ed., *Black British Cultural Studies: A Reader*, Chicago, IL: University of Chicago Press, [1987]1996, p. 115. (see Yameen Narayan's paper, this issue)

⑤ See also Michael Keith's and Parker and Song's papers, this issue.

为黑暗时代带来曙光

最近学术界将"新族性"的辩论作为理论正统说法的一种形式，对此霍尔本人表示失望。在与戴维·斯科特的采访中，他曾以嘲讽的语气评论说："人们有时会误解我所说的话，但他们并不认为他们与我的分歧确实如他们所表现出来的那么多。"[①]2006 年 6 月举办的族性和身份研讨会是英国国家经济和社会研究委员会（ES-RC)（姗姗来迟的）"身份和社会活动"项目的一部分，霍尔评论说"新族性"对他而言：

> 是特定时期对范式的干预。这就是它的全部，这就是我所做的全部——在特定时期皈依一种范式，试着具体化或改变正进行中的思考问题的方式。或者更经常的，在特定的方面反对这种范式。阿尔都塞曾经称它为"将树枝弯曲(bending the twig)"

一方面霍尔承认这个空间在微观层面上对"加深"理解的经验上的意义，但他又继续说道，来自社会正义和政治行动更广泛的问题方面以及当前危机的历史特性方面的混乱状态，使得这一工作的许多有效性和意义受到限制。

> 种族化的运动和表现与在局部、微观和更种族层面的族性和身份的其他的形式之间，以及从一开始带领我们进入这

---

① Lawrence Grossberg，"Stuart Hall on race and racism: cultural studies and the practice of contextualism"，in Brian Meeks, ed. , *Culture*，*Politics*，*Race and Diaspora*：*The Thought of Stuart Hall*，London：Lawrence & Wishart Ltd，2007，p. 100.

个所谓种族化的世界的大事件……之间有着怎样的关系？在这个世界中，物质和象征性的资源的分配依旧严重不平等。如果你对此漠不关心，那你为何会生存在这个世界中呢？

自"新族性"干预后二十年来，霍尔一直坚持当前、千禧年之后时刻的新局势——庇护权的问题、新移民群体的种族化、多元文化主义的终结、全球帝国主义新形式的兴起、反恐战争以及宗教身份的再次出现①——以及"即将出现并顺应这种潮流的其他人，用其他的方式将树枝弯曲，并尝试着将思考向前推进"。

21世纪的英国，"新族性"相对乐观的时刻结束了，取而代之的是恐惧、宗教—民族鸿沟以及民粹主义卷土重来的氛围。霍尔曾评论说，"我觉得事情陷入了困境。我不是不抱幻想地认为历史结束了。但我真的觉得……社会力量间的平衡严重与希望相违背。"②他从更为个人的角度写道，"第一次我觉得自己像一只恐龙……构成我的政治世界和政治希望的参考点不复存在了"。③ 尽管如此，在他最新的关于多元文化的讨论（例如，"多元文化问题"，④ 和他在《英国多种族的未来》⑤中的指导意见，中仍然清晰可见霍尔的思想力量以及他对于当代形式的战略性的干预力

---

① See Hall's interview, this issue.

② Laurie Taylor, "Culture's revenge", *New Humanist*, Vol. 121, No. 2 Available at: www. newhumanist. org. uk/volume121issue2 _ comments (accessed 3 July, 2007), 2006.

③ Laurie Taylor, "Culture's revenge", *New Humanist*, Vol. 121, No. 2 Available at: www. newhumanist. org. uk/volume121issue2 _ comments (accessed 3 July, 2007), 2006.

④ Stuart Hall, "The multicultural question", in Barnor Hesse, ed., *Un/Settled Multiculturalisms: Diasporas, Entanglements, Transruptions*, London: Zed Press, 2000.

⑤ Bhikhu C. Parekh, *The Future of Multi-Ethnic Britain*, London: Runnymede Trust, 2000.

量——他始终能够保持弯曲树枝的能力。在这些文章中，霍尔重申了他最近作品中许多一贯坚持的主题——当代全球化社会中的差异共存问题、国家历史和公民的传统霸权叙述的错位问题、在中心的边缘人群"转变的"心声，以及日常生活在执行和取代社会、文化、政治和经济结构中的作用。同时表现出来的还有他长期的对于权利、话语、社会不平等以及暴力的构成作用的关注，这些作用制约并扭曲了多元文化作为一种积极的差异空间产生的可能性。① 因此，霍尔比较了1998年举办的"帝国飓风号"抵达的50周年庆典和1999年宣布的针对斯蒂芬·劳伦斯(Stephen Lawrence)种族主义谋杀的"麦克弗森调查"作为"英国多元文化主义矛盾状态的范式"。②

霍尔的干预行动仍然是理解英国及其流散者的当代"种族"形成的有效手段，因为它们已经行使作用长达四十多年。尝试着最终评估这一工作的影响无疑是令人反感的、不成熟的，尤其是在这个不断变化的环境中，一直有新问题和冲突出现，在这个环境中——正如莱斯·巴克的采访中有力地证明了——霍尔自己一直是一个很有影响力和先见之明的评论者。然而，霍尔一直坚持认为种族形成的历史特殊性，坚持其形成与其他身份识别形式的链接，坚持来自社会、经济和政治结构的文化与陷入更广泛力量的机构的不可分割性，这种很有见解的坚持保留了启示、挑战和激发的力量——最终照亮了这些黑暗时刻。

（李媛媛 译）

---

① See Hall's interview, this issue.

② Stuart Hall, "The multicultural question", in Barnor Hesse, ed., *Un/Settled Multiculturalisms: Diasporas, Entanglements, Transruptions*, London: Zed Press, 2000, p. 238.

公共教育即文化政治学：
斯图亚特·霍尔与文化的"危机"※

[美] 亨利·A. 吉鲁(Henry A. Giroux)

在当前的危机中，严肃地思考这样的问题，即文化政治学以及与文化、话语和隐喻有关的问题，实际上也是不折不扣的政治问题，究竟意味着什么呢？……我试图说服读者的是，事实就是如此。借这个机会，我们不仅应该劝说人们戒除吃喝嫖赌等恶习，而且应该说服人们放弃政治本质主义的某种表现形式，放弃那些能让你在夜晚安然入睡的东西。

——斯图亚特·霍尔①

在过去的四十年间，在文化及与之相关的权力关系层面，霍尔著述颇丰，这种关系的构成作用是在不同的社会语境、空间关

※　原载：*Cultural Studies*，No. 2(2002).

①　Stuart Hall, "Subjects in history: making diasporic identities", in Wahneema Lubiano, ed. , *The House that Race Built*, New York: Pantheon, 1997, p. 290.

系和历史情境中引发出来并作为调解的政治和教育实践活动。[1] 霍尔反对对文化做狭隘的知识论分类，将文化视为对文本的独特研究或对品位的研究，认为文化研究之所以不同于其他学科和学术领域，正是因为文化权力的存在。[2] 在这里，文化政治学将"对符号形式与意义的研究同对权力的研究合二为一"，或特指霍尔所谓"利用文化权力研究将符号过程嵌入各种社会语境及其层叠之中"。[3] 在霍尔看来，文化是理解诸如意义、身份和权力斗争的核心概念。霍尔的作品在内容方面广泛地涉及文化在政治角力方面的重要性，他囊括了从商品和作为商品表征的生产与分布及一直为人们所强调的对商品的管理和消费的一系列实践问题，该文化

---

[1]　An excellent bibliography of Stuart Hall's work can be found in a collection of his writings compiled by David Morley and Kuan-Hsing Chen. See David Morley and Kuan-Hsing Chen, ed., *Stuart Hall: Critical Dialogues in Cultural Studies*, New York: Routledge, 1996. 有关斯图亚特·霍尔的文章，一本很好的参考书目是由莫利和陈光兴编《斯图亚特·霍尔：文化研究批判对话》(David Morley and Kuan-Hsing Chen 所编写的他的文集。参见 David Morley and Kuan-Hsing Chen, ed., *Stuart Hall: Critical Dialogues in Cultural Studies*, New York: Routledge, 1996)。

[2]　这并不意味着霍尔轻视分析各种文化教科书的解构性研究的重要性。相反，在论述了自己对文本性的独特关注之后，霍尔写道："文本是由其制度性语境、历史语境中抽取出来的，这种我称之为'识字的文化研究'的语境相当令人困扰。你不得不研究文本，但你也不得不研究语境：你不得不了解受某种制度规制的社会的历史，以及传媒技术和它的资金来源。因此，我认为，就狭义而非广义的文本而言，一定存在着某种形式的复制，这就是我所说的'离题的转向'(discursive turn)。"朱莉·德务："文化的构成：霍尔论族性与话语转向"[Julie Drew, "Cultural composition: Stuart Hall on ethnicity and the discursive turn", *Journal of Composition Theory*, 18(2), 1998, p. 184]。

[3]　Peter Osborne and Lynne Segal, "Culture and power: interview with Stuart Hair", *Radical Philosophy*, 1997, p. 24.

借助不同的权力载体来塑造各色身份及主体性。①

　　在把教育置于文化政治学的理论与实践的中心方面，霍尔的研究为我们提供了一个重要的理论框架；同时，他的著作对于理解以下问题也是至关重要的：教育是进行文化批判的方式，而文化批判则是质疑知识生产的环境以及协商、承认或拒绝的主体姿态之所以得以确立的本质。霍尔还严厉而策略性地回应了一种针对教育与文化政治学的质疑，后者是由哈罗德·布鲁姆（Harold Bloom）、理查德·罗蒂（Richard Rorty）、托德·吉特林（Todd Gitlin）②等观点迥异的理论家在美国提出的。这场争论的关键问题并非仅仅是如何看待政治，如何理解文化在变动不居、杂乱无章

---

① Hall elaborates his theory of culture best in a series of books designed for the Culture, Media and Identities Series at Open University and published by Sage in the United States. See, for example, Stuart Hall, Paul du Gay, Linda Janes, Hugh Mackay, and Keith Negus (1997), *Doing Cultural Studies: The Story of the Sony Walkman* (Thousand Oaks, CA: Sage); Stuart Hall, *Representation: Cultural Representations and Signifying Practices* (Thousand Oaks, CA: Sage, 1997); Stuart Hall, 'The Centrality of Culture: Notes on the Cultural Revolutions of Our Time', in Kenneth A. Thompson (ed.) *Media and Cultural Regulation* (Thousand Oaks, CA: Sage, 1997).

　　霍尔关于其文化理论的最为详细的论述是在开放大学为文化、媒体和身份所设计的一系列书中，这些书由美国Sage出版社出版。这些书目包括Stuart Hall, Paul du Gay, Linda Janes, Hugh Mackay and Keith Negus, *Doing Cultural Studies: The Story of the Sony Walkman*, Thousand Oaks, CA: Sage, 1997; Stuart Hall, *Representation: Cultural Representations and Signifying Practices*, Thousand Oaks, CA: Sage, 1997; Stuart Hall, "The Centrality of Culture: Notes on the Cultural Revolutions of Our Time", in Kenneth A. Thompson, ed., *Media and Cultural Regulation*, Thousand Oaks, CA: Sage, 1997.

　　② Harold Bloom, *The Western Canon*, New York: Riverhead Books, 1994; Richard Rorty, *Achieving Our Country: Leftist Thought in Twentieth Century America*, Cambridge: Harvard University Press, 1998; Richard Rorty, "The inspirational value of great works of literature", *Raritan*, 16(1), pp. 8-17; Todd Gitlin, *Twilight of Our Common Dreams*, New York: Metropolitan Books, 1995.

的行动与权力的物质关系中的变化，而且还包括我们该如何"探究使政治实践具有可能性的条件"。① 对霍尔、格罗斯伯格（Lawrence Grossberg）这样的理论家来说，文化是具有战略意义的教育和政治领地，是"权力在现代世界中的关键阵地与武器"，② 在一定程度上，文化可以在其特定语境中理解，而这种特定语境只存在于它同更广阔的公共话语和实践的联系之中。当文化与其他场所、语境以及社会实践进行链接（articulation）时，这种特定语境的意义就会彰显。

在下面的讨论中，我将指出，霍尔对文化与政治学的关系问题的关注，为教师们馈赠了一个颇有价值的公共教育（public peda-gogy）概念。他的公共教育观将文化政治学定义为教育方法的一个明确原则。不仅如此，霍尔强化了教师在不同的场所和项目中所具有的反对派公共知识分子的身份，以此来扩大维护民主斗争的可能性。霍尔认为，这种斗争不是预先设定的（predefined），而是取决于他们能够发现并利用的政治伦理的义务：

> 为了理解［和改变］那些不断创造了我们的生活以及我们所生活的社会的严重反人道的事物，我们运用学术资源与之斗争，并在斗争的差异中求得生存。③

---

① Lawrence Grossberg, "Identity and cultural studies. Is that all there is?", in Stuart Hall and Paul du Gay, ed., *Questions of Cultural Identity*, Thousand Oaks: CA: Sage, 1996, p. 102.

② Lawrence Grossberg, "Toward a genealogy of the state of cultural studies", in Cary Nelson and Dilip Parameshwar Gaonkar. ed., *Disciplinarity and Dissent in Cultural Studies*, New York: Routledge, 1996, p. 142.

③ Stuart Hall, "Race, culture, and communications: looking backward and forward at cultural studies", *Rethinking Marxism*, 5(1), 1992, pp. 17-18.

在论述霍尔对公共教育政治学的贡献之前，我将首先就近来跨越了意识形态界限的对教育和文化政治学的攻击本身提出质疑。我还将指出，这类观点削弱了让政治更教育化的可能性，而这是更广泛的民主事业所需要的激进变革的重要部分。霍尔的著作对这些观点进行了重要的理论修正和政治修正。最后，我将指出，霍尔的作品给予我们的启示在于：对于我们这些认为教育是所有激进文化政治学的核心理念的人来说，文化政治学的发展是理解公共教育、高等教育等公共领域中的意义、权力和身份斗争的前提条件。

学校教育和对改良政治的拒绝

教师和主张民主的学校教育的人士正面临着困境。在职业教育论和新保守主义文化斗士日益猛烈的火力夹击下，即将和正在从事课堂教学的教师身陷某种意识形态的重围之中。这种意识形态认为，教师的公民责任和政治义务在于从事公民理论和文化理论研究。这种意识形态要求教师在市场经济语境，或者是将政治从文化和社会中抽象出来的自由主义客观性和中立性的讨论之间二选一地定义自己，而这导致教师压力重重，要么屈从于公司权力（corporate power），要么成为与一种似要复活实则江河日下的学术职业化的训命相媾和的自由学者。

当前对教育的攻击，尤其是教育公司化和私有化的观点，令人吃惊地表现为很多理论家拒绝重新审视以下问题：若将大学（和公立学校）当成重要的公共领域加以利用，学术团体将发挥怎样的作用？这种公共领域如何培育新的勇气和行动？在保守主义、种族主义和法团主义（corporatism）甚嚣尘上的情况下，让教育更政治化究竟意味着什么？对上述两个方面的探究是缺失的。更令人吃惊的是越来越多的改良主义者和保守主义者在基础教育问题上的共识。许多教师拒绝将教育视为政治实践和道德实践，转而乞灵于快速填鸭式的教学法，教育变成了以解码文本为目标的抽象的形式主义方法。此种教育实践与政治学彼此疏离，因为它同权力和社会变革问题无关。但这种去政治化的教学法并不仅仅存在于含混不清的解构主义者中，也同样存在于许多出于其他考虑而将教育实践完全排除在意识形态活动和权力之外的保守主义、自由主义和改良主义理论家中。例如，保守主义理论家威廉·本尼特(William Bennett)把教育还原为灌输真善美等品质的毋庸置疑的方法。尽管这一主张很难获得改良主义者支持，很多左派人士如麦凯拉·德·列奥纳多(Micaela de Leonardo)等却认为，包括教育干预在内的任何形式的文化政治学要么成为"现实政治"的障碍，要么像托尼·本内特(Tony Bennett)所说的那样，教育只能在学校范围内以一种压抑的、保守的、标准化的实践而发挥作用。然而近来关于教育的讨论更像是对文化政治学本身的更宽泛的非难，并且这激起了左右知识分子阵营的类似不满。

右翼阵营对"文化是教育斗争和政治斗争的阵地"这一观点的非难，以保守主义者哈罗德·布鲁姆和自由主义者理查德·罗蒂的著作为代表。这两个阵营都哀叹浪漫主义、灵感和希望被权力、政治学和多元文化主义(Multiculturalism)的话语所扼杀。在布鲁姆看来，学术团体中的自由主义批判已经被文化批判取代，其结果只能是批判自身的衰亡。布鲁姆无法忍受他称之为"身份俱乐部"(Identity club)的政治学。他说："多元文化主义是个谎言，是那些庸俗的学术警察进行思想控制的假面，是我们校园里的盖世太保。"① 布鲁姆希望将文化独尊于审美的超验性领域，不受表征政

---

① Harold Bloom，"They have the numbers; we have the heights"，*Boston Review*，23(2)，1998，p. 27.

治学、关于公共记忆的斗争或者关于自我批评和社会批判的民主规则的束缚和破坏。布鲁姆认为，文化政治学是文化罪恶的产物，是催生了他称之为 60 年代的"异议学派"（the School of Resentment）的遗响。① 对于布鲁姆及其保守主义同道来说，把文化与政治关系研究斥为不正当是至关重要的。保守主义者急于为被剥夺了选举权的人代言，认为文化政治学贬低了被压迫者，并且同被压迫者要解决的问题毫无关系。文化政治学认为视觉文化高于印刷文化、流行文化高于高雅文化，无关解放和发布信息，实则是为标准和礼仪的倒退推波助澜。对布鲁姆来说，以《紫色》取代《裘力斯·恺撒》暗示了标准的降低和"文化崩溃的危险"。② 通过将文化政治学、流行文化和学术标准的倒退混为一谈，布鲁姆很自然地掩盖了他对种族、阶级和有色人种等少数族群的蔑视，以及对他们关于被容纳进高等教育、国家的历史和政治生活中的"不文明"要求的蔑视。

理查德·罗蒂虽然不否认政治是意义重大的公共生活，但他却把政治从文化中抽象出来，并证成了某种保守的教育学和审美学解读。按照罗蒂的说法，"在文本当中，你无法以一种文化生产机制的视角发现那些灵光乍现的价值"。③ 罗蒂坚信，存在着理解和希望、头脑与心灵、思想和行动的严格区分。他拒斥斯图亚特·

---

① Harold Bloom, *The Western Canon*, New York: Riverhead Books, 1994, p. 29。布鲁姆的观点沉湎于对某种美好过去的怀念之中。在那个美好的时代，大学传授给被挑选出来的少数天才作者和读者自愿传承能滤除政治学、意识形态和权力污染的审美传统。遗憾的是，在布鲁姆看来，现在的大学里充斥着"异议派"明星，这些人将自己贬低到只会教授社会的无私。

② Harold Bloom, "They have the numbers; we have the heights", *Boston Review*, 23(2), 1998, p. 28.

③ Richard Rorty, "The inspirational value of great works of literature", *Raritan*, 16(1), 1996, p. 13.

霍尔、拉里·格罗斯堡、保罗·傅立叶（Paulo Freire）等批判理论家的著作，后者相信希望是一种见证的实践，是一种道德想象与政治热情的行动，这在一定程度上可以让教师和其他文化工作者得以实现知行独创。不仅如此，罗蒂出于其他的考虑，同意布鲁姆关于优雅的叙述体之衰亡的观点，这似乎已成为许多声誉卓著的白人学者时常唱起的挽歌。

罗蒂不仅蔑视那种将文本置于更广阔的表征政治学之中、将教育理解为政治实践的观点，他同样对拒绝"谈钱"、立法或福利改革，把智力资源和批评资源浪费在"女性史、黑人史、同性恋研究、西班牙裔美国人研究和外来移民研究等学术训练上"的文化左派不满。① 罗蒂认为，文化左派应该把自身改造为革新的经济左派，谈论"具体的"政治问题如改革大学资助法，废除对公共教育的地方资助，并为争取全民健康保险而斗争。这对任何左派而言都是可行的目标，但在罗蒂看来，借助研究权力在流行文化内部如何发挥"恐怖机器"②作用的话语，或是把政治学掺和到批判性话语，以及种族、性别和性的属性中而使政治抵抗复杂化、限制了政治抵抗领域的文化政治学，而这是无法实现上述目标的。如果把围绕艾滋病、性、环保主义、女权主义、反种族主义斗争等问题而展开的各种社会运动也纳入政治领域，依然无法实现这一目标。

罗蒂反对将社会运动视为社会变革的重要工具，试图从美国

---

① Richard Rorty, "The dark side of the American left", *The Chronicle of Higher Education*, April 3：(1998), B5.

② 劳伦斯·格罗斯堡（Lawrence Grossberg）用这个德勒兹式术语来指代人们被置于不同的场所或由不同场所联系在一起时所使用的归属、投资和身份认定等临时性观点。见 Lawrence Grossberg, "Cultural studies and /in new world", *Critical Studies in Mass Communication*, 10, 1993, pp. 1-23.

的英语系里招募知识分子来担当政治改革的先驱。罗蒂认为，这些研究高雅文化的优雅的教授不仅是最能言善辩的左派知识分子，而且似乎相当乐意摒弃"高雅理论"遗产，"降尊纡贵"同工会组织结盟，承认美国生活积极的一面，投身于争取越来越多的变革的斗争。如果这种观点只是顶尖的象牙塔哲学家在修辞上的又一惊人之语，那它可能只是后现代文学的又一个例子而已。不幸的是，罗蒂真的相信文学教授是美国政治变革最有价值的希望所在，文化评论家和艺术家应该发挥更积极的作用，优雅的传统和积极向上的伦理道德应当包容那些沉溺于流行文化、胆敢把文化置于"现实"政治之前的粗鄙的左派。同样，罗蒂认为，大学和公立学校不适于充当开展政治斗争的公共领域。罗蒂认为，政治与教育、知识和身份的生产场所无关。文化，特别是流行文化并非能有效发动视野广阔的关乎社会正义的政治斗争的领域。在这种话语的狭小范围内，文化政治学相当于差异政治学、鄙俗的消费主义和受害者政治学。①

如果罗蒂所言不谬，那么左派只有放弃他们的理论（尽管他们出过几本好书，但是对改变这个国家毫无益处），并且消除其"60年代末期大拒绝以来所固守的不自觉的反美立场"，② 借此才能摆脱其所谓的政治困境。只关注种族、性别、性、流行文化、教育或其他纯粹的文化问题的评论家不仅代表了一种糟糕的身份政治，而且代表了一种"对我们的国家和文化"没有根据的（不

---

① 参见 Lindsay Waters, "Dreaming with tears in my eyes", *Transition*, 7(2), 1998, pp. 78-102。这个文献对罗蒂上述批判文化政治学的观点展开了致命的反驳。

② Richard Rorty, "The Dark Side of the American Left", *The Chronicle of Higher Education*, (3 April, 1998), B6. 在 Achieving Our Country: *Leftist Thought in 20th-century America* (Cambridge: Harvard University Press)中，罗蒂不厌其烦地一再重复了这一观点。

爱国的？）怀疑，应该"以议会改革来取代它"。① 罗蒂想要的是一种无视肤色、以拜金主义者为基础的改良政治学，在这种政治学中，差异问题与自我标榜为与文化相对立的死灰复燃的拜金主义无关。在罗蒂版的政治学中，教育退化为老式的劳动管理，主要为白人男子服务，从不质疑构成这种独尊情形的前提问题。

最后，罗蒂对文化左派进行了嘲讽，故意歪曲了社会运动对扩大民主斗争领域的作用，② 而忽略了作为教育力量的文化在把政治作为批判和改造对象的基础、凸显政治的意义方面的中心地位。不仅如此，罗蒂等自由主义者相当随意地忽视了引发新批判理论"新左派运动"的特殊历史条件和压迫形式，以及斯图亚特·霍尔在反对倒退至阶级斗争的总体性政治学时作为论述中心的社会运动。霍尔意味深长地提醒我们，在反思 60 年代的政治学时，进步人士必须面对传统左派组织内部的斯大林主义、冷战的官僚机构、压迫性的种族主义和性别歧视的等级制度的遗毒。③

反对把文化当成政治斗争的领域的论述，不仅出现在哈罗德·布鲁姆这样的保守主义者和理查德·罗蒂这样的自由主义者的著作中，也出现在某些新左派变节者的著作中。在这些变节者中，最臭名昭著的当属托德·吉特林、迈克尔·托马斯基（Michael

---

① Richard Rorty, "First projects, then principles", *The Nation* (22 December, 1997), p. 19.

② 对这种类型的历史失忆症的绝妙反驳，见 Robin D. G. Kelley, *Yo' Mama's Disfunktional!*, Boston: Beacon Press, 1997。

③ Kuan-Hsing Chen, "The formation of a diasporic intellectual: an interview with Stuart Hall", in David Morley and Kuan-Hsing Chen, ed., *Stuart Hall: Critical Dialogues in Cultural Studies*, New York: Routledge, 1996, pp. 484-503.

Tomasky)和吉姆·斯利珀尔(Jim Sleeper)。① 吉特林及其追随者站在左派的政治立场上,这一点同布鲁姆和罗蒂不同,但同样蔑视文化政治学、流行文化、文化教育学,以及基于人种、性别、性取向的差异。在下文中,我将重点讨论这个团体论点的复兴。我还将讨论这个团体中最多产、影响最大的代表人物吉特林的著作。

吉特林认为,当前的文化斗争,尤其是那些围绕着性、性别、种族、表征政治,或泛言之,多元文化主义问题而展开的社会运动,充其量不过是"现实世界"政治学的勉强替代物,后者尤为关注阶级、劳动和经济不平等。② 吉特林认为,反对阶级首位论的社会运动给政治学蒙上了污名,将左派分裂成了不同的身份派别,没能"提出经济平等和重新分配的问题",③ 没能为可以挑战公司权力和右翼意识形态的普罗大众提供一种众志成城的观念。

和罗蒂一样,吉特林对社会运动的批判存在很多漏洞与借口。首先,他预设阶级是个可以团结左派的超验、普遍的范畴,然后通过否定社会力量和社会运动的自主性和重要性,他否认了阶级政治学被贬低和弱化成为种族、性别、性取向等形态的这段历史。该论点的特征是假定种族和性别因素对解放的普遍主张没有任何意义,它将社会运动的历史置于次要和边缘的地位,从而与阶级政治学的传统相区别。不仅如此,很可能正是因为这种居于从属

---

① 见 Todd Gitlin, *Twilight of Our Common Dreams*, New York: Metropolitan Books, 1995; Michael Tomasky Left for Dead: *The Life*, *Death and Possible Resurrection of Progressive Politics in America*, New York: The Free Press, 1996; Jim Sleeper, *The Closest of Strangers*, New York: W. W. Norton, 1990。

② 对上述观点的最坚定的阐发,可见 Todd Gitlin, *Twilight of Our Common Dreams*, New York: Metropolitan Books, 1995。

③ Judith Butler, "Merely cultural", *Social Text*, 15: 3-A (fall/winter 1997), pp. 52-53.

的地位以及对于差异的压制，从而在主流阶级政治学之外，不同的社团组织得以将各自的目标、历史和兴趣充分接合起来。朱迪斯·巴特勒(Judith Butler)说："以民主原则为基础的社会运动越来越清晰地反对左派霸权、同他们串通一气的自由主义中间派和来势汹汹的右翼，难道我们那么快就忘记了这一点？"[1]她没有说错。吉特林不仅把社会主体(social agency)限定在阶级的原初范畴中，而且只把阶级当成是预先给定的、统一的主体，而不是以包括复杂的种族和性别协商在内的历史的、符号的、社会的中介为特征的流动的协商空间。在这种话语中，基于阶级的宗派主义遭到了遗忘，阶级概念被本质化(essentialized)，文化与权力之间的开放和流动关系被狭隘的政治学定义固化了。[2]

其次，吉特林将所有社会运动归结为身份政治最本质主义、最刻板的形式，不理解阶级是怎样成长的，也即斯图亚特·霍尔所称的种族与性别的属性。在吉特林看来，社会运动只是特殊性，因此对他来说"是不可能承认社会运动对阶级政治的关键作用的"。[3] 例如，罗宾·基利指出，吉特林和另外一些人不承认艾滋病解放力量同盟(AIDS Coalition to Unleash Power)是如何通过各种示威活动和媒体大轰炸运动(media-blitz)，让人们认识到艾滋病这种致命性疾病的，而艾滋病现在是贫穷的黑人妇女最关注的问

---

[1]　Judith Butler，"Merely cultural"，*Social Text*，15：3-A（fall/winter 1997），p. 268.

[2]　对这种观点的深刻分析，见 Lawrence Grossberg，"Cultural Studies：What's in a Name?"，*Bringing It All Back Home*：*Essays on Cultural Studies*，Durham：Duke University Press，1997，pp. 245-271.

[3]　Robin D. G. Kelley，*Yo' Mama's Disfunktional!*，Boston：Beacon Press，1997，pp. 113-114.

题。① 他们不承认女权主义运动在揭露性虐待现象方面的努力，特别是性虐待现象在贫穷的黑人社区和白人家庭中泛滥的事实。整整一代年轻人都被全面侵入日常生活的广告、电影和其他大众媒体上灌输的种族主义思想侵蚀了头脑，这一点同样没人承认。

再次，吉特林诉诸多数原则，结果一下子滑向了斥责少数派应当为当前的白人抗争负责的反动战术，他竟然会堕落到这样说：因为身份政治的追随者不再关注拜金主义的问题，所以给来自工人和穷人中的右翼分子的全面攻击敞开了大门。在吉特林的话语中，身份政治学背上了"用种族化的修辞把人们的注意力从伤害美国人最深的经济重构问题上转移出来"②的罪名。吉特林不假思索地站在右翼的阵营里，在奴隶制、帝国主义、强制居留区、种族隔离、消灭美洲土著、反对外来移民、灭犹运动等都已经被重新写入美国历史之后，似乎还不愿意加以承认，担心这会让大多数人不高兴，于是他宁愿将问题归咎于少数团体而不愿意承认他们自己的同谋身份。

与这种历史失忆症相反，对于爱国主义、多数价值以及团结一致的诉求无不与过往染上了一种可耻的关系，而这些诉求原则又都扎根于白人至上主义的意识形态当中，它假设公共领域属于白人，而"阶级的种族清洗观"③也居于优先地位。假如身份政治学威胁到了某些批评家和历史学家如罗宾·基利等喜欢的（因为超验和普遍）阶级范畴，或许是因为这些批评家不理解阶级是怎样通过

---

① Robin D. G. Kelley, *Yo' Mama's Disfunktional!*, Boston: Beacon Press, 1997, pp. 113-114.

② Iris Marion Young, "The Complexities of Coalition", *Dissent* (winter 1997), p. 47.

③ Judith Butler, "Merely cultural", *Social Text*, 15: 3-A (fall/winter 1997), p. 248.

种族、性取向或性别而形成和发展的，或者是退回到了反对公权力的阶级斗争形式上，而后者其实只是另一种形式的身份政治而已——这种基于阶级的运动起源于那些不愿意参与由非裔美国人、女性、拉丁裔、同性恋者领导、代表全体人民甚至是信奉激进人道主义运动的白人男子的焦虑与厌恶之情。①

最后，吉特林在文化研究领域中找到了其唯物主义的对立面，而这纯粹是无稽之谈。吉特林认为，文化研究是民粹主义的一种形式，旨在从最不起眼的文化活动中寻找反抗，而无视日益加剧的经济不平等问题，完全排除了权力的物质关系。它庸俗地拒绝区分优秀文化和消费文化，从而成为坏信仰和没有政治责任感的象征。吉特林认为，对文化研究的理论家而言，非裔美国人遭受了严重的物质不公与根本原因在于"他们有说唱音乐"之间是毫不相关的问题。② 吉特林似乎认为，既然文化研究的大量著作是以大学为关注领域的，那么它"应该从政治实践的包袱之中抽身"，③ 因为知识分子如今已经无法在凋敝不堪的大学荒原里为我们的时代提出最有力的问题了。在吉特林看来，大学不应该像霍尔所说的那样，承担起"把知识转化为文化实践"的责任，④ 而是应该将"现实政治"置于文化问题之前，"不要错把大学当成更广大的世界"，[还]应该让它们把精力放在组织"团体、联盟和运动"上。⑤

---

① Robin D. G. Kelley, *Yo' Mama's Disfunktional!*, Boston: Beacon Press, 1997, p. 113-114.

② Todd Gitlin, "The anti-political populism of cultural studies", *Dissent* (spring 1997), p. 81.

③ Todd Gitlin, "The anti-political populism of cultural studies", *Dissent* (spring 1997), p. 82.

④ Stuart Hall, "The emergence of cultural studies and the crisis of the humanities", *October*, Vol. 53, 1990, p. 18.

⑤ Todd Gitlin, "The anti-political populism of cultural studies", *Dissent* (spring 1997), p. 82.

　　吉特林的政治学是以一种植根于总体性阶级观念的经济学的复兴为特征的。这种经济学认为"要么是阶级，要么是文化，两者不可兼得"。① 在这种论调下，社会运动只是一种文化运动，而文化运动不再被视为政治斗争的场所。不幸的是，这种论调既不承认种族、性别、性取向、年龄和阶级问题是相互纠缠的，也不承认文化在形成身份、激起欲望、形成道德价值方面的教育功能。艾伦·威利斯(Ellen Willis)反对吉特林等人的观点，认为假如人们"还没准备好捍卫自己在私人关系中的自由与平等权利，他们也不会持续地为自己的经济利益而斗争"，② 他的看法是正确的。在吉特林文化研究中，主体(agency)或反抗(resistannce)问题被当成倒退至民粹主义而遭到忽视，而文化教育学则被当成反理性主义和反理论的宣传鼓动工具。

　　这种论调令人不安的地方不仅在于它割裂了文化与政治学的关系，还在于它使人们无法把握主导性制度内部的矛盾——这种矛盾为竞争性主导提供了可能性，在学校和其他公共领域从事批判性研究工作，更进一步地说是让学生和其他人无法质疑当局和权力操控的压迫形式。例如，当法朗士·马尔霍恩(Frances Mulhern)等理论家认为文化研究试图将政治的意义从属或归结为流行文化时，他的确是歪曲了文化研究，他不经意地指出，当文化只具有教育意义时，它既不是自觉的，也不是政治化的。③ 这是一种轻率的理论转向，没能领会斯坦利·阿罗诺维茨(Stanley Aronowitz)所说的后福特时代新生产方式——信息传播，以及霍尔所

　　① Ellen Willis, "We need a radical left", *The Nation* (29 June, 1998), p. 19.

　　② Ellen Willis, "We need a radical left", *The Nation* (29 June, 1998), p. 19.

　　③ Francis Mulhern, "The politics of cultural studies", *Monthly Review*, 47, 1995, pp. 31-40.

称的文化在构建主体性和社会身份方面的中心地位。[①] 正如霍尔指出的那样，知识分子转向流行文化，所关心的不仅仅是在理论与大众之间建立联系。相反，研究大众文化的知识分子"不是沉溺和肯定大众文化，而是承担政治、文化和教育责任。如今，无论是否喜爱大众文化，每个人都置身于其中，因而产生了共同语言。无视共同语言的教育潜力才是极端政治化的行为"。[②] 马尔霍恩完全不懂该怎样分析将教育力量与大众文化相结合的政治使命和教育使命。也没有任何迹象表明，他会对教育活动的以下功能感兴趣：瓦解共识的支配形式，为人们把自己看成政治主体和社会主体提供替代性范畴、意义地图（map of meaning）和一系列可能性。

澳大利亚教育学家伊安·亨特（Ian Hunter）的著作，也对教育和文化政治学的相关性提出了质疑。他认为，教育只是个体与支配性社会和解的工具之一，拒绝承认新颖的教育实践形式具有以下可能性：号召人们大力关注权力是如何暗中破坏主导意识形态的社会和文化繁殖的，这种主导形式即是凸显公共教育和高等教育的公共领域属性。亨特把教育归结为支配性权威的强制性要求，他还认为教育权威是为道德规范和社会控制服务的。他的论述中没有自我反思性的对话，同样也不包含师生们如何在复杂多变的教育空间中发挥出自身决定作用的可能性，而这种教育空间由特定制度形式、学术关系、学术训练规则所构成。在这种对文化和政治之间的关系的狭隘理解下，学校不可能被看成反抗支配性权

---

① 见 Stanley Aronowitz, *The Politics of Identity*, especially the chapter "On Intellectuals", New York: Routledge, 1992, pp. 125-174; Stuart Hall, "The Centrality of Culture: Notes on the Cultural Revolution of Our Time", in Kenneth Thompson, ed., *Media and Cultural Regulation*, Thousand Oaks, CA.: Sage, 1997, pp. 207-238.

② Julie Drew, "Cultural composition: Stuart Hall on ethnicity and the discursive turn" 18(2), 1998, p. 184.

威、扰乱支配战术或从自我批评的立场出发重建以课堂分析为对
象的制度权威的场所。在他的论述中，看不到这样的内容：这种
文化规则的遗产是可以质疑的，在教育上是与世隔绝的，可以以
此将教学的基础改造为审慎的实践，为先进的文化政治学服务。①

　　我并不是说批判教育家应该忽视教育和文化在构建一国的公
民身份和民族身份方面的作用。形成于支配性的经济、文化和政
治条件内部的制度性实践(institutional practice)在形成教育所赖以
进行的特定条件方面，也并非没有发挥巨大的作用。正如阿兰·
奥谢(Alan O' Shea)最近指出的那样，承认后一点，并不意味着以
下命题是成立的：学校的权力完全掌握在支配者手中，无论学生
和老师如何挑战支配权力的结构、意识形态和实践，都只能与它
同流合污。② 在这种新版的再生产理论中，批评与争论只能由传统

---

① 见 Ian Hunter, *Rethinking the School*, New York: St. Martin's Press, 1994。
在以下文献中，也出现了同样的观点: Tony Bennett, "Out in the open: reflections on
the history and practice of cultural studies", *Cultural Studies*, 10(1), 1996, pp. 133-153;
Tony Bennett, *Culture: A Reformer's Science*, Thousand Oaks: Sage, 1998。在 Maria
Koundoura, "Multiculturalism or Multinationalism?", in David Bennett, ed. , *Multicul-
tural States*, New York: Routledge, 1998, pp. 69-87 中，可以看到更生动、更理论化的
草率论述。这些批评家大多很少或压根没有注意美国大学的教育圈内部关于再生产、反
抗和教育政治学的争论。关于这个问题，康恩多(Koundoura)的论述特别一致，她引用
了一篇文章来支撑自己对"更广泛的教育"的反驳。关于反抗文学的回顾性讨论，见
Stanley Aronowitz and Henry A. Giroux (1994), Education Still Under Siege, West-
port, CT: Bergin and Garvey Press. 对托尼·本内特和伊安·亨特著作及其"治理的局
限性"观点的有趣批判，可见 Toby Miller, *Technologies of Truth*, Minneapolis: Uni-
versity of Minnesota Press, 1998, 以及 Alan O' Shea, "A Special Relationship? Cultural
Studies, Academia and Pedagogy", *Cultural Studies*, 12(4), 1998, pp. 513-527。

② Alan O'Shea, "A Special Relationship? Cultural Studies, Academia and Pedago-
gy", *Cultural Studies*, 12(4), 1998, pp. 513-527; 质疑治理模式的其他著作, 可参见理
查德·约翰逊(Richard Johnson, "Teaching Without Guarantees: Cultural Studies, Peda-
gogy and Identity", in Joyce Canaan and Debbie Epstein, ed. , *A Question of Discipline*,
Boulder: Westview Press, pp. 42-73.)有关教育与文化研究的精彩论文。

学校教育中产生，由文化批评家借助由这类制度强加给"时运不济的"改革者和激进分子的道德技术，"原汁原味地"提出。这些批评不仅取决于关于社会及其社会形式的过时的功能主义观点，同时也认可了某种总体化的权力模式。这种权力模式赞美单个评论家被忽略了的作用，标志着放弃让政治更教育化的立场。它不仅是对福柯政治学某个糟糕版本的滥用，还代表了一种理论麻木的状态（而并非单纯的反乌托邦），颠覆了更关键的问题，即作为斗争场所的文化，如何发挥教育功能，在支配性的文化与政治形式内部，为政治主体和批评性参与的形成创造可能性。这里没有注意到学生和老师该如何建立教育权威，或发挥媒介作用，把教育权威改造成自我批评的形式，回应特定的历史、制度结构，对自己的教学场所产生影响的文化力量。

此类治理术妨碍了人们把教育理解成在不平等权力关系、差异化机会和社会变革的不同资源为特征的多元语境内部发生的特定斗争的产物。托尼·本内特等理论家实际上是重复了 20 世纪 70 年代和 80 年代早期流行于美国激进教育理论家中的社会再生产和文化再生产理论而已。① 本内特认为，当政府机构将所有教学实践管制成一种麻痹的标准化形态之时，激进的课堂干预活动就会出现；同样，本内特认为，激进的教育家过分强调主体性，而忽视了制度压力的代价，信奉他称之为"有主体而无结构"（all agency and no structure）②的东西。然而这种批评很难探知或者突出学校在制度压力方面的复杂性、矛盾性和决定性，并且教育工作者的社会能力是在不平等的权力关之中形塑的。相反，本内特只是把

---

① Stanley Aronowitz and Henry A. Giroux, *Education Still Under Siege*, Westport: Bergin and Garvey Press, 1994.

② Tony Bennett, *Culture: A Reformer's Science*, Thousand Oaks: Sage, 1998, p. 223.

方程式颠倒过来，即把自己的治理观当成是没有主体的结构理论。最后本内特得出了一大堆比他总结的激进教育家的缺点更保守的观点，他认为这些教育家的著作既没有质疑学校的制度权威，也没有带领学生进行批判性学习。例如，本内特号召激进教育家采取更复杂、语境更特殊的反抗形式，但他似乎完全没有注意到几十年前美国和英国教育学家围绕这个问题展开的理论论战。① 归根结底，对本内特而言，激进教育学仅仅意在强调保守的管理技术，而不是教会知识分子参与政策改革。在这种犬儒主义哲学指引下，本内特很可笑地指出，文化研究只能在大学以内进行，但他拒绝分析作为这种研究的关键要素，教育如何才能更政治化。最后，本内特的悲观主义堕落到了比他指责激进教育家效法的自由主义更糟糕的境地。尽管本内特对公共教育和高等教育的职业化无动于衷，但又以"文化匠人"的陈旧隐喻来描述教师在大学中应该发挥的政治作用。令人吃惊的是，他通过为标准化考试以及知识技能的缺陷做辩护从而抵制民主课堂关系，而这种论调同美国保守主义理论家 E. D. 赫尔什(E. D. Hirsch)如出一辙。这种观点把教学简化成了生产知识的一种方式，正如理查德·约翰逊指出的那样，它几乎没有论及教学是自我生产的方式，后者要求教师在知识和课堂社会关系的特殊形式中有所创新。② 此外，他很随意地把激进教育规则，即教师将他们所讲授的历史、经验、理解与学生带到课堂上去的认识联系在一起，描述为某种无批判的反理性主义的浪漫主义形式。作为教师，我们应该使知识更有意义，从而

---

① 我从 Henry A. Giroux, *Theory and Resistance in Education*, South Hadley, MA：Bergin and Garvey Press(1983)中，找到了上述争论的内容。

② Richard Johnson, "Teaching without guarantees：cultural studies, pedagogy, and identity", in Joyce E Canaan and Debbie Epstein, ed., *A Question of Discipline*, Boulder：Westview Press, 1997, p. 55.

更具批判性和变化性，这种观念在本内特那里似乎是缺失的。

正是在反对当前对文化政治学的猛攻及污蔑作为公共知识分子的教师在不同公共领域内可能发挥的作用的企图的过程中，霍尔的著作具有重要的理论和政治意义。在下文中，我们将讨论我姑且称为批判公共教育学方面的理论。

文化斗争

霍尔认为，文化为教育政治化提供了一种基本框架——承认我们如何学习、学什么，是与理解、表述及破坏的策略密切相关的。在必要之时，这些策略为人们提供了一种参与或者转变那些形塑了人们生活的意识形态和物质环境的机会。霍尔影响最为持久的一个贡献是政治教育化。他一再强调文化与权力相联系的多种方式，以及文化如何在诸如教育、政治或经济势力领域发挥其象征意义和制度意义方面上的作用。他鼓动性地指出，文化教育学是特殊表征、身份和主体形式领域的独特斗争的产物。在阐明身份和认同问题的过程中，上述斗争的紧迫性与相关性日渐清晰。霍尔是这样阐述的：

> 通过运用历史资源，与其说语言和文化"是"（being）什么，不如说它们"成为"（becoming）什么：与其问"我们是谁""我们从哪里来"，不如问我们可能成为什么，我们是怎样被代表的，以及这种代表对我们自己代表自己会产生什么影响。①

---

① Stuart Hall, "Introduction-who needs identity?", in Stuart Hall and Paul du Gay ed., *Questions of Cultural Identity*, Thousand Oaks, CA: Sage, 1996, p. 3.

霍尔认为，作为身份认同的斗争，公共教育学提出了一些至关重要的问题："在特殊的历史和制度场合之中，在散漫的形式和实践活动之内，差异、公民责任、社群和归属的观念究竟是如何通过一种特殊而明确的策略产生的。"①

这些策略不仅是围绕着意义如何理论化的问题展开，而且是围绕着近来霍尔称为"文化控制"②的潜在斗争展开的。霍尔用这个术语来指代控制、管理和分配特定资源的斗争，这为个人或社会团体选择、占有和改变有关身份、欲望和主体的特殊观念之能力的可能性提供了中介。对霍尔来说，文化政治学是资源管理和资源分配的组成部分。但我们理解政治学的能力也需要以文化控制的实际方式为中介，也即文化实际形塑"我们的行为、社会行动、人类实践，从而在整体上看是人们在制度和社会内部行事的方式"。③ 我们理解政治学的能力还要取决于文化借助"差异边界构筑的潜在意义论域，即一种身份政治学"④的方式。简而言之，因为文化为人们学会如何与自身、他人以及外在世界发生联系提供了资源，所以它是主体和政治的组成部分。

在霍尔看来，文化既不是放任自流的，也不是静止不动的。霍尔强调主张学习和社会变革之间的联系，其贡献不仅在于承认

---

① Stuart Hall, "Introduction-who needs identity?", in Stuart Hall and Paul du Gay ed., *Questions of Cultural Identity*, Thousand Oaks, CA: Sage, 1996, p. 4.

② Stuart Hall, "The centrality of culture: notes on the cultural revolutions of our times", in Kenneth A. Thompson, ed., *Media and Cultural Regulation*, Thousand Oaks, CA: Sage, 1997, p. 237.

③ Stuart Hall, "The centrality of culture: notes on the cultural revolutions of our times", in Kenneth A. Thompson, ed., *Media and Cultural Regulation*, Thousand Oaks, CA: Sage, 1997, p. 232.

④ Stuart Hall, "The centrality of culture: notes on the cultural revolutions of our times", in Kenneth A. Thompson, ed., *Media and Cultural Regulation*, Thousand Oaks, CA: Sage, 1997, pp. 208-238.

文化是斗争的场所。在他的职业生涯中，他坚决主张文化工作者应该不断通过教育实践来深化政治意义，这种实践即是参与并挑战这些表征策略、制度形式以及权力技术，该技术是社会内部的权力、冲突和压迫的复杂游戏彼此之间决定与被决定形成的。文化是一种权力不断变异、身份持续转换、主体通常对其环境知之甚少的社会领域。在这种语境下，主体既无法预想，也不可能总是各得其所，而是不断取决于协商过程。主体——人们干预和改变社会形式的能力与才能之间的关系——为新型民主关系、制度形式和身份提供了场所并带来了希望。对于关注个人和社会团体分析维持支配性权力关系的现存的社会、经济和教育力量，通过斗争来改变这些力量的一切可行的政治观念而言，人们"如何看待文化政治学的地位"仍然是起关键作用的。①

霍尔认为，文化的教育力量体现在它对表征对话和伦理对话的关注当中，而这种对话依据学习、主体、社会实践功能以及政治本身的特定环境而定。作为一种教育力量，文化充斥着政治学的意味。甚至可以说，文化不仅为知识和技能的谈判提供了符号意义和实质意义两方面的资源，而且还提供了这种谈判的内容和语境。通过这种谈判，文化使人们能够从主体和可能性的立场对世界进行批判性阅读，尽管这种阅读仍然是在不平等的权力关系下进行的。理解文化的教育功能的关键在于认清表征、空间和文化制度在当今时代的变化本质。一方面，作为制度、新技术、实践和生产的复合体，文化是实存的，它已在时间和空间维度极大地扩展了"可以传递的意义、信息和图像的范围、规模和种类"；②

---

① Stuart Hall, "Subjects in history: making diasporic identities", in Wahneema Lubiano, ed., *The House that Race Built*, New York: Pantheon, 1997, p. 289.

② Stuart Hall, Paul du Gay, Linda Janes, Hugh Mackay, and Keith Negus, *Doing Cultural Studies: The Story of the Sony Walkman*, Thousand Oaks: Sage, 1997, p. 23.

另一方面，文化领域的信息爆炸标志着这样一种转向：假如不是把知识当成关键的生产要素的话，则是把知识看成产品的原始形态。在这里，文化既不是文本，也不是商品，而是"生产和权力斗争"的场域。①

文化作为首要的实体力量和知识论力量，我们应强调其作为改变身份和展现权力之场所的教育本质。在这一语境下，学习本身成为目的，不仅是为获得主体资格，而且是为了社会变革观本身。

文化即公共教育

霍尔认为，文化的教育能力重新定义了权力政治学、表征的政治本质，以及教育作为社会变革的明确原则的中心地位；也拓宽了我们对教育的公共领域性质的理解，即"在学术团体内外进行的"教育实践，② 将教育的范围扩展到多个场所和领域。作为一种精进实践，在文化进行身份捍卫的所有公共领域内，教育的身影无所不在；它在协调知识、快乐和价值的关系方面发挥桥梁作用；它利用重要的和存疑的权威让特殊的社会实践、社团和权力形式得以合法化。恰恰是通过这种文化政治化和政治教育化的强调，霍尔的著作在今天的重要性愈发凸显。如果主体是在象征性的和实体性的权力关系中谈判、形成和重建，并在复杂多变的历史语境和关系语境中得到确认，那么就不能把它从可能的教育自反性中剥离出来，也不能将它同文化政治学的发展相分离。

---

① Lawrence Grossberg, "Cultural studies: what's in a name?", *Bringing It All Back Home: Essays on Cultural Studies*, Durham: Duke University Press, 1997, p. 248.

② Stuart Hall, "Race, culture, and communications: looking backward and forward a cultural studies", *Rethinking Marxism*, 5(1), 1992, p. 11.

对于批判性教师来说，在分析权威与权力如何将文本与语境、意识形态同特殊的权力关系、政治计划同现有社会形态联系起来的时候，霍尔的链接理论是非常重要的。① 对教师而言，在把文化教育学形塑为实践政治的形式之时，语境具有中心地位是一个极为重要的洞见。这不仅因为政治计划是围绕特殊的语境形成的，而且因为语境是随着文化与政治之间关系的改变而变化的，这类计划只有在其自身保持着开放性、非整体性和不完整性时才是有效的。霍尔理论的核心观点是，公共教育学是通过其精进功能、正在发挥的中介作用，以及通过关注其对知识、语言、空间关系和历史领域发生的交互作用与斗争来定义的。在霍尔看来，公共教育不仅仅是一种技术手段，更代表了一种道德实践和政治实践。这里的关键不仅在于号召教师将公共教育同跨学科的、相互渗透的、对抗式的实践联系起来，而且要将这些实践同推动种族、经济、政治民主，推动霍尔和戴维·赫尔德（David Held）称之为"公民权利的个人和社会维度"的更宏大计划联系起来。②

结合的观念不仅仅是为"在无联系中制造联系，或常见的是从一种联系中生发出另一种联系"提供理论依据，③ 还重新确认了文化研究的政治本质，而后者正是学生们在不同的学习场所使用的资源的意义所在，与此同时将这些意义的特殊性与更广

---

① 关于霍尔接合理论的意义和重要性，最深刻的评论之一是 Lawrence Grossberg, "On Postmodernism and Articulation: an Interview With Stuart Hall", *Journal of Communication Inquiry*, 10(2), 1986, pp. 45-60。亦可参阅 Stuart Hall, "Race, Articulation and Societies Structure in dominance", in Unesco, ed., London, Unesco Press, 1980, pp. 305-344。

② Stuart Hall and David Held, "Citizens and citizenship", in Stuart Hall and Martin Jacques ed., *New Times: The Changing Face of Politics in the* 1990s, London: Verso, 1990, p. 179.

③ Lawrence Grossberg, "Cultural studies: what's in a name?", *Bringing It All Back Home: Essays on Cultural Studies*, Durham: Duke University Press, 1997, p. 259.

泛的质询和公共对话联系起来。对于公共教育的概念而言，这是核心观点。从人们生活的现实场所与主导日常关系中的世俗行为的不平等权力关系下意义产生、呈现、辩论的场所重叠的地方入手，是这类计划的核心要求。在这种语境下，公共教育是将日常生活的社会语境理解为活生生的权力关系的批判性实践的组成部分。

霍尔一再强调，文化工作者必须批判地分析意义是如何同其他场所生产的意识形态产生共鸣的。文化工作者还必须分析意义是如何证明并产生特殊的实践、政策和社会关系的。教师不能把文化教科书当成是真空的或纯净的，这样的做法常常会忽略标准同更广泛的社会形式、权力和公共斗争之间的联系。把文化教科书当成批判性公共教育的一部分，意味着拒绝将我们对流行文本的分析局限在这类文本的语音学意义或解读文本隐含意义的形式主义方法上。相反，批判性公共教育应该弄清楚在特殊的历史条件下，特定的意义是如何更合法地代表现实、利用已经成为共识的假设来形成在支配性的社会秩序下有效话语和结构的。正如赫尔曼指出的那样，霍尔的研究强调教师应该关注作为公共交流方式的表征问题，从而分析"这些形象，尤其是它们的历史意义和当前意义，以及它们与更广泛的话语之间的组合和重组"的方式。① 作为一种公共话语，表征可以被理解为在主流文化内部引起和见证更广泛争论的伦理困境的方式。这一论断的言下之意是，要发展一种探究大众文本如何在受文本生产的特殊历史、社会和经济条件制约的权力和支配的网络中介之下得到表述的文化政治学。

---

① Herman Gray, *Watching Race*, Minneapolis: University of Minnesota Press, 1995, p. 132.

公共教育即政治学

我已经论证指出，霍尔的研究支持一种跨学科的公共教育观，这种教育观在挑战权威与权力的过程中不断地扩大交叉范围和渗透领域，在将特殊性与国家性、跨国性联系起来的过程中具有互文特征。这种教育学的计划可能有多种实现方式，但最深刻的动力在于深化和扩展批判主体、种族正义、经济和政治民主可能性的热情和社会责任感。

显而易见，斯图亚特·霍尔的著作是理论性的、文脉清晰的和严密的：它朴实亲和，但拒绝简单的回答。最重要的是，他把希望实践和社会正义整合到自己的文化政治学和教育学方法中。霍尔的作品既是建设性的，也是破坏性的。它开启了对话，但拒绝刻板地拘泥于终结沉思与反思的立场。

最后，霍尔的作品总是拒绝通过鼓吹"精英"政治学而将教育的场所限定在那些"特权阶层"身上。组织工会、为立法遏制公司犯罪而上街游行、组织工人推动激进的社会政策改革是政治实践的重要形式，但在霍尔看来，在公立学校、电视公司、律师行、博物馆或为数众多的其他公共领域工作，既非不值得尊重，也非不重要的政治活动。实际上，霍尔不停地号召知识分子"以我们能采用的最严格的知识分子的方式，提出核心的、迫切的、最令人不安的社会和文化问题"。① 他敦促文化工作者在不同的教学场所接受这一挑战，同时也为在主导性制度下开展工作并质疑其权威和文化实践提供了可能性。对霍尔来说，这类研究的语境导致他

---

① Stuart Hall, "Race, culture, and communications: looking backward and forward at cultural studies", *Rethinking Marxism*, 5(1), 1992, p. 11.

面对资本主义社会的主要悖论——用由学校等制度授予的权威来反对这种权威的结果。这种策略并不意味着从吉特林等人深信的政治学上倒退，而是将政治学和批判主体的潜力扩展到了扼杀批判意识和政治行动的特定制度上。在这种语境下的权威仍然坚持共谋趋势，并为反抗、改革和斗争提供了可能性。这种话语将公共教育和文化政治学置于"支配—服从关系不断被生产出来、界限延伸到学术团体内部的分离的生活"[①]之上。霍尔对文化政治学的倡导使公共教育成为必要条件。在这种公共教育中，学习成为社会变革过程不可分割的组成部分，社会变革成为旨在削弱等级制、实现更激进的民主的社会秩序的政治学的前提条件。

（刘　焱译　宗益祥校）

---

① John Beverly, "Pedagogy and subalternity: mapping the limits of academic knowledge", in Rolland G. Paulston, ed., *Social Cartography*, New York: Garland, 1996, p. 352.

斯图亚特·霍尔著作中的都市 生活与城市空间※

[英] 迈克尔·基斯(Michael Keith)

引　言

在直面当下的突发问题之时，我们会郑重其事地给出这么一个司空见惯的事实：在英国社会规范当中，作为一名杰出的公共知识分子的斯图亚特·霍尔显得如此出类拔萃（虽然这看似不言而喻，实则别有洞天）。可以说，近半个世纪以来的英语学界，唯有大智者霍尔能以其天才之资在两大舞台上左右开弓：一边占据着文化理论的潮头浪尖，一边干预着当代政治的风起云涌。

如上所述，霍尔在先锋理论与政治运动这两大领域之中都贡献颇丰，而本文则希冀以霍尔著作中的城市生活方式作为切入点来管中窥豹。这个切入点看起来似乎有点突兀，因为霍尔的主要

　※　原载：*Cultural Studies*，No. 4(2009).

文化理论贡献似乎对城市问题研究触及甚少。即使有涉及的话，他几乎也没有明确地将"城市"作为其分析的主要对象或者提出过一种"城市社会理论"。然而，有点类似于萨尔曼·拉什迪（Salman Rushdie）——霍尔曾偶尔与之论辩——的论点，近几十年来的英国大都市发生了独特的文化变迁，假如脱离了这一城市变迁大背景的话，那么我们就很难理解霍尔的诸多著作了。甚至我们可以这么说，矛盾重重的城市街道邻里关系才是文化研究的创造力和推动力的泉源，它是绝望与希望的栖居之地，它展现了文化之间的理解包容与种族歧视的根深蒂固，而这些似乎又都被理所当然地归入了霍尔的英国文化叙事当中。拉什迪本人①就曾指出："城市——尤其是伦敦这样的大都市——几乎是在不经意之间就成为自己小说创作的主题。"由此观之，我们甚至可以说城市书写才是其作品的主要特色。尽管我们无法从霍尔的著作当中强烈地感受到这种特色，但是毫无疑问这种特色本身已经给我们馈赠了一种透视当今全球都市化的重要方式。

具备霍尔特色的城市理论有时隐而不彰，有时昭然若揭，它是一种自由与隔离相互交织的矛盾领域。在此种语境当中，城市生活作为一种鲜活生动的分析叙述语言，它在反映这种矛盾性上显得格外重要。在某种意义上而言，尤其是空间范畴无疑担负了政治构想的窗口和政治实践的舞台的双重角色。尽管各种城市书写方式之间充满了张力，但是或许也可以此来充分展现霍尔及其他各种有关都市想象的作品的演化历程。

因此，本文认为在城市生活的一般框架当中，就一些重要篇章里的地方的、城市的以及经验的空间词汇的选用进行考察时，

---

① Salman Rushdie, *Imaginary Homelands*: *Essays and Criticism 1981—1991*, London: Granta, 1991.

我们会发现霍尔著作当中的修辞变化显得格外突出；与此同时，这些修辞明显是在"空间"范畴领域之内扎根演化的。这种解释听起来既不肤浅也不深刻。然而，它呼吁人们反思学界的智力劳动的隐秘等级，反思那如同浊流般用以描述种族文化和多元文化的日常生活经验与阿多诺（Adorno）曾经谈及的社会理论的商品价值的适当限价之间的相对价值。

同样不仅在主要题材方面，而且空间与城市化的语言、词汇和语法也在霍尔的这些著作当中得以贯彻。在某种意义上而言，或许这仅仅可以反映出霍尔作品在政治立场上的彻底忠诚性。但是本文认为：城市生活的空间性与暂时性在霍尔作品当中日益凸显，这或许暗示了问题绝非如此简单。通过对霍尔的三篇具有里程碑意义的作品进行发掘，我们认为霍尔早期的一些作品当中的城市空间仅仅提供了一种经验形式，当然在比较新近的一些材料当中城市空间则开始摆脱了这种参考经验的形式——转向了一种针对种族困境的伦理和政治分析的层级——它呈现出一种格外丰富的都市生活感，而这便催生了有关空间的叙事修辞。在这里，有关种族问题的真实谎言潜藏在都市生活的矛盾性与不可通约性之中，而这就为伦理控诉与多元文化主义政治提供了一些更具颠覆性的衍生语法。①

在一篇力作当中，戴维·斯科特（David Scott）②曾经指出：霍尔的作品可以通过其中的一系列干预成分进行区分，而这种具有政治意味的干预力量源于一位学者的知识修养与伦理诉求。这里选取的三份"干预文献"可以用来分析霍尔是如何对城市空间进行铺展、调用以及理论化的。这三份文献都是讨论贫民区问题的，

---

① 从这层意义上来看，本文在某种程度上是试图论证：城市研究需要我们了解我们所理解的城市与霍尔对城市的思考之间的深刻关联，但同样在某种程度上来说也感谢霍尔的作品在二十多年来不断给予笔者的创作灵感。

② David Scott, "Stuart Hall's ethics", *Small Axe*, Vol. 17, 2005, pp. 1-16.

它们具体包括：霍尔与他人合著的《监控危机》一书，其独著的涉及身份政治学的"新族性论集"，以及新近出版的一篇名为"多元文化问题"的研究文献。①

《监控危机》一书的霍尔特色即是文中对于"贫民区"概念的铺展。在书中，尤其是在书中的第10章，贫民区本身成为一种强而有力的修辞方式；据此各种矛盾因素得以逐步剖析。透过空间性的视角，我们发现各种矛盾问题开始变得动荡不安。

1988年出版的"新族性论集"挑战了当时的"种族"社会学的一般议程。"新族性"篇章定义了一个基于多元文化的崭新"问题空间"。在这个问题空间之中，各种地理隐喻可以用来理解"新时期"的种族政治学。在某种程度上而言，在用这种方式来理解20世纪90年代初期的身份政治学之时，我们会感到一切显得如此司空见惯，但是空间本身也是问题所在。在这篇文献案例当中，霍尔观点中的修辞结构显得封闭而动荡。

在霍尔2000年出版的"多元文化问题"这一文献当中，"地图的（cartographic）"与"全球的（global）"成为这份多元文化理论力作的核心概念。"空间"属性成为霍尔理论的主要特色而非次级效应，而都市生活感则构成了城市空间的基本属性。

《监控危机》中的城市贫民区

20世纪80年代中期，在对警察与英国黑人社区之间的冲突进行一种民族志分析之时，我们突然会对斯托克纽因顿市一位警长的言行感到非常不安，因为这位警长曾在一次公众集会上强调黑

---

① Stuart Hall，"The multicultural question"，in Barnor Hesse, ed. , *Un/settled multiculturalisms*: *Diasporas*, *Entanglements*, *Transruptions*, London: Zed Press, 2000.

人坦率承认犯罪事实的重要性，但与此同时又刻意回避了一个种族主义者对于类似抢劫行凶问题的道德恐慌。[①] 一位种族主义者臆想的虚构现场与"真实"的犯罪现场之间形成了强烈的对比。在这部著作当中，霍尔使用了一些令人惊惶不安的语言和概念来描述当时伦敦这个颇为臭名昭著的警局。当我们对英国文化研究当中的语言修辞以及《监控危机》当中的论点进行复审之时——该书无疑是当代文化研究中心（CCCS）汇编的力作——我们一下子就被震惊了！

设想一下更具当代感的后殖民词汇，[②]《监控危机》这本写于20 世纪 70 年代的开山力作展现了英国黑人犯罪的社会结构——在某种局部层面上而言，这本书是以对贫民区这个描述性概念的铺展为基础的（这是一种带有都市生活感的贫民区）。在解构贫民区的研究当中，斯图亚特·霍尔及其同仁们常常诉诸一种隐喻的黑色殖民地，这是刑事量罪与"社会现实"的种族主义实践的受害者（书中第 10 章）。[③] 作者指出了种族主义者对于行凶抢劫的分类方式，也就是依据行凶地点，尤其是把焦点放在黑人聚集区上。20 世纪 70 年代的英国，一位白人青年袭击了一位黑人公共汽车售票员的例子仍然能够创造一种行凶抢劫的种族化形象，因为：

　　　　对特定犯罪现场的特写激活了早期及后来的布里克斯顿

---

① Michael Keith, *Race, Riots and Policing：Policing a Multi-racist Society*, London：UCL Press, 1993.

② Achille Mbembe, *On the Postcolony*, *Berkeley*, CA：University of California, 2001.

③ Stuart Hall, Charles Critcher, Tony Jefferson, John Clarke and Brian Robert, *Policing the Crisis*, London：Macmillan, 1978.

和克拉珀姆(Brixton & Clapham)协会。①

这里的论证结构打上了源自工业革命时代的城市生活的书写传统，即将对都市发展的畏惧与社会学科的诞生联系起来，而这在探析维多利亚时代的黑暗大都市的《社会的发现》一书中得以通篇贯彻。②

正如《监控危机》一书所强调的，一旦布洛威公园发生了一起警民冲突事件之后，犯罪、种族与贫民区就会混为一谈，因为人们惯于"将黑人犯罪、地区与种族看作是城市中心贫民区的黑人青年的标签"。③

对于霍尔而言，犯罪地点的种族化肖像会与种族、地区以及恐怖的空间想象融合起来。有那么一段时间，这种焦虑重重的城市空间曾经是我们思考与描述过去城市的重要方式。在一些描述都市生活的学术篇章里，修辞结构往往遣用一些意味深长的术语，比如街道、广场、路障、集市等，这些术语常常扮演着唤起（转喻）城市生活感以及描述（隐喻）特定社会现实的双重角色。

在 20 世纪 70 年代的英国，一种更加宏大的社会背景同样值得我们重视。它是《监控危机》一书的重要主题，后来在 1979 年，霍尔在具备里程碑意义的柯布登讲座上提出了一个著名的"威权民粹

---

① Stuart Hall, Charles Critcher, Tony Jefferson, John Clarke and Brian Robert, *Policing the Crisis*, London: Macmillan, 1978, p. 329.

② Lan Hacking, *The Taming of Chance*, Cambridge: Cambridge University Press, 1990; Steven Marcus, "Reading the illegible", in H. J. Dyos and Michael Wolff, ed., *The Victorian City: Images and Realities*, London: Routledge, 1974; Nikolas Rose, *Powers of Freedom: Reframing Political Thought*, Cambridge: Cambridge University Press, 1999.

③ Stuart Hall, Charles Critcher, Tony Jefferson, John Clarke and Brian Robert, *Policing the Crisis*, London: Macmillan, 1978, p. 329.

主义"概念，它勾画了一种利用"锻造学科常识"①的方式来暗中摧毁福利权利、公民概念以及工会自由的政治规划。在其早期阶段，霍尔分析了出现都市危机的原因，他认为"实际上，利用警察暴力推行的管控与强制措施助长了对一些都市殖民地黑人进行非法量刑的气焰"，② 而作为典型的这种黑人社区再次沦为时代变化的牺牲品；同样，人们或许会将霍尔对20世纪80年代的"骚乱"事件的分析视作是一种批判现实主义作品，该作品以一种参与形式将"骚乱"与起义政治学紧密相连。③

在这种分析当中，身体与想象之间的张力并没有得以明确解决。它在浮于表面的人口统计学的经验现实上游走不定，而刑事量刑的种族主义处理以及种族犯罪的文化意义虚构是造成这种伤害的重要原因。种族主义的侵害活动使得生灵涂炭，而城市形象的种族主义形态也不可忽视。本文认为，人口统计学的经验现实与城市形象的种族形构矛盾重重，而这种种族从属形式却固定成为了一种体制化的监控实践。笔者在其他地方也曾指出，刑事量刑与种族主义二者合一的情况下，这种张力并非此种分析方法的缺陷所在。④

但是在《监控危机》当中，作者似乎多次忽视了作为隐喻的贫民区与作为现实的贫民区之间的差异，前者是一种在种族主义话语当中虚构的黑人殖民地，它用以指代犯罪行为；后者则是一种

---

① Stuart Hall, *Drifting into a Law and Order Society: The Cobden Lecture*, London: The Cobden Trust, 1979, p. 3.

② Stuart Hall, *Drifting into a Law and Order Society: The Cobden Lecture*, London: The Cobden Trust, 1979, p. 13.

③ Stuart Hall, "The lessons of Lord Scarman", *Critical Social Policy*, Vol. 2, 1982, pp. 66-72.

④ Michael Keith, *Race, Riots and Policing: Policing a Multi-racist Society*, chapters 10-11, London: UCL Press, 1993.

现实存在的黑人殖民地,它是英国社会中的下等社区。在某种意义上而言,这是其作品当中最有力度的分析元素,而且这还将它与绝大多数涉及刑事量罪的描述区分开来。它有意识地重申并拓展了旧有的标签与社会误差理论①,即一种将某类人从社会当中挑选出来并加以污蔑的方式。然而从另一个层面上来看,由于无法搞清楚"隐喻"与"现实"二者的区分,因而《监控危机》一书实际上削弱了文本自身存在的争论,由于这种区分的不足,因而黑人殖民地更像是一种不必要的修辞术语而非分析术语。

晚期爱德华·萨义德(Edward Said)②在解构东方主义研究上显得才华横溢而又傲慢自恃,而他的这些作品当中同样也存在上述的矛盾性。对于萨义德作品的最常见的批评认为:在某种意义上而言,萨义德是想鱼与熊掌二者兼得。针对这种批评之声,萨义德回应道,东方主义话语创造了一个空间,虚构了一个想象世界,然而与此同时这又是对他自己所认为的东方世界的误解。萨义德想要置身于殖民主义政治语境的同时,又想能够跳出创造殖民主义的话语体系,而罗伯特·杨(Robert Young)③则认为这种"杂技"是"此书最大的败笔";按照杨的意思,假如真的存在一个萨义德所处的东方世界的话,那么它则将萨义德置于一个使"萨义德"式的东方主义叙述比不上事实上的东方的东方主义更真实的地方。④

在想象和事实二者之间明显浮现出一种矛盾,而斯图亚特·霍

---

① Howard Becker, *Outsiders*, New York: Free Press, 1971; Erving Goffman, *Stigma*, Harmondsworth: Penguin, 1963.

② Edward Said, *Orientalism*, London: Peregrine, 1978.

③ Robert Young, *Colonial Desire*: *Hybridity in Theory*, *Culture and Race*, London: Routledge, 1990, p. 127.

④ Robert Young, *Colonial Desire*: *Hybridity in Theory*, *Culture and Race*, London: Routledge, 1990, p. 128.

尔的贫民区和爱德华·萨义德的东方世界所呈现出的空间都带有这个问题。然而假如我们设想这些贫民区的空间是想象与事实并存的话，那么我们便可以理解其中的运作机理。

贫民区里的都市生活建立在种族隔离的权势和城市空间的拓展之上，而这又是一种通过选择性绘图和颠覆性想象所进行的创造性重塑。以这种方式，社会分化在其曾经移走的地带效力尽失；种族主义在某种程度上依然存在，但又在某种程度上遭受着巨大的挑战，这种挑战通过隐喻的和转喻的空间展现。在这种空间里，诡计多端与信誓旦旦、一眼望穿与变幻莫测、想象情形与现实世界并存。空间符号的流动性与可塑性使得意义处在一种持续争议与不断重塑的过程当中。比如就贫民区和东方世界的空间意义的生成而言，我们或许可以认为它们是意义流动过程当中的某一个静止时刻所塑造的概念，此概念是符号与文化二者的结合，霍尔本人曾在不同的文本当中将这种结合描述为一种"任意闭合"的生成方式。

我们可以从《监控危机》一书中选取一个例子，它可以有效地利用丰富的贫民区的想象图景来达到一种卓越的修辞效果。当它们充当种族主义的隐喻还与一些社会贫困的转喻紧密相连之时，这种修辞效果也就轰然坍塌了（萨义德的东方主义亦是如此）。前者或许能称之为一种"边界效果"的地理，即一种想象中的进行动员活动的地理范围，而后者是一种实体因素，其经验定义能够对居住隔离问题进行一种具体化的呈现。它们都不能说会比对方显得更加"真实"，假如二者都非常具备一种实在本体论属性的话，那么他们就是一种潜在的危险。

从某一点而言，我们需要时刻注意日常生活的真实现状与对城市生活进行"特写"的经验现实的差别。在 20 世纪 70 年代，监控势力的截停搜身与媒介炒作的双剑合璧不断重整着年轻黑人的日常生活机遇。但是与一种致力于对当代的经验主义的审查相比，临界距离的价值需要一种对于这些当代形式的历史以及一种回溯到同源现实的能力的理解。这不只是让熟悉化为陌生（即一种最佳的民族志实践）。与这种人种志的陌生化方法相比，我们有必要将这些细节融入语境当中从而与人口学、经济学及全球变化的广阔议题相匹配。城市空间（几乎其他的任何空间分析形式）的起源值得考虑。这就暗示我们对于城市设置的任何分析都需要一种对于都市生活词汇的谱系性理解。这种谱系方法已经成为人文学科与社会科学研究的共同研究形式，这是一种理解社会世界的重要分析手段。在霍尔对城市词汇进化拓展的语境当中，双重审查暗示着一种对于都市生活的跨学科认识的解读，这常常有种查尔斯·泰勒（Charles Taylor）称为学术研究中心的鲜明反差的意味。①

在《监控危机》一书中，殖民地和贫民区的空间隐喻是故事叙述的边缘，但理论上又是权力论证的中心。在它们的经验基础与种族意义展示的方式之间存在一种张力。在 20 世纪 80 年代与 90 年代的身份政治学语境当中，霍尔提出一个"任意闭合"的概念，用以"描述一切社会运动的方式，这些社会运动旨在改造社会，它们需要新主体的章程，需要接受必要的虚构，但同时也接受虚构的必要，'任何闭合'并不是终结，而是一种使得政治与身份具备可能性的方式"。②

---

① Charles Taylor, *The Philosophy of the Human Sciences*, Cambridge: Cambridge University Press, 1985; Charles Taylor and Amy Gutman, *Multiculturalism and the Politics of Recognition*, Princeton, NJ: Princeton University Press, 1992.

② Stuart Hall, "Minimal Selves", in Lisa Appignanesi, ed., *The Real Me: Post-Modernism and the Question of Identity*, ICA Documents 6, London: Institute of Contemporary Arts, 1987, p. 45.

在任何特定的例子里，倘若意义依赖于它的差异术语与意义的不断重新定位，依赖于偶然性的与任意性的停止——在无尽的语言符号过程之中必要的和暂时的"间断"，这并不偏离其源出的洞察。唯一令人忌惮的就是我们对于身份的"片段"意义的误解——正是这种定位才形成意义——一种自然的和永恒的而不是一种任意的和偶然的"终结"……意义不断展现，可以这么说，它在任何时候都超越了那种形成意义的"任意闭合"方式。①

然而语言的多义性充分地暴露出一大问题，即当代文化产品缺乏对霍尔早期作品中的空间生产符号的确切理解，因此有时这里出现一种诉诸混合空间感的趋势。"在今日，年轻的伦敦黑人是边缘化的、碎片化的、褫权化的、贫穷的与分散的群体。然而，他们看起来又似乎是属于这片土地的。因而尽管上述种种，他们竟然也能在某处聚集起来。"②

在这里，我们常常有一种似曾相识的感觉。这里不得不再次提到萨义德的悖论：他同时以局内人与局外人的矛盾逻辑进行理论构筑，而这里实际上涉及一种在虚构与现实之间的二元谬误。而任意闭合的瞬间意义与现实世界的瞬间认识的结合就是空间权力的标志。据此而言，将空间理解成生产的和偶然的存在逐渐破坏了对于空间真实的诉求。

与此相反，空间本身与任意闭合的瞬间意义不分伯仲。实际

---

① Stuart Hall, "Cultural identity and cinematic representation", *Framework*, Vol. 36, 1990, p. 64.

② Stuart Hall, "Minimal Selves", in Lisa Appignanesi, ed., *The Real Me: Post-Modernism and the Question of Identity*, ICA Documents 6, London: Institute of Contemporary Arts, 1987, p. 44.

存在的和多层所指的"空间"，比如"贫民区"如今就是一个精确的术语，它表示一个特定时刻的意义，并且这层意义的前提是任何词汇的使用对应一个意义，然而言语或者独特的说话方式并不妨碍交际语言的运用。

因此在想象的与现实的、分析的与民间的概念之间并没有一种简单的二分法，而正如近来瓦克昆特（Wacqant）①对贫民区的描述所展现的，他试图为自己所青睐的美国监狱模式的都市生活进行辩护。问题的复杂程度远非如此。文字空间的物质属性确保了符指链的闭合，它既没有其他必要的开始，也没有其他必要的终结。这看起来让人悲喜交织。一方面，空间成为特殊隐喻的边缘。另一方面，空间化词汇或许透露出了将经验与现实二者等量齐观的误导。贫民区的各种符号使得分析概念和民间概念之间的二分法变得混乱不堪。

基于"新族性论集"

1988 年，霍尔为国际传播学会（ICA）撰写了名为"新族性论集"②的文章，这篇文章是继往开来的里程碑。它将英国黑人的种族政治学划分为两个不同的时期。它挑战了当时进行"种族"比较研究的正统观念，而是赋予了"黑人"在种族主义政权当中进行政治建设的主体地位，而上述种族主义政权由种族的各种归化类型组成，它们在"种族关系"社会学的不同风俗中享有特权。

---

① Loïc Wacquant, "Scrutinizing the street: poverty, morality and the pitfalls of urban ethnography", *American Journal of Sociology*, Vol. 107, No. 6, 2002, pp. 1468-1532, 1521.

② Stuart Hall, "New ethnicities", in L. Appignanesi, ed., *Postmodernism*, London: ICA Documents 4/5, 1988.

在霍尔看来，20世纪60年代到70年代初期是"第一个时期"，此时围绕黑人文化的争论已经对那些尚未直言而又影响剧烈的白人文化统治问题做出了回应，而白人文化就是以文化生产与文化表征的形式以及"将英国黑人文化进行边缘化"①的形式推行的。但是这种斗争只被视作一种稳定物价的形式。黑人的主体地位笼罩在伦理命令之下，而不是让文化差异成为表征的目的。②

我们尤其需要注意一个问题：这暗示了"重要而又纯洁的黑人主体地位的终结"，霍尔对"第二个时期"的特征也进行了如下描述：它是"从表征关系的斗争向表征自身的政治学的斗争"③进行的转移。一种关于获得可见性的伦理斗争被一种关于可见性自身的复杂争论取代了；表征政治学凸显了地点、时间，主体位置的差异借助各种技术得以彰显。就戴维·斯科特而言，他在2005年曾写了一篇名叫"新问题空间"的文章："在逐渐浮现的空间问题之中，新问题开始出现，那就是不再过分关注如何获得表征，而是重在把握这些表征所依赖的知识权力政体。"④斯科特将此与一种慷慨伦理学结合起来，这是"对于目前不可避免的偶然性"的一种回应（可参见斯图亚特·霍尔的行为伦理学）。⑤

特别地，这里似乎能感觉到一些旧有论争的残留，在生命与身份上的特权成为一种"尚未缝合的主体群"。⑥ 因此，种族概念在

---

① Stuart Hall, "New ethnicities", in L. Appignanesi, ed., *Postmodernism*, London: ICA Documents 4/5, 1988, p. 27.

② 《监控危机》中的这种张力在黑人社区反抗犯罪化和都市地图学工序的城市空间如出一辙，而这种都市地图学工序实际上则是一种种族主义想象的矫作物。

③ Stuart Hall, "New ethnicities", in L. Appignanesi, ed., *Postmodernism*, London: ICA Documents 4/5, 1988, p. 27.

④ David Scott, "Stuart Hall's ethics", *Small Axe*, Vol. 17, 2005, p. 10.

⑤ David Scott, "Stuart Hall's ethics", *Small Axe*, Vol. 17, 2005, p. 12.

⑥ David Scott, "Stuart Hall's ethics", *Small Axe*, Vol. 17, 2005, p. 14.

霍尔的文章之中得到某种程度上的恢复。鉴于此，就"族性"这个术语在战后的人类学和种族关系社会学中的精确使用而言，霍尔十分明确地表达了自己的保留意见。他要求让该术语能从"多元文化主义话语的位置当中摆脱出来"，然后再将其转化，就像我们之前将"黑色"这个术语从消极等值的系统位置之中恢复过来一样。①

一直以来，尽管从新族性之争沿袭下来的辩论遗产是极其深刻的，但是它却脱离了生成它们的作者的掌控。就这点而言，我们能在菲儿·科恩(Phil Cohen)于新族性研究中心所进行的各种文化研究工作中感受到，科恩响应了伯明翰学派投身日常生活的呼声，这种文化研究的回归与伯明翰学派也存在一定差异，② 而这种差异能在诸如《族性》③这样的新杂志里看出端倪，它预示了围绕英国多元文化差异的本体论之争的改变得到了正式承认。尽管左右派人士都对此有所批评，但是后来的许多文献还是欣然采纳了"新族性"馈赠的遗产。④

但是从一个时刻转移到另一个时刻的空间坐标同样是趣味盎然而又意义非凡的。位置、地区、地面、地点、语境和接合的空间隐喻，而且这种空间隐喻越发成为 20 世纪 90 年代初的身份政治学⑤以及霍尔自己的作品的中心问题。20 世纪 90 年代的身份政治学之争使得种族问题更加逻辑地形成一种愈发深层的偶然感，这

① Stuart Hall, "New ethnicities", in L. Appignanesi, ed., *Postmodernism*, London: ICA Documents 4/5, 1988, p. 29.

② Phil Cohen, ed., *New Ethnicities*, *Old Racisms*, London: Zed Press, 1999.

③ S. May and Tariq Modood, *Ethnicities*, 2001.

④ A. Sivanandan, "Britain's shame: From multiculturalism to nativism", *IRR* (*Institute of Race Relations*), Available at: http://www.irr.org.uk/ 2006/may/ha000024.html (accessed June, 2006).

⑤ Michael Keith and Steve Pile, *Place and the Politics of Identity*, London and New York: Routledge, 1993.

在种族词汇和他们的空间词汇上都得到了体现。族性、种族、多元文化主义以及黑人民族性的各种术语是偶然呈现的。在某种程度上，它们每一个或许在此时此地是对的，但是在彼时彼地又是错的。因此，这里有一种贯穿在霍尔作品中的逻辑感，这时对于种族主题地理学的兴趣开始与偶然性、创造性和易变性的感觉结合起来。

仅举一个例子，多元文化主义的谱系具有一种复杂的扭曲和转向。"新族性"展示了20世纪70年代多元文化主义的话语方式，它预示了近几十年来在社会政策领域的多元对话。五彩缤纷的多元文化论或许能够带来愉悦的美学感受，但是同时掩盖了剥削历史、符号统治以及真实暴力，而这些东西很明显都牵涉种族主题。如此自相矛盾的是，我们在霍尔写于1988年的一些作品当中发现，围绕多元文化主义的社会政策话语所具备的某些形式是具有争议性的，尽管职责、补偿、认识、交换和再分配的伦理挑战可以用来定义社会公正，而这种定义又将我们重新带回到了多元文化之争的分析领域当中。

许多时候，当多元文化主义身份与3S(Saris、Samosas、Steelbands)教育政策联系起来之时，有人就会在种族主义制度化的问题上抛出一些有关文化的陈词滥调，而这些东西理应被驳斥。同样有些时候，多元文化主义之争也使得社会建设的理论问题变得更为深刻。在霍尔的背后，多元文化的接合是"优劣并存"的。优劣二者的差异涉及它们运用的时空以及术语自身的实际内容。因此这使得霍尔的作品会更加系统地关注全球的以及地方的都市生活方式，尤其是他对全球化与多元文化关系的思考，这种探讨收录在海塞(Hesse)于2001年编辑的《解决亦或搁置的多元文化主义》文集中。

"多元文化问题"中的都市生活叙事

从许多方面来看，"多元文化问题"都是一篇十分重要的文献。一直以来，它体现了强大的跨学科能力，而且它将霍尔对政治科学和种族关系社会学中的多元文化主义系谱学的思考熔铸起来，这种熔铸是以文化研究当中的一些复杂的"文化和身份"表征的形式展开的。除了这篇文章的宗旨之外，此文献的重要性还体现在其中的文化是由全球构筑的，在这张全球文化地图当中，"文化方位"则成为多元文化主义理论的基本特征。

这些著作将对多元文化的哲学思考的提炼与对"全球各地（global local）"的微妙认知联系起来。这就与对"种族关系"或者"社会"研究的传统观念形成了鲜明的对比，① 后者将民族国家视作是一种毋庸置疑的文化熔炉；对于当代社会和政治语境中的"种族问题"，该文集提供了一种可以理解这些问题形式的智力装置。地缘政治在以种族为主题的文化生产中心出现，然而城市通常为此提供一个进行叙事的框架设置，而城市生活成为身份形成的情感过程与权力资源的合理组织的一个基本特征。

在某种程度上而言，霍尔的文化研究一直以来都显得比较亲和，但围绕多元文化主义的论争也通过某种叙事方式凸显了种族问题，而这种方式就是为当下赋权的同时也不忘记当下的（福柯式的）历史。文化研究以此种方式变得陌生起来，而部分作品同样提供了一种地图以及当代的系谱。

---

① M. Hickman, "Multiculturalism in one country?", *Economy and Society*, Vol. 36, No. 2, 2007, pp. 314-318; Tariq Modood, *Multiculturalism: A Civic Idea*, Oxford: Polity, 2007.

这项工作是通过假定存在着可以同时为临界距离与直接监督赋权的前提来实现的。这意味着什么？该文献总结了多元文化在破坏种族和族群语言上的强大效果（这超出了英国曾将"黑人及亚裔"归类为二代或者三代移民文化的陈旧二元分类模式）。文化通过混合交融的形式变得混乱不堪，而自由宪政国家的基础也开始变得动荡不安。

该文献将一般"文化"与特殊多元文化的创造物置于一种带有嵌入感的地区、国家和全球地理当中。在 1988 年出版的"新族性"里，多元文化主义是"反种族主义的他者"，它是战后处理差异问题的归化方式，即通过涉及"种族关系"的中介机构、社会政策和推论形式展开。但是在这篇 2000 年版的文献中，多元文化理论成为人口与信息的跨国流动、全球化情感、社会经济的理性国家组织、文化生产的本土创造力的重要中介。因此，在具备多元文化的城市里，多元文化的自由主义与共产主义版本之间存在一种矛盾，而这种矛盾与地方的伦理及社会问题的关系显得时而紧密时而剥离。

因此，借助霍尔所采纳的多元文化思路，我们可以巧妙地解决在种族文化研究当中出现的两个常见错误。第一个错误出现在一些讨论多元文化主义的文章中，而这本质上是探讨"社会"是如何管控差异的反空间之争。玛丽·希克曼①近来将此称为"一国之内的多元文化主义"，这场争论实际上是集中关注一个国家内的资源与认同上的竞争要求。团体权利和个人权利之间的张力，公共

① M. Hickman, "Multiculturalism in one country?", *Economy and Society*, Vol. 36, No. 2, 2007, pp. 318-314.

领域中的信仰空间，国家身份与融合的概念趋向于主导严肃性论辩，① 有时退回到对细微差异的自我陶醉或许也能走向一条歧出的死胡同。

但是我们知道，"一国之内的多元文化主义"的政治学忽略了多元地理层级之下的国际流散情感以及权利和责任的理性组织的产生。这种地理多元化超出了地方与全球或者说国内与国际之间的界限。它只在地区的、城市的和毗邻的层级上起作用。它展现了一个国家的难民在居住权利上的不可通约性，如同一个有特殊需求的家庭需要在议会安置房内等待一个前途未卜的住房分配系统下的名额一般，如同一个在空间定义的市场之中的主体，即一个针对当地人或者仅仅是生活在特定地产上的住房申请者。

第二个错误体现在人口统计学式的差异呈现与他们的文化变迁之间的张力，这意味着所有的这种分类都无法充分展现他们的本质，不过霍尔对此的描绘则有效地避免了这种错误。黑人、孟加拉人、穆斯林人、犹太人、古吉拉特人都是一些表示特定人群的术语（在这个意义上具有人口统计学意义），但是这绝不能抓住创造力、政治学和富有表现力的文化形式的历时性动态变迁，而且这是不断超出一般分类标准的。一旦文化超过了其原初差异，它在具备选择性、论辩性和狂欢性的公共领域中所创造的产品就变成了价值争论的轨迹，而这正在被权力结

---

① Tariq Modood, *Multiculturalism: A Civic Idea*, Oxford: Polity, 2007; N. Pearce, Multiculturalism and citizenship: responses to Tariq Modood, Available at http://www. opendemocracy. net/faith-terrorism/response _ madood _ 4630. jsp # two (accessed June 2006), 2007; S. Hundal, Multiculturalism and citizenship: responses to Tariq Modood http://www. opendemocracy. net/faith-terrorism/response _ madood _ 4630. jsp # two, 2007.

构所挑战或者复制。文化治理恰恰涉及文化差异的创造领域和权力政权之间的关系，它允许一些主体彰显自身而另一些人则依然隐没。这种"文化方位"感体现在权力的几何图形之中，它含蓄地利用了一些诸如多林·梅西（Doreen Massey）[1]等地理学者的作品，并且杜绝了文化差异研究的特权类别，凯坦·巴特（Chetan Bhatt）[2]已经对否定种族和族群的地缘政治学的行为进行了批评。

厄尼斯特·拉克劳（Ernesto Laclau）和朱迪斯·巴特勒（Judith Butler）也对这本文集产生了明显的影响，巴特勒的作品可以瓦解共产主义者和自由主义者的多元文化主义的论战结构，换用霍尔的术语即："每个以他者视野得出的特定身份都是根本不够的。这就意味着普遍性是我的身份的一部分，而至于我则被一种'本质缺乏'所渗透。"[3]

以这种方式，接合政治学使得事物此是彼非，新族性文集中浮现出的语境意义显得尤为深刻。在某种意义上而言，霍尔产生了一种对城市空间的未知的和不可知的创造感，他据此曾写道："在这些间隙之内存在一种传播本土现代性的可能性。文化并不能从正面抵抗西方现代技术的大潮。可是，它们继续改变、'翻译'其自下而上的规则。它们组成了一种新'地方主义'的基础，而该基础的特征就是无法进行自给自足，但是地方主义孕育其中，而不只是一种全球的幻影。这种'地方主义'不只是历史的余响。它

---

① Doreen Massey, *For Space*, London: Sage, 2005.

② Chetan Bhatt, "Contemporary geopolitics and 'alterity'research", in Martin Bulmer and John Solomos, ed., *Researching Race and Racism*, London: Routledge, 2004.

③ Stuart Hall, "The multicultural question", in Barnor Hesse, ed., *Un/settled multiculturalisms: Diasporas, Entanglements, Transruptions*, London: Zed Press, 2000, p. 234.

是新事物——全球化所附带的阴影。"①

在去世后出版的最后作品当中，保罗·赫斯特（Paul Hirst）认为，西方政治理论的中心是对于城市及国家的历史合作生产的理解。城市与国家这两个术语是互构的；统治的概念唯有通过自由城市和君主专制的相互作用才能理解，对于领土的理解则需要中介，有时这种中介就在本土文化（比如方言，patois）与想象的社区（民族，ethnoi）及领土的动态组合之间。② 城市代表一种统治权力和社会组织的领土化，但是它依赖于一种自我身份（一种城市想象）的情感，而它则假定了一种超越疆界的国家的存在（甚至在文艺复兴时期最高级的城市共和国形式中或者 21 世纪的城市国家里）。现代国家通过下属的地理单元将其统治政权进行地区划分，但是为了彰显权力主体从而依赖于人口统计学的理性组织和居住点的功能层次，这就使得城市化成为一种强劲的经济逻辑。这种社会组织是通过理性与情感这种政治学理论的周期性张力共筑的，而它利用了以现实和想象的城市作为中介的都市化语言。在这个意义上而言，现实和想象共存的城市词汇与理性和感性并置的康德哲学有异曲同工之妙。这同样也是多元文化问题需要将全球与地方更多地并置起来考虑的地方。它同样需要一种将多元文化主体和种族困境展现出来的地图学。霍尔的文章可以概括如下：城市生活是与多元文化问题相伴随的影子。

霍尔的文章展示了多元文化在全球的实现对身份与归属这一传统（单一民族的独立国家）问题框架的挑战方式。同样地，他将

---

① Stuart Hall, "The multicultural question", in Barnor Hesse, ed. , *Un/settled multiculturalisms: Diasporas, Entanglements, Transruptions*, London: Zed Press, 2000, p. 216.

② Paul Hirst, *Space and Power: Politics, War and Architecture*, Oxford: Polity, 2005, pp. 12, 36.

全球与地方的关系视作是在封闭的国家领域中的一种断裂，而社会概念的地理断裂需要一种可供理解、阐释的描述性语言，并且它可以借助诸如忠诚、情感和归属的概念唤起人们的空间感，而这是身份、权利以及一个好城市的理性组织之间的不可通约性的需求。

从这层意义上而言，我们开始得出一个城市生活的概念，它将21世纪的城市多元文化主义视作是人口统计学的必然与政治学上的挑战。在伦理上，我们需要考虑居住在城市社区的意义，这种社区或许是不同的历史与差异的历史的共同产物，这种历史具有殖民主义、奴隶制和暴力统治的烙印。我们同样也需要明白这种社区或许会借助情感和忠贞的全球网络来构筑。正如当代资本全球化的经济驱动力挑战着民族国家的主权，劳动力的流动与资本一起创造了文化和人口的跨国网络。也正如多元文化主义成为与全球化相伴随的影子，假如我们能理解全球化的城市与社区的动态性，那么我们不得不加强对于多元文化主义的理解，因为它展现了这种叙述空间并且产生了一种具备伦理可能性的政治叙事。

纵观全球，城市提供了一个实现各种挑战的特殊领域。在涉及多元文化主义的文章当中，霍尔关注政治主权与文化政治学的交界面，这展现了新族性主体的道德困境以及政治理论和文化研究的学科交叉。在一些文章中（这横跨了左右两派的政治光谱），有一种将国界外的世界进行浪漫化处理以及提升市民社会和社区动员的美德的趋势。一种对颂扬公民社会的"治理"派写作的普遍批评暗示，这种公民社会形式是在政府统治的框架中形成的，而生物政治学将这种合法主体描述成是从权力缝隙之中浮现的。霍尔文章中的这种暗示需要我们细查权力政权和主体（包括主观性）之间的关系，这种关系在他们的视野以及"主观化"政权之内方能显现。另外，对自由的狭小空间的限制超过了国家视野或者浪漫化的新道德主体，这种主体是在全球多元文化的文化政治学中浮现的，而这或许会限制而非促进我们迈向国际大都市的步伐。①

面对当下全球的城市世界主义的诱惑，多元与差异星光闪现。种族主义、中央集权、种族清洗和外来恐惧重新成为城市的恶魔。实际上，围绕都市生活与种族、多元文化、偏狭形式规范的论辩所带来的挑战是主观的（城市）与客观的（多元文化）的辩论，这种在我们眼前不断消失的东西竟然会以其他的方式再次浮现。面对矛盾重重的现实与霍尔在多元文化主义文集中探究空间进化所展现的现象，我们可以利用上述资源解决"新族性"中明显展露的问题以及《监控危机》一书中所揭示出的矛盾。

如果不寻找其边界的话，城市看起来显得如此牢固。如果不是发现了鹅卵石下的海滨，我们会觉得街道似乎就提供了确定性，这就是对私生活进行秘密叙事的隐秘空间与同意和反对意见交替进行的公共领域。当历史是权力的声音之时，地理则是探险家和制图师的特权。我们并不希望将这些声音与地图视作是理所当然的。与此相反，城市历史学告诉我们年表已经被用来理解城市了，并且历史一般是由胜者来书写，而失败者的声音则湮没无闻了。

特别地，多元文化问题展现了为什么我们需要一种能在当代城市中航行并通告社会政治论争的新探索罗盘的原因。从历史上来看，我们或许可以将城市研究及城市研究的交叉学科领域置于一个横跨东西的谱系上，而这或许可以称之为一种传统的和批判的研究文献。传统城市研究方法常常将城市的社会经济秩序具体化（努力使得其功能实现最大化、工作形式实现最优化）。与此相

---

① Michael Keith, *After the Cosmopolitan? Multicultural Cities and the Future of Racism*, London: Routledge, 2005.

反，批判分析旨在逐渐破坏建筑和人群的自然化的秩序（揭示了不公正的铭文的图案诡计以及权力和资本不平等的具体化）。这种二维城市生活无法适应全球化的跨国挑战以及多元文化的伦理挑战。

这样做需要进入城市研究的学术论争以及一些社会大众之中，这些大众关心全球化城市的多元文化未来。正如霍尔的文章将空间感与自由主义者及共产主义者的张力感在一个全球概念中综合起来一样，类似的城市阅读挑战了经济的和文化的城市阅读。它纵贯了共产主义者和自由主义者的道德哲学，但是它是在我们东西谱系无法安置多元文化城市的激烈论争之中实现的。

有时候霍尔这里也有一种协调不可通约性的空间线索。在文集的后面一种定义自由主义者和共产主义者的张力的谱系显得意味深长，它制造了陌生与熟悉之间的敌对，并且详细叙述了我们如何了解城市以及我们如何限制其可能性或匿名性。长期以来，城市是新事物来到世界的平台。从历史来看，城市之所以成为经济、政治和文化改变的熔炉，正是因为旧价值和旧秩序在城市生活的骚动面前分崩离析。这展现了民粹主义狂热下的典型城市恐惧与大都市对于启蒙批判的潜力。因此城市在这些张力之间是矛盾的和模糊的，城市领域展现了最强烈的不宽容形式，通常也展现了其进行最亲密形式的文化对话的潜力。

在某种程度上而言，它也缺乏一套逻辑进展的张力，在霍尔新近的作品当中看到精神分析变得更加重要。这种在种族问题之间的不可通约性的张力恰恰得以彰显，而矛盾因素或对抗力量是既不暗中调和也不辩证综合的，而是一种临时抑制的理论形式。

因此比如"无家可归"（unheimlich 的字面意思）这个诡异（uncanny）范畴就成为理解如今出现的空间、主体和城市隔离叙事方式的关键。正如李欧梵(Leo Oufan Lee)①在其探讨 20 世纪 20 年代的上海时的尖锐评论那般,在某种程度上而言,诡异范畴提供了一种殖民地现代性、都市以及浮现的主体的构图方式:"尽管其空间仍然是国内的,但是如今在心灵内部,人们已经区分不出投射或者内省的界限了。其症候包括空间畏惧,它导致对于运动的麻痹,以及时间畏惧,这导致一种历史健忘症。"当代历史以及大都市的制图学重新定义了一种与多元文化的诡异关系感。

在多元文化主义文集当中,霍尔在这个方向上指出:"多元文化问题也表明'差异'是将民主定义为真正的多元空间的关键……它必须试着构筑一个多样性的公共领域,在此所有的细节问题都必须在一个更加广阔的视野内进行协商并转化。空间的关键就是维持异质性与多元性,其基础就是在协商范围以内维持他们的差异。"②

本着这种精神,霍尔自当代文化研究中心(CCCS)以来所倡导的这种学术批评逐渐成为一种参与当代大都市的日常文化以及铺展这些问题的理论叙事的演练,这种理论叙事可以用来理解时空故事的欺骗性,解开其自我构筑中的道德的、政治的和实践中的矛盾。

因此都市生活的词汇在讨论多元文化的作品当中俯拾即是。我们不能直接领会这些词汇的意义,而是需要追踪本土的现代性与偏狭的接合性之间的构图,这在莱斯·巴克(Les Back)那里被称

---

① Leo Oufan Lee, *Shanghai Modern: The Flowering of a New Urban Culture in China*, Cambridge, MA: Harvard University Press, 1999, p. 178.

② Stuart Hall, "The multicultural question", in Barnor Hesse, ed., *Un/settled multiculturalisms: Diasporas, Entanglements, Transruptions*, London: Zed Press, 2000, p. 236.

为"大都市悖论"。① 我们需要明白罗盘可以用来确定北极和与其相关的东、西、南的方位，但是无法为我们提供一个通往美好城市的公路地图。它们展现了在城市生活秩序里的一种与框架本身角力的本质性张力。霍尔在文章中将附加的纵向维度（"北—南"）组织起来用于揭示全球与地方二者的现实关系，理性和情感被视作道德哲学的基本张力，但是它同样与当代文化多元主义的地图学产生共鸣。值得注意的是，在当代道德哲学与多元文化这两个主题上的论辩编排是一致的，即长期围绕着我们是如何认识城市空间的道德标记展开论辩的。② 除非我们理解了城市是如何将这些张力汇聚、转移并分解的，不然我们将会继续误解多元文化主义对当代都市生活的挑战。最重要的是，我们既可以直接将所有这些张力说成是社会政策问题，这些政策指导我们如何建设一个多元文化城市，也可以将其视为学术问题，据此我们可以得知一些如何理解它的方式。③

极端点儿来说，城市通常欢迎陌生的及未知的事物。移民、难民、新客或者后来接触到后殖民大都市的本土文化者，他们眼里所观察到的城市往往是别样景观。新移民群体的到来可能会从根本上改变城市的旧有生活方式，他们会发现缝隙市场或者创新空间，他们还会挑战金科玉律与强势权力阶层。转瞬即逝的漫谈或许突然成为象征意义的中心。殖民主义、帝国、奴隶制、镇压原住民的历史被掩藏起来，但是它们或许会从城市细胞的潜意识

---

① Les Back, *New Ethnicities and Urban Culture*: *Racisms and Multiculture in Young Lives*, London: UCL Press, 1996.

② Richard Rorty, "Justice as a larger loyalty", in Pheng Cheah and Bruce Robbins, ed., *Cosmopolitics*: *Thinking and Feeling beyond the Nation*, Minneapolis, MN: Minnesota University Press, 1998, pp. 45-58.

③ Michael Keith, *After the Cosmopolitan? Multicultural Cities and the Future of Racism*, London: Routledge, 2005.

里苏醒过来。但是他们并不是直接这样做的。

相比之下，伦理上可知并熟识的事物的共产主义感与邻里关系的道德正义性直接说明了一些争论：混淆了我们或许通常称为反动派（编码为政治右派）和革命派（编码为政治左派）的都市生活的东西方类型。给予少数群体一个平台来享有发言权的价值系统或许必须立即捍卫他们的呼声得以实现的根基。监控权在这种邻里关系（现实的或者隐喻的）中的出现挑战着这种言说权威。它直接以财产权利、两性关系、学校教育、明显性征、租房补贴控制（通过国家或者社会房东条款进行）以及雇佣法律和实践的市场中的文化认知权的术语言说都市政策。它间接地说明了一种围绕权利话语、国家形态、国际索求和强制执行之关系的论辩。① 自由主义者对身份标记的漠不关心也直接诉求一种避免歧视、种族骚扰以及现实的与符号的文化偏狭的权利。大致来说，我们的罗盘已经在这种新观念下严重迷失航向了。我们能在 21 世纪的多元文化领域中看见身兼左右两翼的共产主义者。邻里关系变成了在商业改善区域里进行自我监控的权利，地方社区采取自我管控行动来反对流浪汉、反社会者及行为恶劣者，而这对传统的右翼选民具有较高的吸引力。社区基层组织反对物业资本，反对道路扩建、修建绿地、关闭学校，而这些都是左派的传统议程。共产主义者既持守道德立场又拥抱都市生活。他们有同一种道德根基，但是

---

① Costas Douzinas, *The End of Human Rights*: *Critical Legal Thought at the Turn of the Century*, Oxford: Hart, 2000; Costas Douzinas, "Humanism, military humanism and the new moral order", *Economy and Society*, Vol. 32, No. 2, 2003, pp. 159-183; Peter Fitzpatrick, *The Mythology of Modern Law*, London: Routledge, 1992; Peter Fitzpatrick, *Modernism and the Grounds of Law*, Cambridge: Cambridge University Press, 2001; David Hirsch, *Law Against Genocide*: *Cosmopolitan Trials*, London: Routledge Cavendish, Available at http://www.irr.org.uk/2006/may/ha000024.html (accessed June, 2006), 2003.

在城市愿景和政治路线上又存在着明显的差异。他们也不断呼吁一种全球城市的种族社群主义，这使得在自我边界提供一种有问题的文化生产的少数族群的认知权利得以具体化。

但是摆脱国家限制的权利同样反对奇装异服或者行使个人的宗教偏好，而限制国家权力滥用暴力或者监控城市空间往往也是左派所称道的。李嘉图式的地租曲线构筑了一种市场空间，然而对抵制国家进行市场干预的责难，以及对全球资本主义的劝诫或者政府对市场关系的干预正向自由主义说明一个事实：左派很难将其归为己有。一种对国家行为的强烈怀疑不时在左右两派政治谱系中形成共识。这就直接告诫我们在使用词汇时必须格外细心。自由主义也分为左派自由主义和右派自由主义。最好不要将新保守主义定义为新自由主义，因为它无法归入诸如当我们将进步的都市生活视作敌人而得到的"复仇之城"这样的观念中来。这种横跨进步和反动界限的自由传统在反种族主义的呼声中得到重申，它寻求种族差异的非法性与种族商品化的市场逻辑特权。

这种道德罗盘的另一个维度在 21 世纪的全球多元文化主义城市的现实面前变得更加复杂了。对土著的和本地居民与少数移民的权利认知正好位于批判都市生活、城市功能建设、公有社会的稳定与耻辱、自由政府的问题这四维张力之间。它在其中常常四面楚歌。对移民可以为城市带来经济利益的认同与移民会对稳定的社会结构带来威胁的反调针锋相对。他们也涉及了一个更为复杂的论辩：作为少数派的移民群体的文化权利理应受到重视，而运转良好的城市政府结构则对其不断镇压。

结　论

斯图亚特·霍尔式的社会干预带有浓重的政治行动与理论争

辩的双重色彩。但是城市形象似乎逐渐展现出一个问题：它成为自由与隔离的潜在领域。霍尔后期的作品带有一种政治想象的窗口与政治行动的舞台的双重空间感，这种双重性则带来了丰富的张力。

同样，霍尔以地方、国家和全球感确定的政治范围则是通过权力几何学进行装配的，这彰显了在邻里、地方、国家和全球范围的市民语言的不可通约性。① 大致来看，霍尔的作品在空间方面的意义显得越来越重要。霍尔早期作品的空间与地域语言奠定了其理论构筑的基础。有时它只是文化政治学在领土上的实现，地理学几乎是经验主义的同类，城市则是后殖民主义在种族主义实践上的不断变动的有毒熔炉。但是它也在不断进化当中。当语境和接合在理论上显得更加重要之时，空间展现了偶然性在编剧方法当中的潜力。并且城市成为表演的场地；这种表演不仅仅在都市舞台上，城市街道或其他具有创造性和异议性范围都可以成为新文化形式的基本特征。但是问题依然显得更加复杂。记忆、现实和乌托邦梦想的暂时性与全球化的现实与想象结构的多元空间性二者是相互影响的，这重新描绘了一座好城市的道德维度和种族问题。我们回到这种矛盾情绪和不确定性，它在逻辑上预测一种对地方文化的心理分析式的关注。正如斯图亚特·霍尔作品中空间的进化那般，它既利用又批评一种诡辩式的都市生活。这在霍尔作品中的呈现或许不仅仅是一种智力兴趣使然。但是我们确实可以在这里学到很多有关都市研究的知识；霍尔作品在建筑学、社会学、文化学、地理学、人类学等领域展现出的跨学科性表明：我们或许能从霍尔作品的评论方式中获得一些启示，他对一种借

---

① Michael Keith, "On what the Commission on Integration and Cohesion（CIC）really said", *Open Democracy*,（July, 2007）.

助文化形式将统治性的种族政治伦理学置于都市生活中的主体和建筑的中心持批评态度。

在这个意义上，就像戴维·斯科特已经强调的那样：斯图亚特·霍尔的"行为伦理学"参考了当下的"不可避免的偶然性"，或许霍尔的作品应当被视作理解城市的抵抗地图学的政治诫命。①

（宗益祥 译）

---

① David Scott，"Stuart Hall's ethics"，*Small Axe*，Vol. 17，2005，p. 210.

卅年复议：斯图亚特·霍尔之
"解构大众"笔记※

［加］杰森·哈尔辛(Jayson Harsin) 马克·海沃德(Mark Hayward)

　　对于媒介及文化研究者而言，当下日渐复兴的大众政治运动无疑成为最为复杂难解的社会现象之一。近些年来，无论是席卷美国的"占领华尔街运动"还是中东地区爆发的所谓"阿拉伯之春"运动，以及当前希腊愈演愈烈的反紧缩政策大抗争，这些风起云涌的集体政治运动日益高涨的同时，全世界也无不为之感到震惊。伴随着网络媒介技术及其传播制度的深刻影响，类似运动的参与者们开始学会利用各种网络媒介传播方式来让政治运动与大众文化显得水乳交融。然而，大众政治运动与大众文化二者之间的关系仍然是矛盾重重。这其中存在着一个最为明显的悖论：资本主义制度之下的文化生产仍旧遵循着其固有结构，而这种文化生产只会延误社会变革并且继续维持个体不断疏离化的生存状态。有鉴于此，尽管许多社会斗争惯于将政治运动与大众文化二者联姻，

　　※　原载：*Communication, Cultural & Critique*，No.6(2013).

但是这种联姻却留有蜕化为民粹主义运动的风险，而民粹主义不仅阻碍了实现民主主义的各种可能性，而且它还固守甚至加剧了这种根深蒂固的褫权运动形式。

本文旨在描述、分析并揭示当代英美语境之下社会问题的纷繁复杂性。正如爆发激进社会变革的可能性与日俱增一般，这里所指的复杂性就体现为某种特定的社会问题必然会与各种积极干预的社会势力相互交织，而一旦这些不同的社会势力免于遭受直接镇压就会让社会异议得以持续升华。这些文章承袭了以斯图亚特·霍尔为代表的英国当代文化研究中心（CCCS）所逐步形成的媒介与文化研究的学术传统，它们将"大众"视作是集体运动与个人参与的重要活动场域，并且"大众"以一种横断面的方式直接勾勒了政治运动与日常生活之间复杂而微妙的损益关系。在"解构'大众'笔记"一文中，霍尔借鉴了葛兰西（Gramsci）旨在分析意大利社会问题的"霸权"范畴，并且将其创造性地转化成为与 20 世纪 70 年代的英国社会语境相适宜的重要分析方法（参见霍尔于 1978 年与人合著的《监控危机》一书，该书对此分析方法进行了极佳的阐述）。① 在"解构'大众'笔记"一文中，霍尔留给我们一段对于政治运动与大众文化二者之复杂关系的著名论述："欲要研究大众文化者，唯有以此起步：须知大众文化具备双重支点，即其内部必然包含遏制与抵抗之双向运动。"②

"解构'大众'笔记"一义最早发表于 1981 年，尽管霍尔以极为谦逊之心将其仅仅题为"笔记"，但是这篇文章自发表以来便不断得到其他作者的选录与引证，可以说它在为当代文化研究中心进

---

① Stuart Hall, Chas Critcher, Tony Jefferson, John Clarke and Brian Roberts, *Policing the Crisis: Mugging, the State, and Law and Order*, London: Macmillan, 1978.

② Stuart Hall, "Notes on deconstructing 'the popular'", in John Storey, ed., *Cultural theory and popular culture*, Harlow, England: Pearson, 2006

行形塑方面扮演了极其重要的角色。然而，尽管学者们对于大众文化产物的研究已经明确成为媒介与传播学研究下属的一门分支学科，但是这些分析本身往往暗含着一种对于大众的静态定义问题。尽管就媒介在构造社会关系的决定性作用方面，许多学者也对与此相关的表征和消费实践问题进行了深入的研究，但是他们几乎都没有切中伯明翰学派对于大众定义的方法传统。事实上，大众并不能以与媒介有关的场地及文本形式来进行定义。在霍尔看来，大众必须通过"权力关系"的维度来定义，而这种权力关系则是彼此相连的特定对象、不同主体性及其制度所共同铸造的产物，而大众文化体系则是集体机构与集体活动的重要行为场域。尽管文化表达、社会形态与政治运动三者之间的关系显得十分难以捉摸，但是霍尔则强烈主张如果非要对大众进行定义的话，就必须诉诸对上述三者关系的深层挖掘。

因此，首先我们必须认识到构筑当今大众文化的社会根基已然发生变化，而对于这种变化的把握是任何对于大众文化进行危机分析的必经环节。有鉴于此，本期的这些文章并非只是对于霍尔及其当代文化研究之诉求的简单重构。正如霍尔及其伯明翰学派的其他同事们所进行的研究那样，他们无疑体现了在20世纪70年代的英国特殊语境之下的独特问题式，而本期的这些文章同样必须以一种与时俱进的新视角来解读当下的社会问题。尽管我们还在使用"大众文化"一词，并且我们对大众文化与政治运动之复杂关系还较为熟识，但如今距离霍尔发表"解构'大众'笔记"一文已经过去了整整三十年，而霍尔在该文中借以分析社会事件所使用的生产、流通和消费的"大众"阐释模式已经发生了深刻的改变，因而我们有必要对霍尔的经典方法进行一次复议与扬弃。出于这个原因，笔者绝没有将霍尔的研究方法视作应该彻底废弃的故纸堆，而是试图论证当代学者对于霍尔的大众文化概念的重新解读意义非凡。

以此观之，我们对待霍尔的作品绝非仅仅是为了论证革命而引经据典，而是转用其中的方法来分析具体的历史事件（实际上，霍尔的此种方法也是从马克思与葛兰西那儿转化过来的）。该方法关注政治运动、统治技术与抵抗策略的偶然性。当霍尔通过重读葛兰西的著作来阐释撒切尔时代的英国社会现状时，在他看来，"对于业已凝聚的集体政治认同（比如阶级）以及已经成型的政治抗争形式而言，政治并非只是一个对它们进行简单折射的舞台"，而是"各种经济的、社会的和文化领域内的权力关系的展现，这种权力关系通过积极干预的方式来不断生产权力与控制的特殊形式。而这就是政治生产——政治本身也成为一种产品"。① 霍尔一以贯之的政治及大众的偶然性概念引领其对集体政治机构的文化关系进行了一种透彻的分析。不过，与"大众"相宜的集体主语往往成为"人民"，而该术语的典型属性即是它还是"没有固定的内容"。然而倘若以今日眼光来阅读霍尔的话，读者们或许会觉得他显得有些"稀奇古怪"了，这里涉及的阶级概念会成为马克思主义政治学带有机械论色彩的铁证，不过我们还是有必要回忆一下霍尔思考"阶级"的唯物主义分析方法，即诸如"大众"、"人民"及"政治"等概念都带有不作保证的历史偶然性。

因此，就"大众"这个概念而言，不是将其视作历史得以不断铺展开来的舞台，而是必须将其理解为"一种组成阶级或集体力量的潜力——这才是政治运动与文化抗争的本质：让分裂的阶级与离散的人民凝聚成为一股大众民主文化力量的洪流"。② 进一步而言，这也就是为什么那种以特定舞台或者表达形式所进行的大众

---

① Stuart Hall, "Gramsci and us", *Marxism Today*, (June, 1987), pp. 16-21.

② Stuart Hall, "Notes on deconstructing 'the popular'", in John Storey, ed., *Cultural theory and popular culture*, Harlow, England: Pearson, 2006, pp. 452-453.

文化定义无法取代政治运动的原因；因为这无论是在概念定义还是分析方法上都没有切中政治运动之本质。然而，尽管此二者的关系显得如此脆弱不堪，但政治运动几乎无法在没有大众文化参与的情况下发生，因为文化毕竟是大众存在的重要形态，而且它是政治参与者及其政治活动的基本场域与重要内容。而恰恰是因为霍尔强调大众文化与政治运动之关系的复杂性、偶然性，甚至是时常出现的矛盾性，因而他对于将大众研究作为目标本身并"不十分在意"。

由于霍尔极力推崇政治运动的偶然性与情境性，因而他最初所假设的许多范畴更适用于对当下的社会问题的分析。尽管许多文化已经在生产、流通与消费领域进行了革命性的变化（詹金斯[Jenkins]称之为"融合文化"），但是这并不等于说霍尔的大众概念就彻底失效了，甚至于当我们利用霍尔的方法来分析当下问题时会发现它在复杂性上提出了更高的要求。举例而言，当前的大众文化与政治运动之中存有一些资源丰富的角色，他们或许会不惜重金聘请网络公司来进行"声誉管理"，而这就与"草皮"基金政治运动在传播集体热望并力求社会变革之时的情况极为类似。然而大众文化或许仍然是充当组织、管理与传播集体运动最为有效的构造工具。

实际上，新自由主义同样也试图与大众文化进行相互交融，或许我们将应该与这种作为特例的新自由主义进行一番论战；新自由主义具备一种清晰的经济规划，它是一种旨在组织、管理与传播特殊的集体机构与集体活动的社会运动与政治计划。20世纪七八十年代的英国就兴起了这种今天我们称为新自由主义的社会思潮，而当我们重新阅读霍尔当时旨在分析英国社会发展进程当中的大众文化时，我们会发现，尽管"解构'大众'笔记"一文对此也只不过是勾勒了一个大致框架（毕竟此文只是一篇"笔记"），但是霍尔确实尝试了去分析并影响当下的这种社会变革。哈维（Harvey）就曾指出，尽管作为一种意识形态的新自由主义最早可以追溯至 20 世纪 40 年代，但是直到 20 世纪 70 年代的社会危机爆发之后它才被世人正式理解为一套具有社会形态联盟属性的社会理念；而在北美与欧洲地区，这种持续不断的社会危机掺杂着一系列急剧变革的政治联盟与重要事件，比如这就包括从里根主义与撒切尔主义、新民主党与新工党、法国以及其他地方的民族阵线到反全球化或者另类全球化运动、"9·11"事件、茶党、占领华尔街运动，等等。

然而，对于当代特定的新自由主义语境而言，假如利用霍尔对于大众的特殊定义来对重要的大众文化进行权力分析之时，我们就必须认真看待霍尔对于不同历史分期的权力关系的分析，而这其中无疑就涉及文化与传播。任何有说服力的大众文化分析都必须考虑到形形色色的政治关系，并且还需要认识到这些政治关系具有地缘性与暂时性特征。如果不是这样的话，那么此类学术就只能提供一种对于大众文化的漫画式的简单重复，而这种重复只是一种故调重弹，即新自由主义是给定的前提，政治分析则是随后的点缀。此类学术论调时常认为大众文化研究就应该是非政治的，但是又心满意足地认为文化当中的"政治①因素"当然也是题中应有之义。

一旦我们以带有历史偶然性的大众概念来理解集体机构之构造的话，那么就会发现在没有任何传播技术参与的情况下，我们就很难理解当前那些趋向激进民主变革的社会运动。正如霍尔等人曾经指出的那样，传播技术是一场社会运动朝着社会主义方向前行的重要平台。然而，也正如我们曾经所指出的那样，传播技

---

① RW McChesney, *Is there any hope for cultural studies?*, *Democratic*, *Communiqué*, XIV(2), 1996, pp. 12-16; Michael Bérubé, "What's the matter with cultural studies?", *Chronicle of Higher Education*, Retrieved from http://chronicle.com/article/Whats-the-Matter-With/48334/ (14 September, 2009).

术及媒介工业的关联被定义为对于众志成城之潜力的认识与传播革命潜力的部署工具二者之间的矛盾。这个结论放在今天依然适用。举例而言，近来有些人开始主张，① 作为一种民主式的民粹政治的新形式，媒介融合文化以及产销一体模型的乌托邦方式是一种天真的误解，因为它没有真正理解"聚合并竞争的政府网络把目标锁定在特定人口上（进行监控与管制），它围绕着政府在技术合理性方面的不稳定性问题进行统计，并将自由具化为政治民粹主义"。②

近来詹姆斯·海开始以民主自由与媒介技术的关系之名义将新民粹主义理解为"参与"，例如与传统媒体相链接的网络技术将这种民粹主义式集体参与变得可操作化。不论是茶党还是"快艇老兵求真相"，③ 媒介融合文化有助于那些被我们称为民众参与技术（而不是民主参与技术）的扩散。这常常是一些潜藏着规则与逻辑的参与形式，④ 但是它却对于富有民主形式的集体行动之实施没有

---

① J. Hay, "The popular in a critique of the new political reason", *Cultural Studies*, 25(4-5), 2011, pp. 659-684.

② 不过，在这里我们需要注意一点：海认为霍尔的葛兰西式的大众概念在当下社会局势之中依然适用。海的观点也包含了保罗·威尔诺(Paolo Virno)对于诸众概念的论述，即其对于群众(Multitude)、大众(Popular)、全体国民(Body politic)与人民(People)的区分。

③ 2004年美国大选时，一个名叫"快艇老兵求真相"(Swift Boat Veterans for Truth)的政治团体投放了大量电视广告，他们以越战老兵的身份质疑作为布什有力竞争者的民主党候选人克里越战事迹的真实性，而克里的支持率由此遭受重大打击，但事后克里当年并肩作战的一位老战友最终出面力挺克里并有力反击了"快艇老兵求真相"的质疑本身。——译者注

④ Jayson Harsin, That's Democratainment：Obama, rumor bombs, and primary definers, *Flow*, 10(8), Retrieved from www.flowtv.org/2010/10/thats-democratainment (2010)；Jayson Harsin, Wikileaks lessons for media theory and politics, *FlowTV*, Retrieved from http://flowtv.org/2011/05/flow-favorites-wikileaks-lessons-for-media-theory-andpolitics/ (2011).

什么助益。当然，将大众与人民从非民主之路上唤醒需要一段漫长的历史过程。以美国为例，这就要追溯到发生在 20 世纪 20 年代的一系列重大时代转变，① 这些社会变革与进步主义、寡头政治及技术统治紧密相连，而它们反映了公共关系、职业记者以及群众心理学之崛起。约翰·克拉克（John Clarke）曾对有关研究进行过一番综述，据此他反思认为，显然英国民粹主义中的"普通人"之"召集"与"参与"已经被形形色色的研究方法搞得支离破碎，而此类研究方法无外乎两大类：其一，"关注惩罚声明或文化控制"；其二，"关注统治行为的扩散形式与中介形式"。克拉克强调这些借助政府至上主义策略来召集"普通人"的社交网站之共性仅仅在于——这些策略的效力几乎全部都是偶然性的。

为了描述当下各色政治民粹主义与社会统治方式二者之间的关系，这两大类研究方法潜藏着一种隐性对峙状态，它们一种是强调大众之符号学的或者说意义方面的重要性；另一种则是以生命政治学方法来关注人之情感状况，而"或许人们会辩称这两种方法都将我们牢牢捆缚住了，并且它们还把我们人类弄得四分五裂——要么把我们当成机器或者这部机器的零件，要么就视作某种聚合物或者这种聚合物的元素，或者就将我们视作是某种主观团体或其构成要素，抑或是其他多样性的杂多存在——这也是一种在达成共同意义过程之中的毫无意义的非表意经验"。②正如海

---

① Edward L. Bernays, *Crystallizing public opinion*, New York, NY: Ig Publishing, [1923]2011；Walter Lippman, *Public opinion*, New York, NY: Free Press, [1922] 2011；Stuart Ewen, *PR: A social history of spin*, New York, NY: Basic Books, 1996.

② Jeremy Gilbert, "Signifying nothing: Culture, discourse and the sociality of affect", *Culture Machine*, 6, 2004, Retrieved from http://www.culturemachine.net/index.php/cm/article/viewArticle/8/7；Beverley Best, "Frederic Jameson not with standing: The dialectic of affect", *Re-thinking Marxism*, 23(1), 2011, pp. 60-82.

的分析所论证的那样(2011)，^① 就这场辩论本身之构造而言，政治机构的根基危机四伏，并且就它们的关系而言，大众分析逐渐变得令人困惑不已。乔纳森·斯特恩(Jonathan Sterne)在政策研究语境下的福柯式治理术研究或许对于大众谜题之解析有所帮助。在斯特恩的眼中，政治与政策之关系是否存在"一种在政治改革与个人自由(无论是适度的还是调整的)之人本主义哲学与利用权力暗中破坏表征政治的反人本主义哲学之间的未和解的矛盾"。^②毕竟，在缺乏一些增强自我意识感的形式与演说技术(除非我们只进行人际传播)的情况下，无论是从微观还是宏观上来看，政治走向都是非常难以设想的，我们都很难想象政治领域中的那些具备颠覆性的制度规则、实践逻辑或者竞争逻辑是如何形成历史性联盟的。另外，尽管对当代文化在各个方面所呈现的情感状况的理解形成了一些重要的理论洞见，但是后符号化与后霸权方法已然将政治学引入社会工程与统治性领域(或者引入与传统政治选举设置存有争议的潜在抽象选区之中，比如"占领华尔街运动")。

然而，我们也无需假设对于这些趋势的分析就不能彼此进行相互综合互补。^③ 实际上，人们可以参见默里·福尔曼(Murray Forman)对于头巾文化的分析，福尔曼将这当作一种试图利用嘻哈文化及其意义(通过其粉丝、设计师及媒介物)来管理角色的复杂斗争领域，而这就有点儿社会斗争的感觉，于是这里的劳工与资源

---

① J. Hay, "The popular in a critique of the new political reason", *Cultural Studies*, 25(4-5), 2011, pp. 659-684.

② Jonathan Sterne, "Cultural policy studies and the problem of political representation", *The Communication Review*, 5, 2002, p. 61.

③ Jeremy Gilbert, "Signifying nothing: 'Culture', 'Discourse' and the Sociality of Affect", *Culture Machine*, 6, 2004, Retrieved from http://www.culturemachine.net/index.php/cm/article/viewArticle/8/7; Beverley Best, "Frederic Jameson not with standing: The dialectic of affect", *Re-thinking Marxism*, 23(1), 2011, pp. 60-82.

就不再被一种呆板的模子所俘获；同样，乔·里特乐(Jo Littler)对于当代英国母亲的探讨也为我们揭开了后女权主义的碎片化形式，后女权主义关注母性与大众保守主义交织的具体经验，而这种经验包含并且传递了本土与全球在保护环境问题上的团结一致。

无论人们能否以一种更加葛兰西式的或者福柯式的方法来直面大众与民粹主义(或者以我们在此囿于篇幅限制而无法列举的其他方法)，① 但或许可以说对待大众的全球抗争应该容许不同的研究方法的存在。文化传播学者们或许会问究竟这些大众观点是如何解释当代政治机构的，比如说朗西埃(Ranciere)的"民众"与寡头政治，或者哈特(Hardt)与奈格里(Negri)有关"群众"的观点。② 有鉴于此，我们还是以近期所发生的社会运动与政治风潮来试图回应希腊财政危机大抗争以及"阿拉伯之春"运动，学者们或许会思考是否诞生了一种所谓的"全球大众"，并且他们正在新自由主义的语境之下奋力抗争。因此，我们主张霍尔的大众概念对于当下世界局势中的文化研究依然适用，尽管它已经与霍尔原初发展此概念的英国本土语境相去甚远。

(宗益祥 译)

---

① 囿于篇幅所限，我们无法深入论述那些在公众、宣传、人民、集体及舆论方面都进行过研究的学术观点[举例而言，这其中就包括哈贝马斯(Habermas)、塔尔德(Tarde)、布尔迪厄(Bourdieu)、德勒兹(Deleuze)等人的各种方法]，这些学术研究都与霍尔的大众概念关系密切。

② Jacques Ranciere, *Hatred of democracy*, New York, NY: Verso, 2006; Michael Hardt and Antonio Negri, *Multitude: War and democracy in the age of empire*, New York, NY: Penguin Press, 2004; Ernesto Laclau, *On Populist Reason*, London: Verso, 2005.

斯图亚特·霍尔的文化研究和霸权问题※

[新西兰]布伦南·伍德(Brennon Wood)

引 言

　　过去三十年左右，在一些与其说是在某种程度上得到公认，不如说是老旧的问题上，出现了自称为新的研究方法。文化研究就是其中之一种。它稳健迅速地全面崛起，持续时间如此之长，以至于已经成为一门显学。20 世纪 90 年代出现的文化研究教科书认为，这种进步意味着与文化社会学的根本分离。①这样的解释将文化研究和人所熟知的后现代主义信条绑在一起，坚持在反对社会总体和普遍真理的观念中来定义文化。文化研究是一种"后现代

　　※　原载：*The British Journal of Sociology*，No. 3(1998).

　　①　可参见布兰特林格（Patrick Brantlinger，*Crusoe's Footprints*，London：Routledge，1990）、迪兰（Simon During，"Introduction" in *The Cultural Studies Reader*，Cambridge：Polity Press，1993）、格罗斯伯格（Lawrence Grossberg，et al.，*Cultural Studies*，London：Routledge，1992）和英格利斯（Fred Inglis，*Cultural Studies*，Oxford：Blackwell，1993）等的论著。

的危机论"。它反对任何具体化的文化身份，追踪到处流浪的"游牧主体"。这种"游牧主体""在流动的语境中"时常被重新塑型为一组"不断移形换位的向量"。① 于是，意义在没有参照系的情况下驶向社会组织的持久原则。通过放弃参照系，文化研究成了一种话语分析模式，一项关于高度碎片化的和不稳定的"文本"的研究。这种方法忽视了让意义得以确定的社会进程。特斯特（Tester）宣称，文化研究在道德上和政治上已经破产，② 这虽然有点夸大其词，但并非是完全不着边际。③

很多人都对当前文化研究的多样化发展趋势持保留态度，其中斯图亚特·霍尔的声音最受重视。④ 我认为，很清楚，霍尔强调了"多元主义极端散漫形式"的风险。他警告"对文化研究自身话语进行一边倒的文本化处理"很危险，因为这种文本化将权力变成廉价的漂浮能指，也将文化研究变成一种该被诅咒的东西。这些批判非常重要。这不仅仅因为霍尔在文化研究的创立过程中发挥了主要作用。从 20 世纪 70 年代在伯明翰大学当代文化研究中心（CCCS）一直到今天，他始终保持着重要的影响力。我们有足够的理由期待，他不会完全赞同文化研究的反社会学定义。因为伯明

---

① Lawrence Grossberg, "The Formations of Cultural Studies: an American in Birmingham", in Valda Blundell, et al., ed., *Relocating Cultural Studies*, London: Routledge, 1993, pp. 40, 60.

② Keith Tester, *Media, Culture and Morality*, London: Routledge, 1994, pp. 9-10.

③ 关于社会学对于当代文化研究中心更加富有共鸣的批评，可参见阿格尔（B. Agger, *Cultural Studies as Critical Theory*, London: Palmer Press, 1992）、克拉克（J. Clarke, *New Times and Old Enemies*, London: Harper Collins, 1991）和麦克罗比（A. McRobbie, "Post-Marxism and Cultural Studies: A Post-script", in Lawrence Grossberg et al., ed., *Cultural Studies*, New York: Routledge, 1992）等的论著。

④ Stuart Hall, "Cultural Studies and its Theoretical Legacies", in Lawrence Grossberg, Cary Nelson and Paula Treichler, ed., *Cultural Studies*, NewYork: Routledge, 1992, pp. 278-292.

翰中心 20 世纪 70 年代的工作经常深度介入社会学，力图恰当批判而非彻底放弃社会总体性、亚文化、标签化等概念。[①] 事实上，多年来，霍尔一直是开放大学的社会学教授以及（在撰写本文之时）英国社会学协会主席。

在某些方面，文化研究的反社会学定义其实重复了霍尔本人较早时期的评估。纵观霍尔伯明翰时期的思想发展，他因为社会学的固有静态总体观和对意识形态的忽视而批判"主流"社会学。[②] 他以毫不妥协的术语强调文化研究中心"断裂"然后"进入"阿尔都塞（Althusser）所提出的"复杂的马克思主义"。霍尔的批评与 20 世纪 90 年代更直接反对社会学的后现代主义不同。[③] 不过，借助于他的评论以及阿尔都塞关于认知优势主张的力量，当代转向得以实现。事实上，霍尔坚持认为，正是从社会学领域出发，推动了文化研究中心向"它自己恰当的完整领地"的前进。我认为，这些言论足以表明，霍尔很多作品中都存在一个重要的漏洞。他 20 世纪 80 年代写作的大量关键文本缺乏一以贯之的社会学维度。这个

① 后现代文化研究的捍卫者常常惋惜早期伯明翰工作的社会学偏好。（Simon During, "Introduction" in *The Cultural Studies Reader*, Cambridge: Polity Press, 1993, p. 10; Lawrence Grossberg, "The Formations of Cultural Studies: an American in Birming-ham", in V. Blundell et al., ed., *Relocating Cultural Studies*, London: Routledge, 1993, p. 60.）

② Stuart Hall, "Cultural Studies and the Centre: some problematics and problems", in Stuart Hall, et al. ed., *Culture, Media, Language*, London: Hutchinson, 1980, pp. 21-26.

③ 霍尔将社会学描述为经历"创新的解体"，并且认为文化研究以"松散的方式"在继续社会学研究（Stuart Hall, "Cultural Studies and the Centre: some problematics and problems", in Stuart Hall, et al. ed., *Culture, Media, Language*, London: Hutchinson, 1980, pp. 20, 23）。类似的是，20 世纪 80 年代初的阿尔都塞马克思主义绝不是现成的替代品，它很"复杂"：不仅是已经被承认的智慧，而且也是正在消亡的理论（T. Benton, *The Rise and Fall of Structural Marxism*, New York: St. Martin's Press, 1984）。

漏洞有一系列后果，能够且应当被填补起来。霍尔谴责当代文化研究中的"松散的多元化"和"文本化"，但我相信，他应当对此承担一定的责任。

评价霍尔的作品，事关沟通其不断变化的重点，而非简单地强调哪一点最重要。我特别关注他对霸权的解释，这是一个他一直非常有影响的领域。总的说来，霸权关注的是意义和权力之间的关系，这是他始终强调和主张的东西，而主流社会学和文本化的文化研究对此少有思考。葛兰西用霸权这个术语把统治理论化地表达为首先在市民社会的"战壕"中成型的"智力和道德的统一"。① 像葛兰西一样，霍尔认为，对全社交网络的共识的文化动员就是对政治权力的巩固。葛兰西的作品是出了名的晦涩，因此，霍尔等人最终得出的结论是：葛兰西"开辟了道路"。② 霍尔建议诉诸一系列源自结构主义竞技场的概念，深入推进葛兰西开辟的道路。就术语而言，对政治权力的巩固事关国家，对共识的动员事关话语，两者被一种总的接合过程跨越社交网络相互联系到了一起。我认为，对葛兰西想法的理论重构先是支撑起了霍尔的霸权方法，然后是其理论的各个方面。

我最初研究的是霍尔关于撒切尔主义的分析，主要聚焦他与雅索普(Jessop)等人就国家权力的作用发生的争论，然后研究的他对拉克劳(Laclau)和墨菲(Mouffe)对霸权的话语解读的回应。80年代中期，霍尔与这些著名的国家理论和话语理论家展开论战，试图澄清自己的方法论。这种方式很特别。霍尔善写观点尖锐的

---

① Antonio Gramsci, *Selections from the Przson Notebooks*, New York: International Publishers, 1971, p. 181.

② Stuart Hall, Bob Lumley and Gregor McLennan, "Politics and Ideology: Gramsci", in Centre for Contemporary Cultural Studies, ed., *On Ideology*, London: Hutchinson, 1978, p. 49.

文章，同时也不忘关注当下的政治问题。不过，我关注的是更具普遍性的问题。我认为，这些交锋同时揭示了霍尔方法的价值和不足。雅索普等人赋予固定在阶级结构中的狭义政治权力特权，从而降低了文化动员和社交网络多样性的重要性。相比之下，话语解读将意义和场所消解得如此彻底，以至于霸权呈现出流动的不确定性特征。基于这些原因，霍尔不同意雅索普等人以及拉克劳与墨菲的观点。但他的反对模棱两可。在作为集权的国家权力的霸权和作为自由运转的话语的霸权之间，霍尔的态度摇摆不定。我认为，他对接合概念的多样化使用表明，这种不稳定性是从一种不充分的社会生活理论那里而来的。

在一次著名的陈述中，霍尔将文化研究定位在文化主义和结构主义之间。① 前者将权力溶解于流动意图，后者把意义还原为既定立场。霍尔试图调和唯意志论和决定论，认为"非还原的确定性"问题是"问题的关键"。"关于这个问题的解决方案"，他坚持认为，"解决之道就在于利用文化研究的最大容量去替换理念论和还原论之间的无尽冲突"。一方面，文化不能被渲染为不确定的，政治也一定不能垮塌沦为这种不确定性。另一方面，文化绝不能降低为对既定政治权力的条件反应。但这种"非还原的确定性"是怎样被设想的呢？霍尔的答案是将葛兰西的"智力和道德上的统一"作为结构化的接合过程。可接合观念有效地瓦解了社会权力和从属于它的政治权力。这种政治的特权化既巩固了中央集权式的霸权，也巩固了话语的霸权，并使霍尔无法超前它们各自的弱点。

最终，霍尔无法避免"观念论和还原论之间无休止的冲突"。他在话语的和中央集权的方法之间游移不定，无法解决上述冲突，

---

① Stuart Hall, "Cultural Studies: two paradigms" in Richard E. Collins, et al., ed., *Media*, *Culture and Society*, London: Sage, 1986, pp. 39-48.

因为他将社会关系从属于政治接合。霍尔的困境表明，需要另一种组合逻辑，以及一种不能被还原为政治学的团结理论。理解霸权要求一种社会生活——不仅仅是场所的灵活差异——观念。这不是要重新授予社会学以社会科学女王桂冠。可以肯定的是，社会学对文化研究的贡献，还需要进一步工作方才查明，前提是我们先搞清楚那些一般性的术语。即便如此，现在就谈专门的社会学维度的复兴为时尚早，但我将基于这个方面的一些评论得出最终结论。

撒切尔主义与国家权力问题

在整个 20 世纪 80 年代，霍尔对当代英国政治做出了一系列令人印象深刻的分析。从《监控危机》这一集体的现场调查，[①] 到《艰难的复兴之路》这一论文集[②]，他把保守党政府都理解为新民粹主义的一部分，这种解释产生了巨大影响。80 年代中期撒切尔再次赢得大选，这种分析的有效性得到确证，接着也为批判地重估撒切尔主义提供一次新的机会。与此同时，雅索普和他的同事也提供了一种重要的对应解释。双方在《新左派评论》上进行了有价值的交锋。[③] 这一交锋值得我们关注，因为它揭示出霍尔的国家思想存在一种重要的模糊性。

雅索普等人把撒切尔主义解释为一种对英国国家重新选择方

[①] Stuart Hall, Chas Critcher, Tony Jefferson, John Clarke and Brian Roberts, *Policing the Crisis: Mugging, the State, and Law and Order*, London: Macmillan, 1978.

[②] Stuart Hall, *The Hard Road to Renewal*, London: Verso, 1988.

[③] 《新左派评论》上的论战发生于 1984 年至 1985 年。我引用的是这些作者 1988 年出版的资料选集。

向的政治学，这种政治学力图使英国远离凯恩斯主义式的干预，转向"新自由主义积累战略"。① 撒切尔主义者们孜孜以求的是如何最好地推进这一经济政策。雅索普等人强调，这样的算计是"由首相身边的小圈子自上而下地精心策划出来的"，这些人主要把意识形态当作二次动员。② 举例来说，媒体抨击工党控制的地方议会是"疯子左派"，他们对此的解释是，这是一种增加政治集权的大众支持的方法。这种集权化反过来又授权给撒切尔的经济策略，因为"它赋予了政府很大的灵活性，同时维护了它的自主决定权"。③ 首先控告这个"疯子左派"，随后，英国报纸们上演"民粹主义口技"，为"其真实动机力量"只能到别处找寻的"表明上的目的"提供"合法的理由"。④ 总之，雅索普等人将撒切尔主义意识形态"看作是就事论事、一次一用的话语策略的集合"。⑤ 这些"话语策略"服务于而不是引发对特定政治行动过程的承诺。

霍尔的解释则不同。根据《监控危机》的研究，⑥ 变化的迹象，即根植于"普通人经验丰富的现实"的"弥漫性的社会不安"，最早出现在 20 世纪 60 年代初。这种不安最终被入侵"国家政治复合体

---

① Bob Jessop, Kevin Bonnett, Simon Bromley, and Tom Ling, *Thatcherism*, Cambridge: Polity Press, 1988, p. 171.

② Bob Jessop, Kevin Bonnett, Simon Bromley, and Tom Ling, *Thatcherism*, Cambridge: Polity Press, 1988, p. 83.

③ Bob Jessop, Kevin Bonnett, Simon Bromley, and Tom Ling, *Thatcherism*, Cambridge: Polity Press, 1988, p. 177.

④ Bob Jessop, Kevin Bonnett, Simon Bromley, and Tom Ling, *Thatcherism*, Cambridge: Polity Press, 1988, pp. 94, 117.

⑤ Bob Jessop, Kevin Bonnett, Simon Bromley, and Tom Ling, *Thatcherism*, Cambridge: Polity Press, p. 45.

⑥ Stuart Hall, Chas Critcher, Tony Jefferson, John Clarke and Brian Roberts, *Policing the Crisis: Mugging, the State, and Law and Order*, London: Macmillan, 1978, pp. 321-322.

心脏"的"道德恐慌"所取代。① 霍尔 20 世纪 80 年代的作品扩展了这种观点，他认为，撒切尔主义"在严格意义上的国家领域之外，并且在国家中——作为一种必要条件——获得正式权力之前，就锻造了自己的意识形态权力和理论权力"。② 大众媒体在这一过程中发挥了主导作用，承担了"建设重要的意识形态……民粹主义常识"的职责。③ 它们对"疯子"议会的攻击，使种族主义的和性污染的修辞死灰复燃，从而使撒切尔主义在英国日常生活的不满中找到了自己的基础。在霍尔看来，这种媒体形象绝不是为了支持此前存在的策略而匆忙拼凑出来的选择，而是不可抗拒的和成效显著的。在撒切尔主义作为"威权民粹主义"的形成中，它们表达了要创生政治主体的意识形态承诺。

在撒切尔主义的理解问题上，中央集权式的理解和霸权式的理解，相互不认同，且各有各的充足理由。雅索普等人推出自己的中央集权式理解，发动对霍尔霸权式理解的轰轰烈烈批判，并不足为奇。令人啧啧称奇的是，双方在《新左派评论》上进行的论战竟然丝毫没有意识到它们之间的分歧有多大。在雅索普等人看来，霍尔通过夸大意识形态的连贯性来淡化政治的灵活性。④ 他们提出要"补充和整合"霍尔的研究，尤其是他对"有用的"媒体的分

---

① Stuart Hall, Chas Critcher, Tony Jefferson, John Clarke and Brian Roberts, *Policing the Crisis: Mugging, the State, and Law and Order*, London: Macmillan, 1978, p. 222.

② Stuart Hall, "The Toad in the Garden: Thatcherism among the Theorists", in Cary Nelson and Lawrence Grossberg, ed., *Marxism and the Interpretation of Culture*, London: Macmillan, 1988, p. 47.

③ Stuart Hall, "The Great Moving Right Show", in Stuart Hall and Martin Jacques, ed., *The Politics of Thatcherism*, London: Lawrence & Wishart Ltd, 1983, p. 29.

④ Bob Jessop, Kevin Bonnett, Simon Bromley, and Tom Ling, *Thatcherism*, Cambridge: Polity Press, pp. 74, 95, 119.

析。作为回应，霍尔坚持认为，他把撒切尔主义解释为一个复杂的"话语场"，而不是一个"没有矛盾的庞然大物"。雅索普等人的误读，源于"虚假的激烈论战氛围"。针对"20 世纪 70 年代的唯理论主义的泛滥"，霍尔捍卫了"突出政治—意识形态维度"的描述性分析。这伴随着一个令人难以置信的说法："因为权威民粹主义从来没有作为一般的或全球性的解释被推进，所以，至于其他分析层次，他无论如何也没有继承任何规定。"[①]这样的答复不过表明，霍尔与重要的解释差异没有发生密切联系。我相信，这个失败源于这一事实，即霍尔对国家作用的认识始终模糊不清。事实上，他对撒切尔主义的解释在一定程度上助长了对撒切尔主义的"误读"，即夸大了撒切尔主义的意识形态连贯性和中央集权的整体性。

《监控危机》指出，"不是简单的国家发展，而是运用霸权的整体特征的发展，导致如此复杂的结果"。[②] 霍尔等人理论分析的框架来自某种阿尔都塞的功能主义，[③] 后者实际上把媒体还原为既有政治力量构建的仆从。[④] 一般而言，《监控危机》区分了国家和更广泛的霸权领域，但未能阐明它们之间的关系。缺乏清晰性损害了该书的主要论点，就是上面所提到的，对最终会毁掉英国核心政

---

① Stuart Hall, *The Hard Road to Renewal*, London: Verso, 1988, pp. 144, 150-158.

② Stuart Hall, Chas Critcher, Tony Jefferson, John Clarke and Brian Roberts, *Policing the Crisis: Mugging, the State, and Law and Order*, London: Macmillan, 1978, p. 263.

③ Stuart Hall, Chas Critcher, Tony Jefferson, John Clarke and Brian Roberts, *Policing the Crisis: Mugging, the State, and Law and Order*, London: Macmillan, 1978, pp. 204-219.

④ 施莱辛格批判霍尔等人在社会学基础上提出的"主要概念"的核心观念，认为"它的结构主义假设"低估了"在一个给定的话语域中争论的动态过程"。(P. Schlesinger, "Rethinking the Sociology of Journalism: Source Strategies and the Limits of Media-Centrism", in M. Ferguson, ed., *Public Communication*, London: Sage, 1990, p. 69.)

治体制的漫长社会危机的强调。霍尔随后把这场危机重新解释为由撒切尔主义引导"巨大的右转秀",一个成功中和了人民与国家/权力集团之间矛盾的"民粹主义统一体"。① 这种解释把国家归于撒切尔主义的民粹主义,民粹主义因此继承了《监控危机》曾赋予国家的功能主义含义。结果,撒切尔的领导体制变得貌似固若金汤。② 例如,大众传播被描绘成肯定会听命于撒切尔的机构。诚然,较之于以前,它们所呈现出来的丰富信息,却强烈传达出了它们对撒切尔政权的"顺从"和"专心致志"。③

霍尔关于撒切尔主义的分析,使其作品中最富价值的东西得到例证。他指向的不是那些制定决策的精英,而是趋向社会的极尽头的不和谐意义领域和误以为被超越的东西。撒切尔主义作为一个混杂的"社会集团"④、一个传统政治范围之外拥有多样化基础的工程而出现。为了确保这种分析安全有效,霍尔坚持必须"维持国家/市民社会的区别,不要将两者混为一谈,因为市民社会是共识生产的关键领域"。⑤ 不过,最终他也未能令人信服地捍卫这种

---

① Stuart Hall, "The Great Moving Right Show", in Stuart Hall and Martin Jacques, ed., *The Politics of Thatcherism*, London: Lawrence & Wishart Ltd, 1983, p. 38.

② 霍尔随后提出"新时代"之说,在某种程度上正是要解决这个问题。因为他所做的分析"没有充分区分撒切尔主义和已经改变了世界的道路",所以,撒切尔主义"看起来就像应历史之呼唤而出现似的"。(Stuart Hall and Martin Jacques, ed., *New Times*, London: Lawrence & Wishart, 1989, p. 15.)

③ Stuart Hall, "The Great Moving Right Show", in Stuart Hall and Martin Jacques, ed., *The Politics of Thatcherism*, London: Lawrence & Wishart Ltd, 1983, p. 29.

④ Stuart Hall, *The Hard Road to Renewal*, London: Verso, 1988, p. 262.

⑤ Stuart Hall, "The Toad in the Garden: Thatcherism among the Theorists", in Cary Nelson and Lawrence Grossberg, ed., *Marxism and the Interpretation of Culture*, London: Macmillan, 1988, p. 48.

区别。雅索普等人恰恰指向了他所产生的歧义。① 因为霍尔甚至允许"在运行轨迹某一点上的"撒切尔主义"翻转或调整成中央集权导向的政治领导体制"。② 通过提出这样一个首要的政治团体，霍尔本人最大限度地降低了社会多样性和文化冲突的重要性。总之，霍尔对国家作用的模糊理解动摇了他对撒切尔主义的解释，并且削弱了其霸权方法的卓越特征。

"话语理论方法"

霍尔把霸权解释为一个通过社交网络形成的复杂话语场。他也诉诸国家观念，该观念强调更狭隘的权力场所贬低了文化动员的价值观念。他为什么拐弯抹角？为什么不能为了更激进的话语开放而断然拒绝国家特权？要知道，在撒切尔主义争论发生时，拉克劳和墨菲的《霸权与社会主义策略》就已经这样干脆利落地做了。事实上，雅索普等人已经指出霍尔"过度关注"意识形态生产，③ 批判他已经走得太远了。在回应中，霍尔撇清了自己与"意在分析整个社会形态的话语理论方法"的关系。④ 虽然承认他们的洞见，但霍尔批评拉克劳和墨菲的作品"把所有东西都消解为话语"了。我建议好好研究霍尔的这种拒绝。因为我相信，霍尔的反对话语"消解"的观点，恰恰揭示了他对国家中心论政治学的含混承诺的重要来源。

---

① Bob Jessop, Kevin Bonnett, Simon Bromley and Tom Ling, *Thatcherism*, Cambridge: Polity Press, pp. 71-72.

② Stuart Hall, *The Hard Road to Renewal*, London: Verso, 1988, p. 153.

③ Bob Jessop, Kevin Bonnett, Simon Bromley and Tom Ling, *Thatcherism*, Cambridge: Polity Press, p. 73.

④ Stuart Hall, *The Hard Road to Renewal*, London: Verso, 1988, p. 157.

拉克劳和墨菲肯定不会有这样的承诺。他们直截了当地否认任何"政治得以构成的独特空间"的观念。① 他们主张"不可还原的多样性",强化了自己的否定立场,即"社会的中心这个单纯想法没有任何意义"。② 拉克劳和墨菲强烈拒绝政治封闭性和社会封闭性,这构成了其霸权解释的基础。霸权不是"从一个有特权的散发出来的结果",而是一种在最好情况下可以以"部分修复"社会关系的话语政治。应当是这种解释吸引了霍尔。③ 通过彻底分散"政治空间",拉克劳和墨菲得以一以贯之地坚持赋予文化动员以全方位的特权。像霍尔一样,④ 他们坚持认为,人们拥有"不完整的"、"破碎的"、具有多种政治可能性的身份。⑤ 区别在于,霍尔认为,这种做法的可取之处也仅此而已。

霍尔宣布,文化战很重要,因为社会主体可以"赢得"他们自己和社会的新构想。⑥ 如果没有人在某种程度上坚持用撒切尔术语进行思考,那么什么是行使霸权?分析过于碎片化的主体性,无法欣赏这种(但暂时的)胜利。相反,它们"滑入一种无穷无尽的多样性",这样无法定位权力的集聚。⑦ 霍尔拒绝这样的"消解",因

---

① Ernesto Laclau and Chantal Mouffe, *Hegemony and Socialist Strategy*, London: Verso, 1985, p. 152.

② Ernesto Laclau and Chantal Mouffe, *Hegemony and Socialist Strategy*, London: Verso, 1985, pp. 135-141.

③ 当然,虽然有相当不同的原因,就像雅索普等人,拉克劳和墨菲声称,霍尔的具体调查符合他们自己的更加一般性的理论。(Ernesto Laclau and Chantal Mouffe, *Hegemony and Socialist Strategy*, London: Verso, 1985, p. 170.)

④ Stuart Hall, *The Hard Road to Renewal*, London: Verso, 1988, p. 10.

⑤ Ernesto Laclau and Chantal Mouffe, *Hegemony and Socialist Strategy*, London: Verso, 1985, p. 121.

⑥ Stuart Hall, *The Hard Road to Renewal*, London: Verso, 1988, p. 10.

⑦ 拉克劳和墨菲试图避免任何这样结论,并取得了有限的成功。(G. McLennan, "Post-Marxism and Retro-Marxism: Theorising the Impasse of the Left", Sites, 23, 1991, pp. 46-62.)

为霸权将话语放置在一起，"这是矛盾的统一体，以便构建并保持规则"。① 在某些时候，多样性必须被限制，而团结来源于差异。这种洞察力使得霍尔对社会生活有另一种理解。虽然他同意拉克劳和墨菲的观点，即社会关系承认多种政治选择，但霍尔不因此认为社会关系从根本上讲是杂乱无章的。话语的多元化是有限的，因为意识形态不能"脱离或在阶级和权力的作用力线之外存在"。② 霸权不是发明新的主体，而是对"人与已经获得保证的身份和关系"进行再定位。在霍尔看来，说霸权部分固定了社会之物的意义是不公正的，正确的说法正相反，是社会之物模仿了霸权的意义。

霍尔对"完全的话语立场"的反对意见有两个方面。他认为，社会生活包括某些不能被还原成话语也不能被定位为"不可还原的多样性"的组织化特征。拉克劳和墨菲声称，"社会的开放性"是"每一个霸权实践的前提"，③ 而霍尔则指出了已经建立起来的"结构线"的重要性。我已经强调指出了双方在社会封闭性上的分歧，因为它暴露了霍尔方法的显著弱点。尽管有这些建议，霍尔还是没能形成对"将一切都消解为话语"这种观点的社会批判。

霍尔认为，尽管霸权争夺"在多个不同地点都取得了领导地位"，但它们获得的不仅仅是由小胜积累起来的大胜。基于这些理由，他批评福柯（Foucault）避开了"市民社会与社会关系的横向权力群和国家与政治关系的纵向权力群的关系问题这个难题"。霍尔

---

① Stuart Hall, "The Toad in the Garden: Thatcherism among the Theorists", in Cary Nelson and Lawrence Grossberg, ed. , *Marxism and the Interpretation of Culture*, London: Macmillan, 1988, p. 53.

② Stuart Hall, "The Toad in the Garden: Thatcherism among the Theorists", in Cary Nelson and Lawrence Grossberg, ed. , *Marxism and the Interpretation of Culture*, London: Macmillan, 1988, p. 45.

③ Ernesto Laclau and Chantal Mouffe, *Hegemony and Socialist Strategy*, London: Verso, 1985, p. 142.

坚持认为，"进入国家的权力通道和它在确定的规则体系中的凝结是一个重要的历史性要素"，因为"伪造霸权话语复杂统一体的"恰恰是这个"权力通道"。这个思路使社会成为其碎片只能由国家来克服的实践多样性。因为这一举动允许社会动员和文化动员——霍尔方法的关键——发生偏移，所以霍尔所承诺的国家概念仍然是模棱两可的。然而，他对拉克劳和墨菲的回应揭示了他为什么还是抱有这样的承诺。因为他没能在社会基础上贯彻完成对极端多样性的批判，所以，他只能通过让社会组织服从政治的"垂直权力"来维护霸权的凝聚力。①

实际上，霍尔废除了拉克劳和墨菲对"统一政治空间"的拆除。我觉得这是一个错误。霍尔未能以可以使其作品从模糊性中解放出来的方式，从与"话语理论方法"的相遇中获益。拉克劳和墨菲则为这种前进提供基础。他们的"主要结论"是，"霸权的概念背后隐藏着社会的逻辑"。② 通过果断破除单一政治的任何假设，他们为捍卫霍尔自己公式中有价值的东西准备了一种方法。这并不是说拉克劳和墨菲已经有答案了，而是说他们的道路是正确的，即强调了某种"社会逻辑"的不可或缺性。因为未能沿着这个方向深入下去，所以霍尔未能使他的霸权理论脱离中央集权式的还原论。也就是说，他建议以社会学为支柱分析政治和意识形态形式，但实际上，他却始终停留在口头上，缺乏深入的思考和阐释。

---

① Stuart Hall, "The Toad in the Garden: Thatcherism among the Theorists", in Cary Nelson and Lawrence Grossberg, ed., *Marxism and the Interpretation of Culture*, London: Macmillan, 1988, pp. 52-53.

② Ernesto Laclau and Chantal Mouffe, *Hegemony and Socialist Strategy*, London: Verso, 1985, p. 3.

接合和社会逻辑问题

霍尔的霸权方法在中央集权式的取消赎回权和话语的偶然性这两个极端之间摇摆不定。两个方面都在拉他，而它们也都对其思想中的有价值部分有危害。当已经建立的政治统一体压倒性地威胁文化动员时，他强调话语和社交接点的多样性。当话语的流动性威胁霸权以至于后者快消解时，他又强调国家的凝聚力。这种振荡源于其严重发育不良的社会团结理论。如果没有这样的理论，霍尔就没有任何手段去协调话语和国家间的竞争诉求。没有比在20世纪80年代关于"新马克思主义"和"接合"术语的长期讨论更能体现这一问题的了，在这里，我关注的是它的一般讨论风格是如何运作的，而不是去专门关注他做出这一术语的多种具体用途。我相信，霍尔对抽象的接合概念的普遍承诺，使得他忽视了文化而夸大了意识形态的作用。

接着他所谓阿尔都塞的"生成性进步"，霍尔设想社会联合体就是一种接合。① 他将此定义为"并非所有情况下都是给定的"但可

---

① 霍尔在解读阿尔都塞的过程中赋予《保卫马克思》(L. Althusser, *For Marx*, London：Verso, 1969)以特权，后来又从"彻底的结构主义因果关系"立场有所退却。(Stuart Hall, "Signification, representation, ideology：Althusser and the post-structuralist debates", *Critical Studies in Mass Communication*, 2(2), 1985, pp. 93-96. 这使得霍尔可以从"彻底的因果关系"的后结构主义颠倒中保存某些社会整体概念。关于链接讨论的大致情况，可以参见本顿（T. Benton, *The Rise and Fall of Structural Marxism*, New York：St. Martin's Press, 1984）和斯莱克(J. Slack, "The theory and method of articulation in cultural studies", in D. Morley and K-H. Chen, ed., *Stuart Hall：Critical Dialogues in Cultural Studies*, London：Routledge, 1996)的论著。值得注意的是，雅索普(Bob Jossop, *The Capitalist State*, New York：New York University Press, 1982, p. 212.)以及拉克劳和墨菲(Ernesto Laclau and Chantal Mouffe, *Hegemony and Socialist Strategy*, London：Verso, 1985, pp. 105-114)也各自提出了不同的链接观念。

以被新的连接消解和取代的"接合",因为它有必须不断更新的"存在的特别条件"。① 在霍尔那里,与接合紧密相连的,不是非人身的结构间的协调,而是实际的主体。这就解释了为什么它会贯穿他的作品。从概念上讲,这个术语既暗示了"不同决定"的偶然多样性,又暗示了不同元素在其中"共同发挥作用"的确定的统一性。霍尔据此认为,霸权跨越不同领域发生作用。② 它们产生的不是用"相似性和对应"去取代这种多样性,而是"区别和差异的一种特定接合"的统一体。

霍尔将接合运用于一系列问题。③ 首先,它解释了组成社会总体的关系集合。其次,它也指或将文化融入意识形态中或与现有意识形态合并的话语程序。再次,接合将令人可以理解其过程的"世界的观念"和塑造其自身的社会力量连接到一起。从次,"市民社会的许多'自治'部分"是与国家相接合的,霍尔认为这种接合是"葛兰西霸权问题的中心"。最后,当被接合成一个国家时,"非常不同的社会实践"和"一系列政治话语"就被转化成"统治和支配的操作"。虽然霍尔通常使用接合来暗示某种具体的机构,但很清楚,这是一个包括众多复杂流程的非常抽象的概念。正如他所说,"我一直使用的是'接合'这一术语,尽管我不知道,我赋予它的含义是否被完全理解了"。当然,他自己的使用本身就混乱,也是这

---

① Stuart Hall, "Signification, representation, ideology: Althusser and the post-structuralist debates", *Critical Studies in Mass Communication*, 2(2), 1985, pp. 113-114.

② Stuart Hall, "Cultural Studies and the Centre: some problematics and problems", in Stuart Hall, et al., ed., *Culture, Media, anguage*, London: Hutchinson, 1980, p. 29.

③ Stuart Hall, "Signification, representation, ideology: Althusser and the post-structuralist debates", *Critical Studies in Mass Communication*, 2(2), 1985, pp. 91-103; Stuart Hall, "On Postmodernism and Articulation", *Journal of Communication Inquiry*, 10(2), 1986, pp. 53-55.

个概念不能被完全理解的一个原因。

霍尔认为,一种"恰当发展"的结构主义,既可避免还原论又可将文化分配到社会总体中的确定位置上。① 然而实际上,他从确定这个位置上退却了,所以没能抓住在霸权中运作的社会总体。霍尔使用接合去分离,而不是去锚定他特别关注的问题。如果不能发现它在更广泛社会背景下的位置,那么,文化就沦为可以简单地丢弃的图片。霍尔认为,接合重组"文化实践的元素,这些元素本身并不具有任何必要的政治内涵"。这些内涵,源于"这些元素在新话语形式下被组织起来的方式"。② 霍尔指向的是"元素"的水库,而不是明确说明文化场。除非意识形态被破坏,否则文化无法被表达。如果这样的话,被否定的不但是"必要"的政治意义,而且是实际上具有任何内在性的政治意义。霍尔话语形式方法因此实际上把文化还原为意识形态。③

这些由对文化的分析取消而被创造出来的问题最终流向意识形态和社会群体之间的连接。霍尔拒绝把"所有实践"理论化为"单纯的话语",把"所有历史主体"理论化为"由话语构成的主体性"。意识形态既不能被还原为社会立场,也不能由某种形式的"向上的还原论"逆转成为方程。因此,他批评拉克劳和墨菲忽略了"对话语接合的制约和限定"。不过,霍尔本人也发现,避免这个问题其

---

① Stuart Hall, "Cultural Studies: Two Paradigms", in Richard E. Collins et al., ed., *Media*, *Culture and Society*, London: Sage, 1986, p. 45.

② Stuart Hall, "On Postmodernism and Articulation", *Journal of Communication Inquiry*, 10(2), 1986, pp. 54-55.

③ 关于霍尔作品中"意识形态和话语的重叠"问题,可参见珀维斯和亨特的论著 [T. Purvis, and A. Hunt, "Discourse, ideology, discourse, ideology, discourse, ideology...", *British Journal of Sociology*, 44(3), 1993, pp. 473-499]。通过普遍化这种支配关系,这种重叠排除任何将文化本身理论化的诉求。(Stuart Hall, "The West and the Rest: Discourse and Power", in Stuart Hall, and Bram Gieben, ed., *Formations of Modernity*, Cambridge: Polity Press, 1992, pp. 291-295.)

实很困难。他称赞话语理论拒绝把身份固定为"稳固的阐述主体"，反过来，在忙于表达这种拒绝时，他又赋予意识形态以特权，将之作为群体形态的基础。[1] 霍尔声称，接合将"不同社会群体分散的实践条件"与"这些政治和意识形态的形式"连接起来，而"这些形式允许人们作为集团社会主体而成为历史上有效的主体"。[2] 这表明，只有被意识形态化，集体行为才是有效的。霍尔如此突出他对'政治—意识形态'的兴趣，以至于对群体形态任何更全面的分析都显得要么信口开河，要么压根就没有必要。

霍尔坚持认为，社会力量和话语之间的连接，产生"重要的'团结'"。然而，他对这个霸权时刻的评论，未能对群体如何独立地形成意识形态进行清晰的理论化表达。他只能通过推进他自己"向上还原"，来避免滑入话语自由联合体。[3] 虽然声称这是葛兰西的分析的关键，但霍尔很少言说市民社会和国家的联系，相反，他强调两者之间的差异。霍尔大写"国家"，正是为了准确地从市民社会的无定形多样性中区分出国家的"系统实践"。他用旧瓶装新酒。国家不是"统一意志"，"而是多中心和多维度的"。尽管如此，霍尔还是认为，这"仍然是不同类型的政治实践凝结其中的……关键部位之一"。当他坚持霸权一致性时，多样性却降低到对"关键部位"的强调之下了。[4] 因为霍尔缺乏一个将所有权力点都集合在一起的成熟的社会总体概念，所以，他使国家权威获得应

---

① Stuart Hall, "On Postmodernism and Articulation", *Journal of Communication Inquiry*, 10(2), 1986, pp. 53-58.

② Stuart Hall, "Signification, representation, ideology: Althusser and the poststructuralist debates", *Critical Studies in Mass Communication*, 2(2), 1985, pp. 95-96.

③ Stuart Hall, "On Postmodernism and Articulation", *Journal of Communication Inquiry*, 10(2), 1986, p. 53.

④ Stuart Hall, "Signification, representation, ideology: Althusser and the poststructuralist debates", *Critical Studies in Mass Communication*, 2(2), 1985, pp. 92-93.

有资格的努力压根就没有什么用。他的作品只是通过将霸权统一体其还原为国家将社会整合为一个整体的能力，而从话语传播重新恢复了霸权统一体。

霍尔批评拉克劳和墨菲未能"重新整合决定性的其他层次"，[①]其实这种批评同样适用于他本人的作品。事实上，拉克劳和墨菲已经明确表示放弃这种整合，声称这只是霍尔的想法。然而，霍尔并非如此。霍尔使用接合以反对还原论，而不是为了整合多元化的决定因素。霍尔提出这些决定性因素是为了批评其他观点并使自身观点合法化，但这些附加条件是不能令人信服的，因为接合鼓励将社会组织本身理论化的任何企图。接合意味着存在一个等待被协调的多种"元素"场域。作为一种社会逻辑，它只通过主张政治的优先性来把握团结。一旦分解，社会关系要么重新显得温良恭顺，要么作为不确定的话语场在此出现。超越这种僵局，意味着更严厉地拷问链接概念所导致的社会碎片化，凸显政治的重要性。也就是说，它呼唤另外一种社会逻辑。

让社会学重返文化研究

我刚刚重新评论了霍尔的霸权方法，力图根据文化研究最近的话语转向分析其当下所处位置。霍尔分析了作为跨越社交网络的共识动员的政治权力。他把这种葛兰西式的理论冲动与准结构主义的国家观念、话语观念和接合观念融会贯通，实现了自己的理论推进。我已经讨论过，虽然这些做法对更"极端的"立场更具价值，但它们最终未能确保对霸权式领导权的分析。虽然霍尔坚

---

① Stuart Hall, "On Postmodernism and Articulation", *Journal of Communication Inquiry*, 10(2), 1986, p. 58.

持认为，文化不仅仅是既有权力的仆从，但他对撒切尔主义的分析却诉诸某些实际上贬低道德信念和社会多样性力量的"国家"观念。他对拉克劳和墨菲含糊不清的回应多少揭示了究竟是什么模糊回应促进了这种悖论式的还原。霍尔批评话语移动未能充分承认权力的集中。他断言拉克劳和墨菲的"社会逻辑"夸大了激进异质性的程度，并以此加强了前述批评。不过，霍尔也未能将隐含期间的社会多样化批判发展出来。这个漏洞动摇了他的霸权方法，使得他无法抗拒并实际上在某些方面强化了当代文化研究的话语转向。

既然无法贯彻对社会多样化的批判，霍尔就只能退到中央集权主义立场，以将他的撒切尔主义分析定位在权力集中上。不过，他近期关于民族文化和"混杂"身份的著作却明显在远离这种还原。① 虽然在许多方面取得了有益的进展，但放弃中央集权主义仅仅让霍尔更靠近话语阵营。② 而且，在其他场合，他简洁地批评了

---

① Stuart Hall, "Cultural Identity and Diaspora", in Jonathan Rutherford, ed., *Identity: Community, Culture, Difference*, London: Lawrence & Wishart, 1990; Stuart Hall, "The West and the Rest: Discourse and Power", in Stuart Hall, and Bram Gieben, ed., *Formations of Modernity*, Cambridge: Polity Press, 1992; Stuart Hall, "The Question of Cultural Identity", in Stuart Hall, Tony McGrew and David Held, *Modernity and its Futures*, Cambridge: Polity Press, 1992.

② 这在他关于主体性的解释中是清楚的。霍尔将统一身份感描述为一个"令人欣慰的故事"，这忽略了"扑朔迷离和转瞬即逝的可能身份的多样性，其中任何一个我们都有可能认同，至少在暂时如此"。(Stuart Hall, "The Question of Cultural Identity", in Stuart Hall, Tony McGrew and David Held, *Modernity and its Futures*, Cambridge: Polity Press, 1992, p. 277.)霍尔非批判地接受福柯的观念，然后又贸然鼓吹"现代性社会学"，这些促进了他多方面的话语转向(Stuart Hall, "The West and the Rest: Discourse and Power", in Stuart Hall, and Bram Gieben, ed., *Formations of Modernity*, Cambridge: Polity Press, 1992, pp. 291-295, 314-318; "The Question of Cultural Identity", in Stuart Hall, Tony McGrew and David Held, *Modernity and its Futures*, Cambridge: Polity Press, 1992, pp. 275-290.)。

这种做法。例如，话语理论意味着身份是如此虚无缥缈，以至于只能在瞬间"获得"。这种分析不明白意义其实是一种持久统治；他们无法把握为什么意识形态是最值得研究的。霍尔本人做出这样的批评，似乎是对作品含混性的最好批评，因为它们确实在作为国家的霸权和作为话语的话语之间摇摆不定。按照霍尔自己的解释，他一直为"理念论和还原论之间无休止的振荡"所困，这使"文化研究的能力"遭遇挫折。① 这种摇摆似乎适合我们生活于其中的时代，而且正是我们时代的力量来源。然而，对含混性进行理论表达是一回事，被它所困则是另一回事。

部分问题在于霍尔的理论化风格。由于他的作品有明确偏好，所以他依靠反复合理论证这种战略。对他而言，"唯一值得拥有的理论是你必须将击退的理论"。"关于理论上的折衷主义风险，"他评论道，"我倾向于'正确但失之严密'，而不是'严密但失之错误'。"②当霍尔专注于低阶概念和"历史的具体性"时，他一直拥有当之无愧的影响力，这当然有前提，即不涉及他到底是"对与错"。雅索普等发现他的方法令人沮丧，因为它可以根据情况随机应变。③ 对霍尔作品更严厉的批评是说它"有意混淆视听的修辞"。④ 这些评论有一个共同点，就是批评霍尔总是策略性地使用概念，霍尔确实可以用"20 世纪 70 年代理论主义的泛滥"对此进行回应，

---

① Stuart Hall, "Cultural Studies: Two Paradigms", in Richard E. Collins et al., ed., *Media, Culture and Society*, London: Sage, 1986.

② Stuart Hall, "Cultural Studies and Its Theoretical Legacies", in Lawrence Grossberg, Cary Nelson and Paula Treichler, ed., *Cultural Studies*, London: Routledge, 1992, p. 280; Stuart Hall, "Signification, representation, ideology: Althusser and the post-structuralist debates", *Critical Studies in Mass Communication*, 2(2), 1985, p. 94.

③ Bob Jessop, Kevin Bonnett, Simon Bromley and Tom Ling, *Thatcherism*, Cambridge: Polity Press, p. 72.

④ Alex Callinicos, *Against Postmodernism*, Cambridge: Polity Press, 1989, p. 135.

但 20 世纪 90 年代的文本主义泥沼则另当别论了。

霍尔最模棱两可的著作不是其最好的作品，他最好的作品是展示了那些需要社会语境理论的意义和权力关系。我的评论表明这一理论的广泛社会学特征。"后现代的危机论者"将社会生活放置在一个由关于意义的战斗所建构的、相互关联不过是政治统治的暂时结果的碎片化领域。深谙社会学理论的文化研究为这些理论争持不下。社会关系是全面组织化而非根本异质的。在这方面，麦克伦南（McLennan）所说的当代社会学的"新传统主义复兴"毫无价值。① 因为这种"复兴"试图重新把下列问题重新中心化："所有社会形态都是如何建构、再生产和转型的？"②我相信，这些也是文化研究工程的核心问题。

霍尔试图将"接合"这一超级抽象概念普遍化来保持整体感。作为一种必须不断更新的不稳定连接，接合可以把握真实的话语，但歪曲地表达了一些重要的社会进程。③ 社会生活的顽固性和复杂性需要那些"在不同分析层次间整理正确的方法论连接"的社会学概念。④ 文化研究如果想要激发意义的力量，也必须如此。社会学的文化研究反对接合逻辑，坚持认为社会的团结不能还原为政治联合的二级结构。关于意义的斗争（或共识）并不详尽地构成现实；

---

① Gregor McLennan, "The craft of large-scale theory: W. G. Runciman and the neo-traditionalist revival in sociological theory", *Australian and New Zealand Journal of Sociology*, 31(2), 1995, pp. 93-106.

② Nicos P. Mouzelis, *Post-Marxist Alternatives*, London: Macmillan, 1990, p. 31.

③ 话语结构的脆弱性一样引发争论（N. Mouzelis, *Post-Marxist Alternatives*, London: Macmillan, 1990, p. 27.）。霍尔关于"西方和非西方"话语的重建，涵盖了近 500 年的历史发展（Stuart Hall, "The West and the Rest: Discourse and Power", in Stuart Hall, and Bram Gieben, ed., *Formations of Modernity*, Cambridge: Polity Press, 1992）。

④ Nicos P. Mouzelis, *Back to Sociologzcal Theory*, London: Macmillan, 1991, p. 2.

但是文化运作却构成了社会总体性的一部分。文化的解释关涉意义，不仅仅是指进一步的意义（例如去讨论），而且关涉其他制度性的社会关系。这些制度，即霍尔的"力量的构建线"，限制和授权文化的领域。随着意义的流动被锚定在集体生活的现实中，文化成为权力决定性的和持久性的形式。

社会学的概念顾及的是对于权力更具有区分性的分析，而不是话语理论本身的推进。一方面，它必须考虑更广阔的方法。作为一种团结的资源，文化不能被弱化到仅仅是对统治提出异议的份上。对福柯关于"积极"权力的讨论而言，这种非常悲观的还原具有"后现代的危机"理论的奠定特征。由于忽略了社会生活的强大相互作用，这种悲观主义无法正确认识同意对于运用霸权是多么重要。另一方面，社会学概念还考虑到对权力的限制性分析。通过在确定的总体内定位文化，社会学还要顾及那些意义被用作政治统治动员的具体案例。社会学方法坚持文化和更狭义的意识形态子概念之间的区别。只有严格限制后者，它的批判力量才会被维持以对抗与话语普遍性相伴而生的中立。① 基于这些属于，对文化的研究可以突出意识形态统治是一种习惯性的社会制度。

社会学的上述贡献，试图从无所不在的话语原则的接管中一般性地保护文化观念，尤其是重点意识形态观念。它通过这种方式承诺一种比当代文化研究中的文本主义派系想象更好的方式，去理解意义和权力之间的关系。我这么说，就是在明确捍卫某种（总体化的、现实主义的，等等）社会学，但不是一般意义上的社会学。"后现代的危机论"的文化研究更具有误导性的方面之一

---

① John B. Thompson, *Ideology and Modern Culture*, Cambridge: Polity Press, 1990, p. 29.

是，它要求彻底离开了其实无法逃避的现代主义的社会学学科。这样的说辞不过是一种没有说服力的漫画描述。文化研究不能超越"特定"的社会学方法，因为这种只有一面的实体根本不存在。事实上，有的社会学流派十分愿意接受话语转向。[①] 具有讽刺意味的是，"后"社会学文化研究实际上加强了这些固定下来的趋势。这种重叠增强了我的观点的核心动力。无论是好是坏，文化研究和社会学不是在对立中，而是根据某些共享的目标，被定义出来的。社会学家尽可能多地从与文化研究的遭遇中学习，反之亦然。

最后，论证文化研究应当将社会学带回自身，不是建议不加批判地采用传统立场。我更关心的是捍卫普遍的雄心壮志，而不是宣布决定性的答案。那些与话语方法的联姻总是会找到总体化的社会学、客观主义的社会学，等等。社会学的贡献就在于维持对这些问题的议程关注，在当前语境中，这对文化研究是有价值的。强调建构主义和社会关系的政治延展性，已经走得太远。这种批评不是对场域多样性的严厉回应，因为在一些重要的方面，文化研究变得越来越同质化。正如麦克罗比（McRobbie）评论所言，"一个剥夺它跨学科性质的更纯粹和缺少丰富色彩的学科"似乎正在出现。保持社会学的开放式的交流，应该有助于抵御任何此类早熟的正统。此外，麦克罗比还指出，文化研究中"社会学存在的

---

① 关于近期美国社会学对当代文化研究中的文化"建构主义"的赞同观点，可参见亚历山大和塞德曼（J. Alexander and S. Seidman, ed., *Culture and Society*, Cambridge: Cambridge University Press, 1990）克拉内（D. Crane, ed., *The Sociology of Culture*, Oxford: Blackwell, 1994）和登青（N. Denzin, *Symbolic Interactionism and Cultural Studies*, Oxford: Blackwell, 1992）的著作。

下降"与旷日持久的"文字与文本的漂移"是相伴而生的。① 提高这种转瞬即逝的力量，要求对社会团体给出一种截然不同于其意识形态建构和政治建构的解释。对文化的研究必须承担这种社会学责任。

（乔茂林 译　张　亮 校）

---

① A. McRobbie, "Post-Marxism and Cultural Studies: A Post-script", in Lawrence Grossberg et al. , ed. , *Cultural Studies*, New York: Routledge, 1992, pp. 721-722.

斯图亚特·霍尔的伦理学※

［美］戴维·斯科特(David Scott)

> 我越来越觉得，概念(比如身份)的主要功能之一是它们能给我们一夜好梦。因为他们让我们知道，历史的纷繁芜杂、不连续和破裂内部始终存在着一种稳定的、变化甚微的因素。我们周围的历史总是不断地在以无法预测的方式改变，但我们却以某种方式始终保持原样。
>
> —— 斯图亚特·霍尔

引 言

人们存在一些忧虑，担心斯图亚特·霍尔许多作品被赋予了过于丰富的生命力。人们可能会称他的担心为"封闭的慰藉"(这也

※ 原载：*Small Axe*，Nol. 1(2005).

是他的原话）。① 我认为正是这一担心将他的学术声音——他思考问题的方式以及他的批判性精神——塑造到一个相当高的程度。这些是我感兴趣的。我想说明的是，自我的满足、安全的教条、瘫痪的秩序以及没落的身份导致了违反行为的产生，而对此，斯图亚特·霍尔已经形成了一种伦理学语言来回应。在这个意义上，我在阅读斯图亚特·霍尔的作品时，更多地关注于它如何指导我们在政治学中谈论伦理学，而不是它的文化批判。我认为斯图亚特·霍尔是一个标准的规范批判家，因为他的风格和精神促使我们不仅仅是否认这些规范，而且要表明立场。斯图亚特·霍尔的伦理学是一种对话伦理学，对此我将会更详细地论述。我之所以会这么说，是因为我认为他的伦理学不是理性主义者或康德学派人的中规中矩的伦理学，那些人的伦理学强调利用道德法律来保障独立自主的身份。对相异性、差异的不透明性、不可避免的风险、时常出现在任何对话中的不可避免的不确定性，以及对任何差异归属的期望，奠定并造就了斯图亚特·霍尔的伦理学。

我们生活在"黑暗时代"。这些时代不赞成容忍、不推崇宽容、不鼓励接受。更准确地说，这是相当冷酷的时代，是愤世嫉俗的胜利者和无情的仇外主义的时代，似乎这个时代需要的是一套新的沉默和接受的惯例，一种新的屈服、顺从、羞辱的制度。生活在另一个帝国主义时期中的人，从之前一代开始展望，有人能想象到他们会生活在一个像如今这个时代的世界中吗？但正如汉娜·阿

---

① 这个题名来自斯图亚特·霍尔"Old and New Identities, Old and New Ethnicities", in *Culture, Globalization, and the World System*, ed. Anthony D. King, London: Macmillan, 1991, p. 43；"封闭的慰藉"参见，例如，斯图亚特·霍尔"On Postmodernism and Articulation: An Interview with Stuart Hall," in David Morley and Kuan-Hsing Chen, ed., *Stuart Hall: Critical Dialogues in Cultural Studies*, New York: Routledge, 1996, p. 137.

伦特(Hannah Arendt)曾明确地说过,"黑暗时代"需要能给我们带来光明的人——并且把他们召唤到公共领域。① 这些人不应该是那些跟我们对话时总是带着无力的多愁善感,以及一心只想着拯救我们灵魂的人。这些人意见分歧的使命我们从自身以及他人身上偶然发现一些可能性,而到目前为止,这些可能性由于我们过多关注一夜好梦的慰藉而被遮蔽了。总之,无论如何,对我来说,斯图亚特·霍尔的声音正是这样的,在众多循环重复中我有幸能听到这个声音:"黑暗时代"的指路明灯。

为保证我下面的描述更集中更整齐,我从三个完全不同但我认为密不可分的方面来阐述我所理解的斯图亚特·霍尔践行学术生活的方式。首先,在我的意识或感觉中,我认为斯图亚特·霍尔是研究当下以及当下偶然性的杰出理论家。我要强调的是,对斯图亚特·霍尔来说,关于偶然性更多的是对行为伦理学的一种反应,而不是对真相本身的定位。其次,我研究斯图亚特·霍尔与规训和理论问题的关系,并且探索了一些方法来发现他对言辞的回避以及哲学的目标。我认为,从广义上说,这对于理解非洲流散群体的伦理学有所启示;更精确地说,是有助于斯图亚特·霍尔对于非洲流散问题的思考方式。最后,我将谈论一下我从斯图亚特·霍尔的身份概念化的作品中发现的宽容接受的伦理学,并以此结尾。我认为,作为介入知识分子的斯图亚特·霍尔的基本伦理学立场从他非常肯定的给予模式,同时也是接受模式中明确表

---

① 当然,我正在思考汉娜·阿伦特所著的《黑暗时代的人们》。她在序言中写道:"只有身处最黑暗的时代中,我们才有权力去期待光明,但此光明并非来自于理论和思想,而是来自于一种不稳定的,摇曳着的,微弱的光芒,男人和女人们,他们的生活和作品,在世间他们所经历的任何情况,都将被这一光芒所点亮——这一主张是含糊不清的说法,与这些背景描述不相符。"(Hannah Arendt, *Men in Dark Times*, New York: Harcourt Brace Jovanovich, 1968, p. ix)。阿伦特本人也是照亮"黑暗时代"的光芒。

现出来。

这只是我的一己偏见。显然，我并不是为了全面地进行概括。关于斯图亚特·霍尔还有很多我没有考虑到的并且也不想去关注的方面。因为我最感兴趣的是，他作为一个评论家的作品中的伦理学风格，以及他在学术生活实践中所表现出来的对话式的回应精神。另外可能还需要强调的是，我在此所有的尝试，并不是从康德、黑格尔、马克思那里继承而来的观念标准——"批判"一词的意思。我不是全盘否定这种继承，但这与我正试图构思的斯图亚特·霍尔的作品（斯图亚特·霍尔的声音）体系的关系也无具体要求。因此，我根本没有打算——更加不认为我有这个能力——去质疑他的作品，以此分辨出其作品的反响或局限性。我没有兴趣通过超越斯图亚特·霍尔，进而战胜他。我有的是，我仅称为内在的关注去表现与我一直努力倾听、接纳的声音进行自己的对话；学习斯图亚特·霍尔通过他的作品质问这个世界的方式。

当下的偶然性

我常想——并且毫无疑问我之前也多次说道——斯图亚特·霍尔是干预的作者，而不是书籍的作者。干预是他的有效方法，他的"作案手法"。不用说许多书都以他的名字命名——他作为作者或共同作者，编辑或共同编辑。这些书籍构成了他非凡的生活作品中不可缺少的重要部分。但值得一提的是，从来没有任何一本"著作"，从中你能阅读到关于他的思想的最终描述，并且能找到确定的斯图亚特·霍尔的"关于万事万物的理论"。这就是为什么斯图亚特·霍尔的专长是论文而不是专著。事实上，这些书籍中——有影响力的作品，例如，早期的《通俗艺术》，或者后来的《监控危机》、《艰难的复兴之路》、《新时代》，或者较为近期的作品，如

《差异》以及越来越多的目录引言——我要说，更多的是临时性的作品笔记的形式，从这些笔记中可以明显看到当下的与众不同，并且这些当下特有的独特性，理论上是在思考中产生的。简而言之，这些是战略性的干预。

我能想到的所有当代知识分子中，斯图亚特·霍尔比其他任何人都更具有一种对当下警觉性的敏锐，从中找到自己的存在。有的人会觉得他总是反应敏捷，站在他所在的角度思考问题，自言自语，边做边想（如同他经常说起当年在伯明翰大学进行文化研究的日子）。因此，尤其是让知识分子"看门人"烦恼的是，你会发现即使你几分钟前刚刚离开他，你也无法在原地找到他，他也不会用同样的方式思考同样的问题。① 对斯图亚特·霍尔而言，思考是移动的方式；是当一个观点、一个状态、一个身份刚开始重复出现，变成固定教条的时候，关注这些时刻的方式，因为这标志着我们需要重新思考并且从与以前不同的角度来思考它。米歇尔·福柯（Michel Foucault）正是这样认为，思考斯图亚特·霍尔是改变他自己的一种方式，可以防止他总是保持不变。我总是认为，他这种内在的，对偶发的行为的尊重是他一个显著的美德；是他风格的一方面，是他所表现出的对当下不可避免的偶然性做出反应的一种完美的诠释。

或许最值得纪念的作品是著名的重新解读马克思意识形态观念的"无法保证"一文，从这个作品中可以看出，对偶然性反应的词汇开始产生理论性的效应了。这篇文章作为纪念马克思逝世一

---

① 更不用说，这里的典故暗指特里·伊格尔顿的"嬉皮士"一文（Terry Eagleton, "The Hippest", *London Review of Books*, 7 March, 1996），但也指他的回忆录（Terry Eagleton, *The Gatekeeper*, New York: St. Martin's, 2002）。这种训练斯图亚特·霍尔的想象力以及简化他的政治观点的要求，在克里斯·罗杰克的 *Stuart Hall*（Cambridge: Polity, 2003）一书中找到了共鸣。

百周年作品集的一部分，最初发表于 1983 年，这篇论文不仅对英国文化—政治（撒切尔时代早期）特定时刻进行了战略性干预，也对马克思主义理论困境进行了战略性干预。［值得注意的是，这篇论文在厄尼斯特·拉克劳（Ernesto Laclau）和尚塔尔·墨菲（Chantal Mouffe）合著的《霸权主义和社会主义战略》一书之前就有了，而这本书的一些重要的方面他都不赞同］。① 在任何情况下，"意识形态问题"一文对于理解斯图亚特·霍尔的轨迹有着重要的作用，因为他后来成为后马克思主义者（他非常谨慎地使用这一术语），他总是与马克思主义保持"不远的距离"，这对于修订具有深远意义。该论文的许多读者都很清楚，这篇文章同时进行了几个方面的描述；但这里使我感兴趣的——可能是这些方面中范围最宽泛的——是有关我们考虑"决定"问题的方式。这里斯图亚特·霍尔最关心的问题是将"确定性"的概念从声名狼藉的"归根到底的决定"的"最后的封闭"中拯救出来，并由此为偶然性开辟出一片研究空间。他说，阿尔都塞式的"归根结底"理念，是"确定性遗失的梦想或幻想的最后藏身之处"。在文章最后总结部分，斯图亚特·霍尔指出，社会实践的结构"既不是自由浮动的，也不是无形的。但它也不是过渡结构，在这种过渡结构中，它的可理解性只存在与自下而上的单向效果传递中"。因此，当下的"形势"不能由"我们能根据自然科学的确定性预测的力量"定义，"而只能由现存的力量平衡，具体形势的特定性质"定义。② 简而言之，它应该被部分

---

① Stuart Hall, "The Problem of Ideology—Marxism without Guarantees", in Betty Matthews, ed. , *Marx: A Hundred Years On*, London: Lawrence & Wishart Ltd, 1983, pp. 57-85; Ernesto Laclau and Chantal Mouffe, *Hegemony and Socialist Strategy: Towards a Radical Democratic Politics*, London: Verso, 1985.

② Stuart Hall, "The Problem of Ideology: Marxism without Guarantees", in Betty Matthews, ed. , *Marx: A Hundred Years on*, London: Lawrence & Wishart Ltd, 1983, pp. 83-84.

地定义为偶然性。

正如斯图亚特·霍尔呼吁的那样，为了尊重当下的"偶然性"，我们要做好准备摒弃某种形而上学的历史观，也就是说，历史就是目的论的观点：一种逐步显示出来的演变，它受到暂时的内部法律或逻辑的驱动，并且将人性从一个确定的过去，沿着特定的方向带到预先设定好的未来。基于此观点，当下几乎没有任何理论重要性，因为它只是一段旅途中预先设定好的阶段，而它的脚本已经总结好了。要摒弃这种形而上学的历史观并接受偶然性的观点和词汇，就需要将当下的结构、体制和散漫的形式看成是非必要的，甚至看成是不能预知所有的多样化的结合和决定的结果。要知道，现状不是建立在固定不变的基础上，发现并认识到这一点能让我们确信，我们的道德和政治行为是最好的、正确的或可证明的。如果现状不是由一个预先确定的过去所决定，那么它也不是由一个预先规定好的未来、一个等待着我们的先验的见识所支配，不管这个未来有多远，到达那里需要多久。

换句话说，要理解当下的偶然性，就需要根据它所提问题的新问题空间和它的开合所造成的可能性，理解其事态的特性。因为，正如我在其他地方曾经说过的那样，描述暂时的不连续性间隔，以及构成一种结合的历史间隔的一种方法是改造现有的认知—政治问题—空间，改造现有的"问题和答案"的结构。因而，我认为当下任何给定的事态状况，是历史中断和观念重构的结果，而在这个过程中争论的一个方面被另一个方面所替代。因此，当我阅读斯图亚特·霍尔对它如何利用，要想理解特定的事态，仅仅试图探究能否获得一个新的答案（新的提议）是不够的；我们同时必须试图去了解一个新的问题是否是当下偶然被提出的。从这个角度来看，事态不仅仅是一个社会—历史重建的认知范畴，而且是战略性干预中的一个道德—政治的范畴。在对当下事态进行理论化时，重要的不仅在于确定当下之主张自命为答案的那个问题是否可能，而且在于这个问题能否继续成为一个值得回答的问题。

很容易看到，"偶然性"的观点严格地讲不是一个认识论问题。至少在斯图亚特·霍尔运用它时，不是说要将"偶然性"提升为一个新的形而上学首要原则，它是一种反本质主义的本质意义理论。因此，对他来说，重要的不是这类本质东西的缺失，而是这种基础和目的论辩驳对人们如何思考道德判断和整治行动的意义。在这一方面，斯图亚特·霍尔将自己从当代反本质主义理论的广泛的束缚中解脱出来，这一理论中对基础的批判只会加速神秘的形而上学主义的再次出现。偶然性决定的观点非常重要，因为它有助于动摇——实际上是颠覆——自然化的政治观点，即掌握、工具主义的保护实践以及对上帝和真相的预先构想的共同体的保证。要想使得偶然性有开放的发展空间，读懂事态性的当下，就需要在这种传统的政治观点中看到反政治的理想，换句话说，就是构想一种取代和阻止这种政治伦理学的政治学。偶然性的要害在于它促使人们将政治的观点理解为是具有战略性的，这种战略性是赢得的而不是自然而然衍生出来的，是一种意识形态的斗争问题，是一场持续的"立场之战"。

我们需要铭记在心的是，此处争论的重点不是说政治因此毫无根基，不是说可以毫无前提设想的就形成政治。要拒绝这一观点，就需要再一次将政治转化为认识论，转化为真理的游戏。如果政治没有最终根基的话，往往就会有足够的基础让立场得以延伸，让权力得以伸张，让论点和领会得以争论。但这些基础往往被人们轻易地认为是暂时性的而不是固定不变的或本身就存在的。用朱迪斯·巴特勒（Judith Butler）自相矛盾的语言说，它们是"偶然的基础"。① 斯图亚特·霍尔通过一个常见的教育方面的例子举例评论道:"我这样说吧,为了教好一节课你必须确定你的职责,但下周教课之前你已经非常随意地知道你会改变想法。作为一个战略,这意味着需要拥有足够的基础来谋得一个地位,但往往将其放在一种具有开放式理论化视野的方法中。"②

同样需要强调的是,偶然性观念并不会许可出现一个主权机构的伦理—政治主题。现状是偶然性(多元)决定的观点并不意味着它是由理性行为的纯粹意愿简单地构成或创造的,因此它可以由激进机构新的应用重构或再创造。自由主义者和后现代者往往认为自己是纯粹选择的代表。这些讽刺的代表们可以独善其身,也就是说,可以随意地修正和改变他们的结局。相比之下,对斯图亚特·霍尔来说,偶然性中关键的部分恰恰在于,我们不仅仅是我们自己以及我们这个世界的主权创造者,在一定程度上我们是由流淌在理性的自我意识之下的能量——欲望、伤害、本性、过去——所构成的。这些偶然性被威廉·康诺利(William Connolly)巧妙地称为"根深蒂固的"或"被打上标记的"偶然性。他说,这些偶然性并没有得到哪怕是简单的修改或修订。③ 这些不可避免的偶然性使我们警惕——或者应该使我们警惕——理性的傲慢、主权机构的接线以及悲剧感,在这种悲剧感中,我们最好的、最进

---

① Judith Butler, "Contingent Foundations: Feminism and the Question of 'Postmodernism'", in Judith Butler and Joan W. Scott, ed., *Feminists Theorize the Political*, New York: Routledge, 1992, pp. 3-21, Many thanks to Ritty Lukose for pointing me to this reference.

② Stuart Hall, "On Postmodernism and Articulation: An Interview with Stuart Hall," in Stuart Hall: *Critical Dialogues in Cultural Studies*, ed. David Morley and Kuan-Hsing Chen, New York: Routledge, 1996, p. 150.

③ William Connolly, *Identity/Difference: Democratic Negotiations of Political Paradox*, Ithaca: Cornell University Press, 1991, p. 176.

步的意愿往往会被逆转，更容易遭遇灾难。换句话说，要想在世界上行动，我们就需要将自己暴露于毫无控制的偶然性中，置身左右为难无法选择的困境中。

用当下偶然性的词汇来表达，就是承认一种行为的伦理性。它优先考虑有关提出临时主张、就与最终真实性有关的认识论目标达成解决方法（不断地重新开始、重新设想和重新修正）的伦理—政治计划。它使得人们更愿意接受特定的——往往（或实际上，从不）是不透明的——环境，在这种环境中，个人有行动的义务，要接受对话性的争论，在这些争论中，一些立场得到清楚地界定，另一些立场则被打压或推翻；甚至，是要接受任何干预（因为"无法保证"的状态）可能会面临失败的风险。

我强烈主张斯图亚特·霍尔是关于当下及其不可避免的偶然性的杰出伦理理论家。首先，他的研究使得批评创造了一系列的作品——战略性的、临时性的、定位性的作品。对他来说重要的事情是怎样对现有的困境进行干预，从而要么扩展，要么修改（抑或同时进行）可以产生行动伦理学的认知领域。鉴于此，你就不会觉得奇怪，为什么斯图亚特·霍尔举例说明——教育性地鼓励——一定要探索性地、实验性地与学术规训、权威知识以及构成这些的方法论目标联系在一起。理查德·罗蒂（Richard Rorty）引用乔纳森·卡勒（Jonathan Culler）的话说道："规训的观点就是研究的观点，在研究中写作可能找到终点。"①这显然是因为规训的工作原理是通过强制实行斯图亚特·霍尔称为"范式的封闭性"，或托马斯·库恩（Thomas Kuhn）曾经提及过的范式规范化，来保

---

① Richard Rorty, *Contingency*, *Irony*, *Solidarity*, New York: Cambridge University Press, 1989, p. 133, footnote p. 31, Quoted from Jonathan Culler, *On Deconstruction*, Ithaca: Cornell University Press, 1982, p. 90.

证其诉求，即研究参数的方法论稳定性，不过，其资源不是被用于质疑范式本身和构成范式的假设的，而是为了最终来到阐发期待已久的结论的终结之章。

当然我们都很清楚，20 世纪 60 年代和 70 年代英国鼓励文化研究成为一个体制性计划的是反规训的。也就是说，对现存的人文和社会科学学术规训是否有能力（更不用说意愿）去理解并掌握战后英国改变了的社会和文化状况，它在某种程度上是怀疑的。正如斯图亚特·霍尔用现在大家很熟悉的一个词语来说，文化研究作为"事态实践"产生出来了。① 安东尼奥·葛兰西（Antonio Gramsci）知识分子生活的观点给了它灵感，第一代新左派的影响深远的作品孕育了它的产生，在斯图亚特·霍尔的领导下，它将自己塑造成一个临时的"作品场"，不时地从现有的"规训领域"中劫取和占用它所需要的资源。② 对斯图亚特·霍尔和早期的伯明翰的"学徒"们来说，规训并没有比问题更具优先权，也没有必要对此拥有特权。不管它现在变成北大西洋（在其他地方可能是南大西洋）的哪一边，文化研究不是作为一种新的规训，而是作为一种新的战略方法兴起的，这种战略能够扰乱、替换以及回避现存规训的霸权主张，能够为新了解伦理学开辟出认知空间。

---

① Stuart Hall, "The Emergence of Cultural Studies and the Crisis of the Humanities", *October*, Vol. 53 (summer 1990), p. 11.

② 其中最重要的资源来自雷蒙·威廉斯的《文化与社会》（Raymond Williams, *Culture and Society*, 1780—1950, New York: Columbia University Press, 1958）和爱德华·汤普森的《英国工人阶级的形成》（E. P. Thompson, *The Making of the English Working Class*, London: Gollancz, 1963）。关于第一代新左派对他思想的重要影响的最有意思的说法，参见霍尔的"第一代英国：生平与时代"（Stuart Hall, "The 'First' New Left: Life and Times", in The Oxford University Socialist Group, ed., *Out of Apathy: Voices of the New Left Thirty Years On*, London: Verso, 1989）。

在我看来，这是斯图亚特·霍尔一直回避哲学（也即，体制化、程式化、规训性形式的哲学）的观念。对于多年前科内尔·韦斯特(Cornel West)的重要作品《美国的回避哲学》的典故的引用是很审慎的。① 斯图亚特·霍尔并非一定要共享韦斯特特定的美国实用主义起源的素材，但他们之间有一些契合点，例如，他们都很赞赏杜波依斯(W. E. B. Du Bois)的预言式批判，他们都认同葛兰西和福柯充当了消解和修正的角色。但更重要的是，他们都认可本书中对于哲学基本声音的怀疑精神，尤其是书中对于禁止哲学中的权威言论拥有认识论特权和规训优先权的关注，以及书中提出要重新考虑其作为一种"文化批判"的关注。

我把斯图亚特·霍尔的批判性作品理解为对哲学的同样疑问的例证。显然，我并不是说斯图亚特·霍尔在他力求回避理论的观念中是反哲学的。就是说，在斯图亚特·霍尔使用它的时候，理论是实践智慧和实践（以及因此而来的伦理）推理的模式。霍尔一向重视偶然的思考过程，因此他说："我对理论本身并不感兴趣，我感兴趣的是进行理论化。"理论不是永恒的第一原则的纲领，但理论实践"开放的视野"一直在前行，正如他所说，"在一些基本观念构成的富有魅力的领域中，总是不断地向真正新颖、创新的文化实践中注入新的形式"。② 例如，具有教育意义的是，斯图亚特·霍尔对厄尼思特·拉克劳(Ernesto Laclau)这些后人作品的担心恰好是因为他们受到哲学连续性思想的影响过大，他们太想让

---

① Cornel West, *The American Evasion of Philosophy: A Genealogy of Pragmatism*, Madison: University of Wisconsin Press, 1989.

② Stuart Hall, "On Postmodernism and Articulation", *Journal of Communication Inquiry*, 10(2), 1986, p. 138.

理论正确化，他们用自己过于简单的结论来结尾。① 因为对斯图亚特·霍尔而言，理论是一个通往其他地方的弯道，但对他们来说不是，理论对他们来说更像是自己的结束，一个终点。② 从这个意义上说，他的批判性作品中刻画的理论形象更接近于著名的吉勒·德勒兹(Gilles Deleuze)—福柯之争描述的那样，在这场争论中，他们都认为，最好将理论理解为在努力开创伦理—政治空间的过程中，调解阻塞与障碍的对话的集合。或者，就像德勒兹所说的那样，"理论完全就像是一盒子工具"，③ 我相信斯图亚特·霍尔也会赞同这个比喻的。

以前的"案例和情况"决疑论者从不相信总原则会一成不变，像他们一样，斯图亚特·霍尔回避了第一哲学的暴政和可以确保其安全起源的形而上学的基础。④ 在我看来，对非洲流散群体的讨论是不相关的一个话题，但在这个话题中这个特定的理论策略所起的有效作用则令人印象深刻。在这里，斯图亚特·霍尔关于它的思考有一种不合时宜的及时性，因为它已经对许多看似解决了的假设提出了质疑，这些假设驱使，实际上甚至过分驱使，当代黑人身份理论化的形成，尤其是在以人类学和哲学为根基的可靠

① David Scott, "Politics, Contingency, Strategy: An Interview with Stuart Hall", *Small Axe*, No. 1 (March, 1997), p.157，霍尔对于霸权主义和社会主义战略的怀疑，参见 Stuart Hall, "On Postmodernism and Articulation", *Journal of Communication Inquiry*, 10(2), 1986, pp.145-147.

② Stuart Hall, "Old and New Identities, Old and New Ethnicities", in *Culture, Globalization, and the World System*, ed. Anthony D. King, London: Macmillan, 1991.

③ Michel Foucault and Gilles Deleuze, "Intellectuals and Power", in Michel Foucault, ed., *Language, Counter-Memory, Practice: Selected Essays and Interviews*, Donald Bouchard, Ithaca: Cornell University Press, 1977, pp.205-217.

④ 关于决疑论，参见，如，Albert R. Jonsen and Stephen Toulmin, *The Abuse of Casuistry: A History of Moral Reasoning*, Berkeley: University of California Press, 1988.

理论基础上，努力稳固流散的非洲移民身份。

例如，他著名的"臭名昭著（他自己这样形容）"的"新族性"一文出版于 1988 年。在这篇文章中，斯图亚特·霍尔对英国黑人文化政治问题空间的转变明确提出了一个临时性的解读。他指出要进行重新描述，旨在理解能给英国黑人带来生机的新问题的特殊性。如此来说，以前的历史性时刻（集中在 20 世纪 60 年代和 70 年代的社会运动期间）的特征是如何获得话语、规训、设备、技术、制度等的问题，以及创造并传播权威的黑人表征、黑人状况和黑人知识、主观性以及经验。斯图亚特·霍尔认为，这个时刻正在被另一个有典型特征的时刻（一直在努力争取这些话语、规训、装置、技术、机构以及它们自己等概念和意识形态上的术语和领域）所取代。在这个新兴的问题空间，新的问题变得可见，问题变得不再是怎样去表征，而是这些表征依赖的知识/权利体制是什么。在任何宣言的行动中，哪种黑人观念危如累卵？在这些争论和行动中，运用什么观念来进行部署呢？想要得到什么样的主体化效果？它赞成的身份模式是什么，设法排斥的差异模式又是什么？正如斯图亚特·霍尔所说的那样，新的事态从"努力争取表征的关系转换为表征本身的政治"。或者稍微有那么一点不同的是，它定义了一种时刻的转变：从为保证真实性和道德许可的种族存在的认同和表征，转变成如今"黑人性"构成了一个不稳定的和多样化的知识和身份领域，在这个领域里，对霸权的抗争始终存在。在斯图亚特·霍尔令人难忘的言论中，这个转变标志着"无罪的终结，本质化的黑人主体的终结"。①

关于这篇文章的一切都是斯图亚特·霍尔所独有的，无与伦

---

① Stuart Hall, "New Ethnicities", in Kobena Mercer, ed., *Black Film*, *British Cinema*, BFI/ICA Documents 7, London: Institute of Contemporary Arts, 1988, pp. 27-31.

比的：试验性的、探索性的，同时是大胆创新的形式；在紧要关头你反复听到的，和谐的、自言自语的声音；为获得新职位，干预和尝试的主体意识；以及在关于非洲流散群体的持续讨论中可能会遇到的风险和危险。但在这里我希望我们能注意到的是，这种理论化行为回避哲学的方式，比如说，回避最近不断出现的"非洲—加勒比哲学"的难题。①值得注意的是，有一种论点认为，非洲话语和身份被假定的基本意义被确立为一种最初的基线，可以用来衡量和判断所有黑人批判行为的真实性，而斯图亚特·霍尔没有借助于这一论点的结构。对斯图亚特·霍尔来说，根本没有这样的保证。更不用说，在这个论点中，人们没有否认"非洲"（因为有些人也许会断言），但人们也没有将它看作是一种具有像"宗教"或"精神"或其他某种形式的真实含义所定义的人种志本质。斯图亚特·霍尔在评论克里斯·奥菲利（Chris Ofili）的美学比喻时说道，"梦在非洲"，并不是说要求非洲"重新记起以前的景象"，而是要在其他地方重新想象"非洲"的景象。不是记得而是梦到翻译过来的"非洲式的"方言。② 换句话说，对斯图亚特·霍尔而言，"非洲"被设想成了一个历史构建的符号场，是一片广袤的复杂的领土的特有名称，这片领土里的含义、知识、话语、形象和梦想，以及表现出来的自我塑造过程中不同定位、权利不平等的方式，

---

① 参见亨利的《加勒比的理性》。鉴于我赞同担心对这本书是一种激励，所以我不同意它的认识论假设：黑人记忆以及黑人道德和政治希望的考古学需要以"哲学的"或者"人类学的"起源理论为基础。在我看来，诸如，"赋予了传统的非洲哲学，产生了最重要疑问的想象是一种虔诚的想象"（Paget Henry, *Caliban's Reason：Introducing Afro-Caribbean Philosophy*，New York：Routledge，2000，p. 23）这样的句子，带有行不通的本质主义，但却很盛行。

② Stuart Hall, "Chris Ofili in Paradise：Dreaming in Afro", in *Within Reach*, ed.，*Chris Ofili*，volume 1，50*th Venice Biennale Catalogue*，London：Victoria Miro Gallery，2003.

都具有重大的争议性，这种方式要求对"第一哲学"进行不带本体论意图的事态化的理解。

斯图亚特·霍尔践行理论的方式——走理论的临时迂回道路——就是为了回避这项研究，回避封闭的慰藉，以及它推荐给我们的对文化存在的辩护。毕竟，"第一哲学"的目标所鼓励的观点是，如果你坚持人类学研究足够长的时间，最终你将会发现原始语言和背景概念，它们将永远确保成为黑人的唯一方式以及以黑人主体性名义所说的唯一方言的特权。简而言之，它鼓励天马行空式的研究，在这个研究中，关于非洲流散群体的描写可能会结束了。

宽容伦理学

我一直关注斯图亚特·霍尔对于当下之不可避免的偶然性的特定反应（他的行为伦理学），大致描述了他回避特定的规训惯例目标的方式（他的认知伦理学），从而刻画出了他的学术实践的风格。现在我想谈谈我认为他的理论创建所认可的身份伦理学方面的内容。

在最近的一本书中，罗曼德·科尔斯（Romand Coles）很巧妙地探索了重新塑造博爱、给予和宽容伦理学的观点。[①] 科尔斯有兴趣重建老的（当然，部分是基督教）宽容概念，并将它作为对话伦理学的中心美德。他说他所赞扬的是接受的宽容，也就是说，这种宽容行为的模式应该是——接受和给予一样具有反应性，聆听和讲话一样具有反应性。

---

① Romand Coles, *Rethinking Generosity: Critical Theory and the Politics of Caritas*, Ithaca: Cornell University Press, 1997.

　　科尔斯在他书中表达的担心是，如果践行宽容的人们都很自信，都提前遭遇了各种差异、天赋异禀——无论是上帝、自由或民主——那么，这种普遍的行为是否与其他人存在联系。科尔斯认为，这是一个独白式的——与对话的形式相反——宽容伦理学，因为它假定了一个不受影响的和自给自足的身份主题。当然，现代康德学派主权自主的多样性是这种单向度和单一方向的宽容行为的典型实例。他们试图构建一个文明的仁慈的个体，小心谨慎地确保避免自私并培养其尊重他人。但不管他们是用罗尔斯（Rawls）的"无知的面纱"还是哈贝马斯（Habermas）的交往理性的主体间领域来理解，他们仍然是"不接受的给予者"，因为他们对差异的认同事实上取决于它的腐朽、吸收和战胜，取决于统一共识的调控理想的基础。针对当代伦理政治理论的这些倾向，科尔斯提出了如下的警告和建议：

　　　　由于宽容无法理解它本身深深植根于对遇到的其他东西采取接受的态度，这样一来，不管它做出了多大的努力，无知、偷窃和帝国主义还是会滋生；假使需要天赋的时刻存在多种多样的特性，它会造成一种遗忘状态，不断地阻止有关给予是如何智慧地发生的问题出现。给予最困难并且往往最高的境界是用争论的对话行为接受另一方。这种行为不可简化为一种先验的指令"任其发展"。相反，它是一次削弱先验的封闭的尝试，如此，感知、智力和幸福的可能性条件，即相互转换游戏可能会茁壮发展起来。①

---

　　① Romand Coles, *Rethinking Generosity: Critical Theory and the Politics of Caritas*, Ithaca: Cornell University Press, 1997, p. 3.

在下文中，我想说明斯图亚特·霍尔提出这种平等和差异的"相互转换游戏"，以及另一种（如他所说）不可简化的探索方式，与宽容的对话伦理学观点（和理想）非常吻合。因为，正如我自始至终一直主张的是，斯图亚特·霍尔身份理论的与众不同之处，不仅仅是它对认识论的怀疑态度，更是因为它对接受性给予的构成性悖论持开放态度，这一悖论是归属差异的政治学追求的一部分。

斯图亚特·霍尔在 20 世纪 80 年代后期写了大量文章（我已经提到了其中的一篇），从这些文章中，他一直在力求干预新的、不断激增的讨论，这些讨论中身份伦理学作为一个有关政治学的问题岌岌可危。① 我已经说过，斯图亚特·霍尔关心的是，让我们远离我们所同情的，如我们想象和经历的，作为一个持续不断的、发展进化的、自我揭露过程的身份观点。这种自我是被集中、被整合的产物，且依附于明显的内在感和外在感、表面意识和内在意识，但却被理解为社会、文化和政治行为的主宰者。当然，在通过这些安全的身份提出的对立的文化—政治观点中，对差异的宽容绝不可能永远不在场。这些并不是——或者没有必要是——自以为是的自我吝啬。然而，这些仅仅是他颠倒了总体化逻辑的自我已经更加关注将历史性的伤害转换为新的描述和排斥政治学的土壤，因此很少有空间来接受边缘的他者。

我认为，这是斯图亚特·霍尔无法容忍的一种自我和身份图景。他反对身份即自我存在的旧观点，敦促我们用一个开放的方式去思考身份认同过程。在这个意义上，身份不是在整个事件中持续存在的、固定的、一成不变的实体，而是将各种碎片整合起

---

① See Stuart Hall, "New Ethnicities"; "Minimal Selves", *Identity: The Real Me*, ICA Documents 6, 1988, pp. 44-46; "Cultural Identity and Cinematic Representation," *Framework*, 36, 1989, pp. 68-81; and "Introduction: Who Needs Identity?", in Stuart Hall and Paul du Gay, ed., *Questions of Cultural Identity*, London: Sage, 1996.

来的一个永无止境的缝合过程。身份从来都不是一个整洁的、单一的整体，而往往是多元的、不固定的，更多的是"和"而不是"或"，因此没有一个真正的核心，没有一个稳定的源头来保证任何决定的正确或错误。当然，正如你所期望的斯图亚特·霍尔的观点（与不断变化的后现代主义者的能指形成了对比），这个过程的发生往往与权力、制度、机构、以结构化方式定位自我的规训，以及包含/排除相联系。但最重要的是，斯图亚特·霍尔主张身份是通过差异建构起来的。正如他所说，"这需要相当令人烦恼的认知过程，只有通过和其他的、非它本身的、它所缺少的以及所谓它的外部组成的东西相联系，任何术语的'正面'含义——因此它的身份——才能得以被建构出来。"①

当我读斯图亚特·霍尔的作品时，我觉得，如果身份是已经存在的（威廉·康诺利说过这样的话）身份/差异，那么我们所需要的伦理学就是宽容地接受在其他方面探索自我（甚至探索消极的一面）以及在自我中探索他人的伦理学。既然每一个对身份的构成都不可或缺，那么我们就需要一种伦理学，它不是要保证和睦的相互关系，也不是要保证同化的主体间性，而是要保证对身份/差异争论性的尊敬（一种尊重对手的争论）。如果我们不能离开身份而生活，（用斯图亚特·霍尔自己的话说）也许我们可以在身份"面临消失"的情况下生存，并因此可以在没有密封的身份传记的情况下生存，这种秘密身份掩饰了自我庆贺的腔调，可以促使产生专属权利的奇思妙想。也许我们所要培养的就是永远地保持在身份中接受其他事物，乐于打扰、扰乱、忘掉我们对已经具有的身份的

---

① Stuart Hall, "Who Needs 'Identity'?", pp. 4-5; Stuart Hall, "Introduction: Who Needs 'Identity'?" in Stuart Hall and Paul de Gey, eds., *Questions of Cultural Identity*, London: Sage, 1996, p. 2.

自满，以及教条主义地稳定和巩固身份的压力。

许多当代道德理论学家缺少慈爱之心，而斯图亚特·霍尔跟他们恰恰相反。因此，在他的作品中我们可以看到，自我和他人伦理学的元素与边缘、极限相一致，在那里，"身份"不再具有确定性，而模糊性、差异性、界限和外部开始偏离并打破了稳定的自我存在的神话。斯图亚特·霍尔认为，人类自身和人际交往起源于对独立自主的、自治的自我单方面利益立法的片面的启蒙主义赞赏，在这些场景中有些东西会一起减少，并因此导致道德上的匮乏，对此我们应该认真对待。他说，如果我们把握机会发展得更好，我们便可以使得自己对待差异性的弱点——我们的脆弱、暴露和接受能力——态度更加开放。这不是多元文化的多愁善感。我们需要真正的伦理学工作。因为斯图亚特·霍尔知道，这种接受性是持续的、不和谐的、关于自我的工作，正如康诺利所说，而自我会即刻抵制两种排斥性的压力：压制和征服他者的规范化压力，包括偶然地在自我中分裂出他者，以及将历史性的违背和边缘化的倾向转化为诗意化的报复和征服的政治逆转的压力。[1]

结　语

我一直将斯图亚特·霍尔当作道德理论家，当作身份/差异伦理学理论家进行讨论。我一直呼吁，我们要注意他文化批判的伦理学含义；或者，如果你愿意，我们可以将他的文化批判当成他的伦理学习语来读。

用这种方式谈及斯图亚特·霍尔的学术实践时，很难不想起

---

[1]　William Connolly, *Identity/Difference*: *Democratic Negotiations of Political Paradox*, Ithaca: Cornell University Press, 1991, p. 159.

他已故的朋友和对话者爱德华·萨义德（Edward Said），以及他们共享的伦理义愤。他们学术上的承诺当然有葛兰西式的起源，但除此之外，还有很多困扰定义了他们。斯图亚特·霍尔和爱德华·萨义德都跟我们说，他们作为"出位的"知识分子，知识分子与这个世界生活和思考的公共性、全球性的关系从来不是拐弯抹角的，从来不是完全在一国的，从来不是完全集中在一个理论、一个规训、一个机构、一个国家、一个永远封闭的和谐统一和想象中的自我满足。请记住，在他的"里斯讲座"中，萨义德非常巧妙地捍卫了作为异议者的知识分子的人道主义承诺，他说："实际上，知识分子……既不是调解人，也不是建立共识者，他们长着反骨，不愿意接受简单的准则、现成的陈词滥调，也不愿意接受当权者或循规蹈矩的人必须说的或做的圆滑的、趋炎附势的言行。"①有待商榷的是，有些时候，斯图亚特·霍尔可能不同意萨义德在表述知识分子生活的突出美德时所体现出来的感情，但在对修订和改变了的人道主义、"永远保持警戒状态"的需求，以及永远不愿意被"半真半假的或人们普遍接受的观点"所左右方面，斯图亚特·霍尔与萨义德是完全一致的。

我们生活在黑暗冷漠的时代，在这个时代中很难知道我们该如何负责任地抵抗道德—政治灾难，而这些在"冷战"后和"9·11"事件之后的世界里，似乎一直在摧残着我们。一些人在公共领域的言行一直促使我们去反思自满情绪，反思我们平常化的"满意"的局限性，因而我们自然而然地从这些人身上寻找指引和启发。当然，我读到的斯图亚特·霍尔关于拥抱和赞扬宽容的伦理学不

① Edward W. Said, *Representations of the Intellectual*, New York: Vintage, 1996, p. 23. 在近著《人道主义和对民主的批判》（Edward W. Said, *Humanism and Democratic Criticism*, New York: Columbia University Press, 2004)，萨义德又一次为坚决的——但是宽容并且自我反思地进行自我批评的——人道主义辩护。

是放之四海而皆准的，不可能成为抵御方方面面对我们造成的威胁的最终保护伞。它什么都不是。这就是他的观点。但如果，更好或更坏，也没有办法回到曾经熟悉的，确保我们高枕无忧的绝对的、确定的、保证的逻辑，我们可能没有更好的选择（虽然它可能很难）只能将我们对身份的幻想搁置一边，使我们自己对偶然性更开放一点，对冒险努力追求差异归属更开放一点。

不管怎样，至少在我看来，这是斯图亚特·霍尔留给我们的挑战。

（李媛媛 译）

从辩证法到延异：反思斯图亚特·霍尔晚期作品中的混杂化※

[美]理查德·L. W. 克拉克(Richard L. W. Clarke)

引　言

斯图亚特·霍尔的"文化身份与流散"一文暗喻迭出、跳跃难懂，但它代表了近来一种对加勒比文化进行概念化构设的认识论转向。①确切而言，我的观点如下：处理此类问题的主导方法是一

※ 原载：*Shibboleths：Journal of Comparative Theory*，No. 1(2006).

① 笔者将"知识型(episteme)"、"问题式(problematic)"和"范式(paradigm)"三个术语等量齐观。第一个术语"知识型"是米歇尔·福柯(Michel Foucault)的"认识论基础"(Michel. De Certeau, *Heterologies：Discourse on the Other*，Translated by Brian Massumi，Minneapolis：U of Minnesota P，1986，p. 173.)，它使得某一时某一地所特有的思想型铸成为可能：在许多体系、经验与时代学说之间，福柯察觉到了其中的一致性，尽管并非明确表明，但是它是一种文化的存在条件与组织原则(Michel. De Certeau, *Heterologies：Discourse on the Other*，Translated by Brian Massumi，Minneapolis：U of Minnesota P，1986，p. 172.)。不过，这种一致性是"挣脱特定人群之关注的基础"，这些人的思想与交流则构成了知识形成的基础。(Michel. De Certeau, *Heterologies*：(转下页注)

种辩证的问题式，而霍尔则被索绪尔（Saussure）及后索绪尔的"差异"概念所吸引，①这是我们理解加勒比地区许多值得珍视的文化特质的意义的出发点。②在本文中，我有两大任务：第一，我将通过细致阐释霍尔的一些观点来试着澄清其理论诉求，即意义只会在所谓"后结构主义"大陆哲学潮流当中直接进行呈现，并且霍尔对后结构主义的运用确实非常广泛；第二，为了理解霍尔通过不断反思的方式来对一些正统观念所提出的挑战，而这里所谓的正统认识本身貌似已然在加勒比文化研究领域牢不可破，所以笔者会尝试通过深入霍尔的各种观点内部来一探究竟。

在"文化身份与流散"一文中，霍尔的起点是"那些展现了在西方世界流散的加勒比'黑人'（包括非洲裔及亚洲裔）的电影及其他视觉表征形式"，而"围绕加勒比的新电影"则是重中之重。霍尔认为，这些"文化实践和表征形式"都将"黑人主体置

（接上页注）*Discourse on the Other*，Translated by Brian Massumi, Minneapolis：U of Minnesota P，1986，p. 172.）尽管"问题式"这个术语最早是经由克劳德·列维-斯特劳斯（Claude Lévi-Strauss）流布开来的（笔者将在下文详述），但是如今它时常与阿尔都塞（Louis Althusser）这个名字联系最为紧密，阿尔都塞认为任何知识体系必须"将问题置于特定地域以及一种明确的理论结构视域范围当中，这就是问题式，它构成了问题产生的绝对而明晰的可能性条件。（这是笔者论述的着重点）"(Louis Althusser, *Reading Capital*, Translated by Louis Althusser and Étienne Balibar, London：New Left Books，1970，p. 26.）。因此这种概念框架使得一些目标得以明确，虽然超出范围者依然是个未知数，而这完全是因为"它们不是理论的目标，相反理论旨在将其窒息"(Louis Althusser, *Reading Capital*, Translated by Louis Althusser and Étienne Balibar, London：New Left Books，1970，p. 24.）。"知识型"与"问题式"与托马斯·库恩（Thomas Kuhn）的"范式（paradigms）"概念存在诸多共同之处，而库恩的"范式"概念则是用以描述自然科学的历史发展的。

①　参见雷蒙·威廉斯对"残余的文化"、"统治的文化"（以及"霸权的文化"）和文化的"突显成分"（尤其是"感觉结构"）的重要区分。

②　在本文中，笔者采用了联合国教科文组织（UNSCO）对"文化"所下的定义，即"某一社会或者社会团体所具备的一整套精神的、物质的、智力的和情感的独特形态"，它主要包括"艺术、文学、生活方式、群居形式、价值系统与传统信仰"。

于中心位置"，于是这就将"文化身份问题置于一个不得不追问的境地"。霍尔指出，我们普遍习惯将身份假定为一种"显而易见与毫无疑问"的前提，它是一种牢不可破、毋庸置疑的事情，而文学、电影和其他文化实践仅需要对此如同镜子一般直接反映出来就行了。然而，霍尔指出他的意图：为了揭穿"'文化身份'这个术语自我标榜的重大权威性和可靠性的潜在问题，我们需要对'文化身份及表征主体展开一种对话、一种探查'"。因此，霍尔在这篇文章中力求提出两大问题：第一，"谁是电影中所凸显出的新主体？"；第二，这有点更加难以捉摸，即"他/她从何处发声？"。①

新主体：加勒比文化身份认识的辩证法

对于第一个问题而言，思想家列奥波尔德·塞达·桑戈尔（Léo pold Sédar Senghor）给出了一个重要的回答。我将这种观点称为一种"残留的唯心主义（residual idealist）"模式，它继续深刻地影响这些展现各种大众文化表达形式的"感情结构"。在这种框架中，尽管人们坚称通过非洲人本身以及那些巴巴多斯式的"前非洲人（ex-Africans，比如流散者）"来重新发现黑人的原初形式，但是"黑色"采取了一种超历史与超文化本质的存在形式，而历史文化则要么遭到压制，要么至少经受了诸如殖民主义、奴隶制度、种族主义的掩饰。霍尔认为，人们还是常常以下述方式来理解加勒比文化身份：

① Stuart Hall，"Cultural Identity and Diaspora"，in Patrick Williams and Laura Chrisman，ed.，*Colonial Discourse and Post-Colonial Theory*，New York：Harvester Wheatsheaf，1993，p. 392.

即使用单一的、共同的文化术语，一种整体的"单一真我"潜藏于许多其他更为表面的或人为强加的"自我"之中，于是这里的人们就打上了拥有共同的历史与祖先的烙印……在所有其他更为表面性的差异之下，这种"单一性"黑人经验是"加勒比特性"的实质。一种加勒比或者黑人流散的身份必须得以发现、挖掘、揭露并表达……

非洲是"'大难题'这个遗落术语的名号，它位于我们文化身份的中心并且赋予了一种至今依然缺乏的意义"。霍尔主张，"这种身份的再发现"通常是"热情研究的目标"。①

这个观点的一些方面值得注意。首先，表面的加勒比自我与真实的非洲自我的关系被时空术语所概念化了。正如丹尼尔与乔纳森·波雅尔（Daniel & Jonathan Boyarin）所指出的，流散身份通常以两种方式进行建构。一方面，它被描述为一种共同宗族起源的产物；另一方面，它还被视作是一种共同地理起源的产物。② 换言之，非裔加勒比身份并不是固定在此时此刻，而是主要关乎彼时彼处。然而，正如这个特别术语"身份"所暗示的，这种身份是以现象的反应式为基础的，而这种现象本身则被一种同一性与连续性所分离，这种同一性可以将此处与彼处之界限模糊化，这种连续性则将过去、现在与未来熔为一种"现在之永恒化"。由此观之，现在的非裔加勒比人与其遥远的非洲先祖在任何本质方式上

---

① Stuart Hall, "Cultural Identity and Diaspora", in Patrick Williams and Laura Chrisman, ed., *Colonial Discourse and Post-Colonial Theory*, New York: Harvester Wheatsheaf, 1993, pp. 393-394.

② Daniel Boyarin and Jonathan Boyarin, "Diaspora: Generation and the Ground of Jewish Identity", in Kwame Anthony Appiah and Henry Louis Gates ed., *Identities*, Jr. Chicago: U of Chicago P, 1995, p. 305.

没有什么不同。其次，这种关系时常以表现主义的术语进行概念化：一种内在的非洲本质采取一种外在的加勒比形态来表达自我，这很像光从灯芯之中散射出来或者气息从身体内部吐露出来那样。① 一个非常通俗的比喻可以用来展现这个过程，非裔加勒比身份类似于一种从原始黑人土基中生发出来的"植物"一般，或者反过来说，如同"根基"般的非洲身份绝对是植物健存的真正本源。② 再次，上述关系常常以诸多重叠修辞进行描述，这种重叠修辞使得真实与表象、诚实与虚伪、内核与外饰、中心与边缘等因素对立开来。尽管只是一些细微的差异，但这些都是围绕着内在真实与外在虚伪的区别，前者等待被发现或者再发现，后者则是不得不彻底丢弃的。因此非裔加勒比身份时常以一种类似恋母传奇的方式进行构筑，殖民主义的虚伪粉饰将真实内核牢牢压制，直到去殖民化成为大发现时代的中心，上述真实内核才得以大白于天下，而随即后殖民主义则被人们追捧为这场大戏的完美结局。最后，非裔加勒比人借助一切日常言行来表达似能超越时空界限的非洲元素本身，而且还据此构筑他们存在的事实，这常常被视作在本质上的自我同一性，换言之，它被视作是一种不变的、独特的、有别于所有其他元素的事物，并且它不受外在的影响。不幸

---

① 参见艾布拉姆斯提出的在 18 世纪末 19 世纪初出现的"表现主义转向"（M. H. Abrams, *The Mirror and the Lamp: Romantic Theory and the Critical Tradition*, Oxford: OUP, 1953），这是文化理论研究当中不可忽视的一大解释。文化表达派模式与语言表达派哲学的结合同样是明白无误的，此二者差不多同时诞生，并且或许后者经由威廉·冯·洪堡的明确阐述而名声最著[Wilhelm von Humboldt, *On Language: On the Diversity of Human Language Construction and its Influence on the Mental Development of the Human Species*, Edited by Michael Losonsky, Translated by Peter Heath, Cambridge: CUP, (1836)1999]。

② 甚至时至今日，在我们思考加勒比文化之时，这种身份模式的浪漫化"根源"[就此而言，赫尔德（Herder）扮演了至关重要的角色]与其卓越的持久性都值得讨论，参见"我对'根源'的理解是野蛮人的个性宗谱"。

的是，所有属于此种分类的人与那些不属于这种分类者具有无可争辩的区别。奈杰尔·博兰(Nigel Bolland)认为，这种"二元论"或者"二分法"加勒比文化身份模式应该归咎于一种"自我对抗他者"、"我们对抗他们"的对立思维方式，这种加勒比文化身份导致一种混杂化加勒比社会最多只是本质各异的亚种族群体自身的一种"混合"或者"集合"的观点。①

然而，作为一名哲学上的唯物主义者，霍尔对巩固这种身份解释的唯心主义心存疑虑。就霍尔而言，对于艾梅·塞泽尔(Aimé Césaire)、西内尔·詹姆斯(C. L. R. James)、弗朗茨·法农(Frantz Fanon)或者其他加勒比思想家来说，比如"黑色"就不是超越时空界限的非洲本质，它只是命运偶然赋予的一种特别的肤色，而是大部分贫苦人在一定的社会历史环境下的产物，这也是大部分贫苦人民的共同生存结构。② 首先，他质问是否非裔加勒比身份在本质上是静态的与不变的固定现象，据此它永远与一些原初状态紧密相连。他质疑究竟是否能在"被埋葬和覆盖的殖民经验的历史钩沉"里取得。这是因为这里没有原始的、前殖民黑人或者非洲本质，这种本质不受时代变换而安然存续并且唯待以一种原初面貌再次显露人间：

> 它是否还是我们身份的源头，这种源头历经四百余年的
> 漂泊、分离与流放而未改初衷，而我们据此能在任何最终的

---

① O. Nigel Bolland, "Creolization and Creole Societies: a Cultural Nationalist View of Caribbean Social History", in Alistair Hennessy, ed., *Intellectuals in the Twentieth-Century Caribbean*, Vol. I, London: Macmillan, 1992, p. 64.

② 举例而言，参见塞泽尔的"黑人传统文化认同对我的意义何在?"(Léopold Sédar. Senghor, "Négritude et humanisme", *Liberté*, Vol. 1, Paris: Seuil, 1964, UNESCO, "Universal Declaration on Cultural Diversity", http://www.unesco.org/education/imld_2002/unversal_decla.shtml. Downloaded August 15, 2006.)一文，此文明显地将作者的黑人传统文化认同的唯物主义模式与桑戈尔的实在主义版本区别开来。

或者字面的意义上叶落归根，但是这种可能性还是值得怀疑。源出的"非洲"早已随风而逝。我们必须避免与西方沆瀣一气，确切而言，西方通过将非洲凝固为一种永葆原始的永恒区域来使其显得正常化，进而利用之。

霍尔也认为，非洲"最后必须得让加勒比人自己审视一番，但是无论如何也不能将其仅仅理解为一种意义的恢复"，① 即重新获得其曾经占有的形式。

在霍尔看来，因为身份本身并非一种超越历史的不变前提，

> 它根本没有一种固定不变的本质，也不会在历史文化之外依然故我。在我们的内心深处并没有一种普遍的和先验的精神存在，而且历史也并不会在我们的心灵上烙上一块根本标志。这不是什么一劳永逸之事。一种我们最终能彻底返回的固定本源并不存在。

甚至可以说，这是：

> 一个"形成"与"存在"的问题。它不仅属于未来也属于过去。它并不是一种已经存在的、超越时空与历史文化的东西。不过如同其他历史事物一样，它也时刻进行着转变。与一些永恒固定的历史本质不同，它们是历史、文化和权力的不断"上演"。

---

① Stuart Hall, "Cultural Identity and Diaspora", in Patrick Williams and Laura Chrisman, ed., *Colonial Discourse and Post-Colonial Theory*, New York: Harvester Wheatsheaf, 1993, pp. 393, 399.

换言之，我们的当下身份必然是一种历史的作用，历史必然在我们祖先或许曾经所是以及我们如今、将来所是之间进行身份自身的干预。这不是说我们从祖先那儿就无所承继。霍尔的观点仅仅是，尽管至少在许多方面我们必然与先辈保持身份上的连续性，但是我们的身份必然由于不可避免的环境改变而呈现出断裂性。的确，霍尔认为，假如黑肤色的加勒比人具有某些共同点的话，那么一些有关这种共同起源为久远的一时一地的假定，并没有比"新大陆"的社会历史环境使然更具说服力，实际上后者最主要是提供了一种连接过去历史的功能。"西方世界的奴隶贸易与种植物经济（还有符号经济）被连根拔起，"霍尔写道，"人们跨越各种差异而'众志成城'，与此同时他们与自己的历史却被直接分割开来。"因此，自相矛盾的是，"我们的共同点恰恰就是一种深刻的断裂经验"。①

其次，霍尔认为并没有一种单一的、核心的、自我同一的非裔加勒比文化身份。这个观点的证据是，尽管许多相似性能将非裔加勒比黑人彼此之间以及与那些一直生活在非洲大陆的黑人联系起来，但是这里确实仍然存在一种前文提及的环境改变所导致的巨大差异性。霍尔罗列出了这种差异性的一些例子：语言差异将母语分别为英语、法语和西班牙语的人们分隔开来；甚至在共奉同一种官方语言的巴巴多斯与圣卢西亚之间，一种社会文化的差异仍然存在。举例而言，母语为法语或英语的地区之间也存在政治差异，因为岛屿地区与都市中心二者并不是处于完全一样的"他者"关系之中；最后要重点强调的一个例子，"奴隶"自身与我

---

① Stuart Hall, "Cultural Identity and Diaspora", in Patrick Williams and Laura Chrisman, ed., *Colonial Discourse and Post-Colonial Theory*, New York: Harvester Wheatsheaf, 1993, pp. 393-396, 395.

们祖先之间也存在诸多差异性，因为后者是"来自不同的国家、部落、村庄、语系及教派"。简而言之，霍尔认为非裔加勒比文化是一个复杂的混合体（或许可以说其他任何文化形式都是如此），差异性与共同性以一种不断聚散离合的形式相互交织，也就是说，一种统一的趋势与一种分裂的倾向二者之间实现了一种平衡，前者是在共同特性的基础之上达成的，后者则是由于必然的彼此差异所导致的。因此，霍尔认为必须认识到"构成'现实中的我们'的深重差异是至关重要的；更确切而言是'我们将会成为什么'——因为历史已经介入其中了"，这就像对我们所拥有的潜在共性的认识那样。①

基于上述原因，霍尔主张我们应该将非裔加勒比文化身份视作是由"同时运作的两条轴线或者双向维度所构筑的：其一是相似性与连续性；其二则是差异性与断裂性"。②因此一个主要问题摆在了非裔加勒比文化研究学者面前，这恰恰就是如何抓住霍尔在"身份'差异'的上演"以及连续性里的断裂性当中所刻画的矛盾特性。换句话说，假如非裔加勒比"身份并非出自一些传承至今的固定起源"，假如没有一种单一的、独特的、核心的、自我同一的非裔加勒比文化身份，那么"我们该如何正确理解它的形成？"③

---

① Stuart Hall, "Cultural Identity and Diaspora", in Patrick Williams and Laura Chrisman, ed., *Colonial Discourse and Post-Colonial Theory*, New York: Harvester Wheatsheaf, 1993, pp. 394-395.

② 霍尔借用巴赫金的一个概念将这条轴线的关系描述为"对话（我曾对此详细论述过）"（Stuart Hall, "Cultural Identity and Diaspora", in Patrick Williams and Laura Chrisman, ed., *Colonial Discourse and Post-Colonial Theory*, New York: Harvester Wheatsheaf, 1993, p. 395.），但他对此并未再行详述。

③ Stuart Hall, "Cultural Identity and Diaspora", in Patrick Williams and Laura Chrisman, ed., *Colonial Discourse and Post-Colonial Theory*, New York: Harvester Wheatsheaf, 1993, pp. 395-396.

至少在当代，这种"混杂身份"与"混杂社区式国家"的主导"景象"已经完全成为一种"综合的"或者"辩证的"形式。与二元论模式相比，博兰认为这种辩证模式强调了这种"'个人'、'社会'与'文化'以及人类主体与社会结构之间的相互关系与互构性质"。构成加勒比文化和社会的各种元素被视作是"整体的不同部分或组成整体的对立面"，"尽管系统部件无法独立存在，但是可以在彼此之间的关系当中获得意义"，此外它必然要在一种"更广阔社会中历史性主从进程"当中来理解，他认为这起到了一种"首要的社会变革力量"的作用。这种辩证模式将共同性与差异性、连续性与断裂性都纳入了对加勒比文化环境的思考当中。①

当然，辩证法是近代唯心主义哲学家黑格尔的同义词，后来黑格尔逐渐将其馈赠给了诸如马克思这样的唯物主义思想家，而马克思则是许多后殖民主义与加勒比文化理论家的研究向导。② 举例而言，詹姆斯是一位主张泛非主义的重要领袖之一，他不仅致力于将黑格尔主义与马克思主义进行综合阐释，这种方式至少主导了西方20世纪上半叶的马克思主义理论研究，而且他还将黑格尔式的马克思主义视作是一种必不可少的理论工具，据此可以从更广阔的意义上来理解包括加勒比和非洲大陆在内的流散黑人的

---

① O. Nigel Bolland, "Creolization and Creole Societies: a Cultural Nationalist View of Caribbean Social History", in Alistair Hennessy, ed., *Intellectuals in the Twentieth-Century Caribbean*, Vol. I, London: Macmillan, 1992, pp. 64-65, 71.

② 或许格奥尔格·卢卡奇(Georg Lukács)是最为著名的黑格尔主义的马克思主义者，他将马克思受惠于黑格尔的地方概括为："总体性范畴(category of totality)，即整体对于部分具有无所不在的主导作用，这是马克思承袭于黑格尔而又天才式地转化为一切新科学的方法本质。"(Georg Lukács, *History and Class Consciousness: Studies in Marxist Dialectics*, Translated by Rodney Livingstone, London: Merlin, 1971, p. 27.)

历史困境。① 当然，法农也是这样的一位思想家，他旨在透过辩证思考框架的棱镜来理解加勒比社会和文化。这里由于篇幅所限，笔者无法对这些思想家的思想进行详细探讨，不过霍尔并不赞成这种加勒比文化身份的辩证概念的某些方面，而这也是值得我们强调的地方。首先，社会的表达派模型，具体而言，即每一个时代主要都是通过对其构成元素选择其一而排除其他的方式来展现的(这在精神方面尤其突出，比如黑格尔图式对于理性的过分强调、马克思对于特定阶级的强调、对加勒比语境中的特殊种族的强调等)，因此上述模型的概念定义并构成了特定社会历史关头的事实。② 其次，历史的辩证模式，即认为历史变化主要是通过这种构成元素的对立面之间的对抗(举例而言，它强调对于其他阶级或者种族的对立情绪)，由此产生一个对各种元素进行最大化的优胜劣汰的两极综合体。这种功能使得某一元素与其对立面交替发生冲突，这就产生了一种新综合体，如此循环不息。在此框架之中，表面的差异性与断裂性只是掩饰了潜在的相似性与持续性——正如法国人的一句谚语所言"万变不离其宗"。最后，有观点认为，每一个社会历史语境可以形成一种对立面的统一或整体，在这里差异性最终被超越或者被取消了。

然而，霍尔与阿尔都塞(霍尔最早也是影响最深的导师)、雅

---

① 对于前者强调的，可参见詹姆斯的《辩证法笔记》(C. L. R. James, *Notes on Dialectics*: *Hegel*, *Marx*, *Lenin*, London: Allison and Busby, 1948)，而后者则可参见"从杜桑—卢维图尔到菲德尔·卡斯特罗"(C. L. R. James, "From Toussaint L'Ouverture to Fidel Castro", *The C. L. R. James Reader*, in Anna Grimshaw, ed., intro., Oxford: Blackwell, 1992)一文。

② 弗雷德里克·詹姆森(Frederic Jameson)的"表现总体性(expressive totality)"概念涉及作为这种总体性内部成分之一的隔离与特权……这样问题成分变成了一种能够明述其他成分或者整个问题的特征的主码或者"内在本质"。(Frederic Jameson, *The Political Unconscious*: *Narrative as a Socially-Symbolic Act*, Ithaca: Cornell UP, 1981, pp. 27-28.)

克·德里达（Jacques Derrida）以及其他许多法语理论家一样，纵使采取了唯物主义的最终目的，他们都对套用并藏身于黑格尔哲学之中的唯心主义抱有极大的不信任感。① 德里达指出，当代法国哲学在总体上正困惑于此，这是"一种活跃而有组织的过敏，我们甚至可以说这是一种对黑格尔的辩证法在组织上的厌恶感"。② 相反，霍尔转向了一种索绪尔及后索绪尔的差异模式，据此来绕开黑格尔主义及新黑格尔主义的内在诱惑。这是由霍尔的特殊用语所开启的转向，尤其是他使用了诸如"差异"、"'差异'的上演"以及"延异（differance）"这样的术语。③

弗迪南·德·索绪尔以符号学的奠基人身份誉满今日，而此后学界则热衷于研究意义的生产与解释。④ 索绪尔是一位语言学家，其作品中的两个重要概念与 19 世纪语言学的主导形态大相径庭：第一个重要概念是"语言"（人类使用的所有语言都显示出这种理论原则），它与"言语"（对话或者实际使用中的语言）正好截然相

---

① 阿尔都塞评论道，这种残存的唯心主义侵蚀了青年马克思的作品，甚至可以说，黑格尔式的马克思主义绝对是以这种唯心主义为基础的，可参见《保卫马克思》（Louis Althusser, *For Marx*, New York: Vintage Books, 1970）。尤其是在伯明翰文化研究中心工作的那段时光，霍尔受到了阿尔都塞的所谓"结构主义的马克思主义（Structuralist Marxism）影响深远，这在诸如"种族、接合与主导性社会结构"（Stuart Hall, "Race, Articulation, and Societies Structured in Dominance", in Houston A. Baker JR. , Manthia Diawara and Ruth H. Lindeborg, ed. , *Black British Cultural Studies*: *A Reader*, Chicago, IL: University of Chicago Press, [1980]1996)中体现地尤为突出，但在"文化身份与流散"（Stuart Hall, "Cultural Identity and Diaspora", in Patrick Williams and Laura Chrisman, ed. , *Colonial Discourse and Post-Colonial Theory*, New York: Harvester Wheatsheaf, 1993)中是明显缺失的。

② Catherine Malabou, *The Future of Hegel*: *Plasticity*, *Temporality and Dialectic*, Translated by Lisabeth During, London: Routledge, 2005, p. xxvi.

③ Stuart Hall, "Cultural Identity and Diaspora", in Patrick Williams and Laura Chrisman, ed. , *Colonial Discourse and Post-Colonial Theory*, New York: Harvester Wheatsheaf, 1993, pp. 396-397.

④ 我在这里的重点并不是美国实用主义者、符号学家皮尔斯（C. S. Peirce）。

反；第二个重要概念是"共时性"（意为符号的意义源自它与其他符号同处于任一特定时刻的关系当中）。尽管他并非不明白这么一个事实：人们必定是在一种特定社会历史语境当中来使用语言的，基于这个原因，意义必然随着时间而改变，他所强调的重点是，什么使得意义在任何时空之下成为可能？

关注"差异"：从辩证法转向延异

在影响深远的《普通语言学教程》一书中，索绪尔很少关注意义的对应理论，即一个符号"意为"反映、指涉、对应了外部世界的某些方面。索绪尔的矛头所指主要是意指的表现主义模式，这在 19 世纪早期已经成为一门显学，并且它与语言学家洪堡（Humboldt）的作品密切相关。从表现主义模式的观点来看，言说者或作家的思想预先以一种前语言的形式存于心间，而符号则是通过将其表达出来而传情达意。索绪尔拒绝承认这种"思想在言语之前已经存在"[1]的观念，他认为我们思想（即一种与其他对象相区别的特定概念）的存在无法摆脱语音系统（确切来说，它是依据声音之间的差异进行组织的），这是人类出生、成长进而学会说话所离不开的外部环境。（当然，索绪尔认为虽然许多人后来学会了写字，但是说话还是基础，它随着人类意识的发展而同步发展。）

简而言之，对于索绪尔及诸如罗曼·雅各布森（Roman Jakobson）这样的继承者来说，人类的认知水平随着语言的习得而逐步发

---

[1]　Ferdinand de Saussure, "From *Course in General Linguistics*", in Hazard Adams and Leroy Searle, ed., *Critical Theory Since 1965*, Tallahassee: UP of Florida, (1916) 1986, p. 646.

展。正如我们学会区分一些特殊的声音那样（比如"猫"与"鼠"的不同），我们的脑海中就会产生一些与这些声音一一对应的特定概念。对于索绪尔主义者而言，声音（或者确切来说是语音差异）不仅仅是基础，而且还是思想（或者确切来说是概念差异）的来源。出于这种考虑，索绪尔假定每一个符号实际上可以分为一个"能指"（一个特殊的声音）与一个"所指"（值得注意的是，这是关于现实的观念而非现实本身的一些方面）。尽管能指与所指的亲密结合使得谈话中的想法无法脱离一个特定的声音来表达，反之亦然，但是特定的能指与所指实际上是以一种随意的方式彼此依附的，换言之，纯粹是通过习俗而非强制进行结合的。简而言之，"猫"这个声音附加到"猫"这个概念的结合是因为其他声音（比如"狗"或者"书"）附加到其他概念的结合。总之，对于索绪尔来说，在历史发展的任何特定时刻，比如像英语这样的符号系统，它其中的每一个符号的意义都是由它与所有其他符号之间的差异所决定的。

值得注意的是，索绪尔并没有给出一种辩证的分析，借此各种符号之间的对立关系可以通过黑格尔哲学潮流当中的综合三段论进行超越。甚至对于索绪尔而言，意义完全就是差距（the gap）的作用，这种差距一刻不停地将各种符号进行区分。换言之，某一符号之所以有意义，仅仅是因为它与其他符号之间存在差异。综上所述，意义并不是以一种肯定的方式天然存在于符号之中，而是以一种否定的方式从它与其他符号之间的关系之间转化而来。对此索绪尔曾有过一段名言：正如语音（能指）的特质并不是"从其肯定的层面得出的，而仅仅是通过语音之间的区别展现的"，因此概念（所指）纯粹是一种差异，它并不是通过其实际内容来确定，而是以概念与系统当中其他概念之间的否定关系来确定。它们最精确的特性恰恰就是他者所没有的特性。[1]

据此索绪尔得出了一个最为重要的结论："在语言当中唯有差异关系，而肯定的关系并不存在。如果离开了语言系统的话，那么既没有概念也没有语音存在，但是概念与语音的差异正是从这个系统当中得出。"[2]

每一个符号的意义都是它与其他符号的隐性差异的函数，所有这些符号共筑了一个共时性符号系统，而索绪尔关注的是他称之为语言的"联想轴"或者"纵聚合轴"的关系系统。可是，他指出某一个符号的意义也是由这种直线性的、历时性的符号序列以内的显性位置决定的，这些符号构成了一个既定的话语表达方式，据此每一个符号通常"仅仅因为它处在与其前后符号不同的位置上从而获得了自身的意义"。[3] 这个符号链构成了索绪尔所谓语言的"横组合轴"，它在句子的层级上受到特定符号的选择与符号之间的位置关系的严格顺序的语法规则的支配。句子进而形成段落，这取决于当时的表达风格，段落进而构成情节及故事，这时一定的逻辑与情节明显在起作用。

简而言之，在索绪尔看来，意义并不是什么预先存在的东西，而是一种几乎完全源自语言系统的作用。确切而言，某个话语的意义是"横组合轴"与"纵聚合轴"的互动关系的函数。雅各布森曾

---

[1] Ferdinand de Saussure, "From *Course in General Linguistics*", in Hazard Adams and Leroy Searle, ed., *Critical Theory Since 1965*, Tallahassee: UP of Florida, (1916) 1986, pp. 651-652.

[2] Ferdinand de Saussure, "From *Course in General Linguistics*", in Hazard Adams and Leroy Searle, ed., *Critical Theory Since 1965*, Tallahassee: UP of Florida, (1916) 1986, p. 653.

[3] Ferdinand de Saussure, "From *Course in General Linguistics*", in Hazard Adams and Leroy Searle, ed., *Critical Theory Since 1965*, Tallahassee: UP of Florida, (1916) 1986, p. 654.

为这个观点提供了一个证据：假如因为某些原因（比如言说者或者作者的大脑遭受了部分损伤）使得其中一轴遭到了破坏的话，随后产生的意义就会跟着受到破坏。

> 一个完整的、有意义的话语存在于各种组成部件（语音、单词、句子，等等）的综合当中，这些组成部件是从所有组成部件（符码）当中挑选出来的。一种语境的各种部件处于一种临近的状态，并且在一个替换集合中的符号是按照相似性的不同程度一字排开的，这种相似性在同义词的等价性与反义词的共同核心之间浮动。

因此雅各布森将这种纵聚合轴（相似性与替换性的向量）视作隐喻的函数，而横组合轴（语言组合与"情节构思"的向量）则是转喻的函数。[①]

虽然符号学的起源是语言学，但是符号学的重点并不是仅仅限于语言问题本身。甚至可以说，我们可以用它来探索大千世界的各种现象，据此然后我们将这些现象概念化为"符号"。举例而言，针对19世纪人类学的文化表达主义范式与比较历史主义的主导框架，而与此相对的是，列维-斯特劳斯利用了索绪尔的意指理论来加强对于这种主导范式框架的批判力度。在列维-斯特劳斯看来，文化是一种交流形式，文化的结构类似于语言，任何文化的

---

① Roman Jakobson, "Two Aspects of Language and Two Types of Aphasic Disturbances", in Roman Jakobson and Morris Halle, ed., *Fundamentals of Language*, The Hague: Mouton, 1956, Rev., ed., 1971, pp. 74-75. 符号在纵聚合轴之间的关系是隐喻性的，因为某一话语之中的一个符号或许能被其他等价的符号所替代。符号在横组合轴之间的关系则是转喻性的，因为在法语传统中，人们并不认为用符号"手（hand）"去替换"水手（sailor）"是一种部分替代整体的关系，而是将其视作临近关系（手被视作是与水手比较接近）。

核心都存在于"亲属体系"之中，确切而言就是将父亲、母亲、儿子、女儿、兄弟、姐妹、叔伯、姑婶等捆在一起形成的关系集合，与此同时性行为的规则以此作为基础。人类在出生之时就被嵌入这种亲属关系集合之中，并且亲属关系对于一个人的身份的获得显然要比后来的社会关系的影响来得更早。[①] 列维-斯特劳斯认为这种关系系统形成了一种潜在的"深层结构"，它类似于一种符号系统，与此同时所有文化最终都可以还原为这种符号系统（这种功能类似于一种文化的"语言"），不过每一种文化必定是有点儿特殊的，至少这种共同结构在历史上是与地方环境相适应的（因此可以说这就形成了一个独特的文化"言语"）。由此观之，一种文化的"意义"生产并不是单单沿着这条"纵聚合轴"（意义源于所有文化的基本元素与相似性和差异性进行连接所形成的共时性系统当中），而且还沿着另一条"横组合轴"（意义源自所有文化的基本元素历史性地与特定效果进行结合的历时性秩序当中）。列维-斯特劳斯认为这种构成了一种文化的横组合轴的"神话目的"与相关实践"提供了一个可以克服任何'矛盾'或者'问题'的逻辑模型"，[②] 这或许被视作是产生于沿着纵聚合轴的文化的深层结构之中（因此列维-斯特劳斯将其称为"问题式"）。

从一种类似的符号学角度来看，笔者认为霍尔也在寻求将加勒比文化进行 一种概念化处理。就霍尔而言，加勒比文化核心之中并没有一种单一的、不变的"存在"，这种存在先天蕴藏在加勒比人的各种社会实践之中，并且能被人们不假思索地、毫无疑问地进行表达运用。甚至可以说，霍尔认为我们应该将加勒比文化

---

① 列维-斯特劳斯认为亲属之间禁止发生性关系（近亲繁殖）并不能杜绝乱伦本身，而是借此可以确保一种社会凝聚力：男性之间通过互换女性来结成联盟。

② Claude Lévi-Strauss, *Structural Anthropology*, Translated by Clair Jacobson and Brooke Grundfest Shoepf, New York：Basic, 1963, pp. 216, 229.

视作一种近似于语言的东西，它在某种程度上不可避免地受到主导文化的结构原则以及这些结构规则的独特排列的双重制约。就此而言，加勒比文化的"意义"就位于横组合轴与纵聚合轴的交叉点上。具体来说，加勒比文化身份是隐喻的相似性与差异性的共时性系统内的某种函数（霍尔认为它的基本成分应该是全世界的各种种族与文化，而不是亲属系统本身的成分）。同时它也是临近转喻的特殊历时性秩序的部分函数，在这里一些种族之间（不仅是非裔与欧裔）被历史地链接在了加勒比地区。

霍尔将每一个这种元素称为一种"在场"，这个术语明显得益于一本名叫《非洲在场》的杂志刊名的一些影响，这本杂志是一本最早也是最著名的研究非洲人流散问题的刊物之一。在霍尔看来，至少可以"用三种'在场'对加勒比文化身份（注意这个术语的多义性）的定位与再定位进行复审：'非洲在场'、'欧洲在场'与'美洲在场'"。从目前来看，很明显非洲在场就是最重要的"存在"。借用弗洛伊德或拉康的术语，霍尔认为非洲是"一种受压抑的领域"：这是"一种不能直接表现为奴隶制的所指"，但是它又"存留着加勒比文化之中欲说还休、难以启齿的'存在'"。①

相比之下，对于大多数加勒比人，尤其是这些具有非洲血统的加勒比人来说，"欧洲在场"是一种不可避免但又令人困扰的东西：霍尔就曾断言，"对于我们中的大多数人来说，这是一个只会多不会少的难题"。造成这一问题的原因在于：殖民者具有一种"萨义德的'东方主义'感"的权力，这不仅将我们构筑成"一种在西

---

① Stuart Hall，"Cultural Identity and Diaspora"，in Patrick Williams and Laura Chrisman，ed.，*Colonial Discourse and Post-Colonial Theory*，New York：Harvester Wheatsheaf，1993，p. 398. 当然，雅克·拉康（Jacques Lacan）以遵照索绪尔的意指模式来重读弗洛伊德的精神模式而著称。不过，此处霍尔对于拉康的借鉴超过了这篇文章的范围。

方知识分类体系当中归为异类的他者"，而且更具伤害性的是，"它还使得我们在审视和感受自我之时也将自己当作'他者'"。如此一来，一个重要问题接踵而至："我们是否认识到这种不可逆转的影响，同时反抗这种帝国主义的目光？"[1]

"美洲在场"是霍尔赋予新世界的一个术语，它是"各种文化支流得以碰撞融汇的交叉点"。再次借用一个精神分析学的框架，霍尔将这个新世界描述为"非洲与西方上演的一种不幸的或致命的碰撞"的"原始场景"。如此一来，加勒比就暗示着一个目睹了父母交媾的男童，后来该男童误将母亲的"伤口"视作是她被"阉割"的证据，自此之后他便将自己对母亲（非洲）的欲望进行压抑，并且反而产生了对父亲（欧洲）的慑服。有趣的是，尽管霍尔在文章的一开始就暗示了"非裔加勒比（以及亚裔加勒比）'黑人'在西方世界的流散"，但是他对"印第安在场"乃至"中国在场"几乎是只字未提，但是尤其是在诸如特立尼达和多巴哥与圭亚那这样的国家里，印第安人及亚洲移民很明显留下了不可磨灭的印迹。[2]

不过，同样重要的是，如今"在场"（同样更加著名的是"存在的形而上学"）是"德里达（Derrida）"的一个同义词。受到马丁·海德格尔（Martin Heidegger）作品的影响，德里达有时候使用"在场"来表示"存在"，这是那些可以称之为"是"的所有特殊"存在"的共

---

[1] Stuart Hall, "Cultural Identity and Diaspora", in Patrick Williams and Laura Chrisman, ed., *Colonial Discourse and Post-Colonial Theory*, New York：Harvester Wheatsheaf, 1993, pp. 394, 399-400. 霍尔在此处明显暗示了米歇尔·福柯——以及爱德华·萨义德——最引以为著的权力与知识关系问题，不过，萨义德已经超出了这篇文章的范围。

[2] Stuart Hall, "Cultural Identity and Diaspora", in Patrick Williams and Laura Chrisman, ed., *Colonial Discourse and Post-Colonial Theory*, New York：Harvester Wheatsheaf, 1993, pp. 392, 400-401.

同基本属性，并且这种共同基本属性还是形而上学一直试图抓取的终极目标；有时候德里达还用"在场"来表示那些与众不同的特殊存在物的基本属性。"在场"这个术语还明显指明了这一假设：至少在伊曼努尔·康德(Immanuel Kant)以降便普遍流行起一种现象学传统，这是一种从时间与空间的双重维度来考察心智如何运作的方法，因此这是一种以精确方式对事物的本质所进行的直觉感知。人们认为现象是以两种方式在人类意识当中进行呈现的：一种是在这里(因此这构成了一个占据特定物理空间的物体)；另一种是在此时(因此，这起到一个作为事件的时间序列的作用)。一直以来，语言被视作是"物自体"之存在的口头替代品，德里达则主张：

> 人们常常认为符号就处于自在之物的位置上，这里的当下"事物"同样代表着意义或者所指。符号代表了缺场的自在之物。它占据了自在之物的位置。当我们无法理解或者表示、说明这种存在物，当当下事物无法进行呈现之时，我们便借助符号来间接表示它。①

德里达认为："所有与原理、原则或者中心有关的名称常常指向一种永恒的存在——本质、本源、终极、实现、实质、真理、超越性、意识、上帝、人类，诸如此类。"②

德里达大致赞同索绪尔的一个观点：一切意义都以否定性存

---

① Jacques Derrida, "Différance", *Margins of Philosophy*, Trans., Alan Bass, Chicago: U of Chicago P, 1982, p. 9.

② Jacques Derrida, "Structure, Sign and Play in the Discourse of the Human Sciences", *Writing and Difference*, Trans., Alan Bass, Chicago: U of Chicago P, 1978, pp. 279-280.

在的差异作为基本原则来进行呈现。不过，他主张符号并不是通过"差异(différence)"本身进行连接的，而是借助他称之为"延异(différance)"的概念进行的，后者明显是前者的同音异义词。["延异"有两个同义词："差异性的上演(play of difference)"、"符号化的上演(signifying play)"]。"延异"明显指向了索绪尔的"差异"，后者又明显与法语动词"différer(意为区分)"有关，德里达指出，这个法语动词实际上源自于拉丁动词"differre(意为分开、区别)"。区分时常就意味着"不能同一，成为他者，可供辨识，等等"。"无论这是不是一个与众不同或者恼人难辩的他者问题，一层间隔、一段距离都必须在各种元素之间进行区分。"①这就是支撑索绪尔的符号理论的"差异"感：因为索绪尔认为符号系统存在于时间之中的某一个特定时刻，它被人为地与一种特定语言的历史发展隔绝开来，它的差异概念是以一种巨大的空间修辞作为基础的。换言之，沿着一种话语的纵聚合轴，符号构成了单独对空间而不是时间进行概念化的共时性系统的一部分，这就是一个符号对应着一个意义的结果，而这种意义则是以该符号明显在该系统中占据了一个与众不同的"空间"这一事实为基础的。

不过，德里达认为"differre"这个拉丁动词还具有一种时间维度上的意义，不过大致看来，在法语当中"déférer(意为延迟)"这层意义并没有"différer(意为区分)"来得广。从这层意义来看，延异这个概念也暗示了索绪尔所暗示的东西：

> 推迟很久的、正在考虑的、虑及时间的行为，它暗示着一种经济计算、一种迂回、一种接替、一种存储、一种表现

---

① Jacques Derrida, "Différance", *Margins of Philosophy*, Trans., Alan Bass, Chicago：U of Chicago P, 1982, p. 8.

的操作性力量——我将这些概念概括为一个词："顺时"。①

这种时间因素在历时性秩序当中是显而易见的，这种历时性秩序不仅构成了话语的横组合轴（正如索绪尔所指出的，最简单的原因是符号的这种线性序列必定无法时时触及听者或者读者，但它能以一种断断续续的连续性方式进行把握），而且进一步而言，它还构成了符号系统的历史发展，并且特定符号的意义还在此历史进程当中发生改变。因此，每个符号不仅仅在共时性系统当中占据着一个特定的"空间"，而且还起到了一种在历时性序列当中的"事件"的作用。

另外，针对索绪尔提出语言是一种"每一个词语的价值仅仅是在与其同时并存的他者们所形成的共生关系系统之中产生"的主张，② 德里达对此特别校正认为，索绪尔给出的这一重要洞察（尽管索绪尔本人并没有认识到它的全部意义）实际上就是符号之间的相互依赖性产生了意义，符号并不存在于符号之间的"纯粹"差异（或者独立性与区别）关系之中。甚至可以说，符号之间充其量只是一种相对自治的关系。也有一种稍微不同的表述就是，一个符号的意义并不是它与其他符号之间纯粹区别的函数，相反甚至可以说，一个符号的意义必然依赖于其他符号或者与其他符号密切相关。有鉴于此，倘若要表达一个符号的全部意义，各种符号就必须不停地指向其他各种符号，无论这是在纵聚合轴上间接呈现，还是在横组合轴上直接展现。因

① Jacques Derrida, "Différance", *Margins of Philosophy*, Trans., Alan Bass, Chicago: U of Chicago P, 1982, p. 8.

② Ferdinand de Saussure, "From *Course in General Linguistics*", in Hazard Adams and Leroy Searle, ed., *Critical Theory Since 1965*, Tallahassee: UP of Florida, (1916) 1986, p. 650.

此，意义无法以一个给定的符号进行全部呈现，这是因为我们无法将这个符号与其他符号完全区别开来，而这又是因为每一个符号的意义必定在其他排除在外的符号的隐性踪迹之中得以生成。符号在索绪尔图式之中所展现的表面的自足性让位于德里达所言的必然的"补充性"。霍尔认为，延异抓住了"这种并不纯粹是'他者'的差异感"。①

因此，沿着一种话语的纵聚合轴，符号并不是一个具有自足性的单位，因此它并不占据一个属于自己的、不同的、独立的空间，正是因为每一个符号的意义都是在朝着其他符号的方向上被"取代的"，而这种其他符号则是进行表意呈现的基础。进一步而言，沿着这种横组合轴来看，在一种特定符号系统的历史发展进程之中，每一个符号的意义必定"依赖"在其之前的符号群的维度，并且它还在其之后的符号群的维度上进行"延迟"。据此德里达主张："每一个所谓的'现在'元素都与那些超越自身的东西密切相关，因此将过去元素的痕迹溶于自身，与此同时自身又免不了受到它与未来元素的关系的踪迹的干扰"，因此，德里达提出要在所有符号当中发现"既往与开来的踪迹"。这种取代与延迟双向累加的结果就是符号的意义，

> 所指的概念无法以一种参照自身的充分存在的方式对本质自行呈现。一种本质上的合理解释就是，凭借差异的系统上演，每一个概念都镶入一种符号与概念之间彼此参照的链条或者系统当中。

① Stuart Hall, "Cultural Identity and Diaspora", in Patrick Williams and Laura Chrisman, ed., *Colonial Discourse and Post-Colonial Theory*, New York: Harvester Wheatsheaf, 1993, p. 397.

正是基于这个原因，德里达认为："在符号学的差异之前或者之外没有意义存在。"①

德里达的"延异"概念表明意义必定从属于"延异"，而有一些人则从德里达的"延异"过程当中得出了激进的启示。比如霍尔就是一个重要的例子，霍尔据此力求把握这种构成加勒比文化的"身份差异的上演"。首先，通过将一个符号指向无数的其他符号，延异生成了大量的"关联"，这种关联转而引起可能性意义的一种"爆炸与散播"。②霍尔写道："尽管意义的剩余挑战了这种使得意义和表征固定化的稳固二元体，并且展现了意义究竟是如何做到永不固定或者永不完成的，但是它继续围绕着其他的、附加的或者补充的意义不断前行。"③由此观之，正是因为在空间内外与时间前后的各种"在场"的维度上，每一个"在场"的"意义"连续不断地被"取代"与断断续续地被"延迟"，它此时在某一个方向来回摆动，彼时又在另一个方向上来回摆动，于是这就意味着所谓"加勒比人"则是一种潜在的、无限的和无法定义的事物。这突出了确切地指出加勒比文化身份的"真实"属性的巨大难度，换言之，我们几乎无法以一种无可争议的方式将加勒比文化还原为一种单一的、明确的本质。这并不是说加勒比人没有身份，而是仅仅旨在表明在缺乏一些普遍认为可以表达加勒比性属性的"肯定性存在"的情况下，加勒比身份唯有以一种否定性的方式进行展现，换言之，通过考察它与其他各种文化身份的关系来展现自身。就此本身而言，这

---

① Jacques Derrida, "Différance", *Margins of Philosophy*, Trans., Alan Bass, Chicago: U of Chicago P, 1982, pp. 8, 12-13.

② Roland Barthes, "From Work to Text", in Philip Rice and Patricia Waugh, ed., *Modern Literary Theory: a Reader*, London: Edward Arnold, 1989, p. 168.

③ Stuart Hall, "Cultural Identity and Diaspora", in Patrick Williams and Laura Chrisman, ed., *Colonial Discourse and Post-Colonial Theory*, New York: Harvester Wheatsheaf, 1993, p. 397.

是一种流动现象，它在各种不同"在场"之交界处的空隙区域内浮动，因此这潜藏着各种方向。正如德里达主义者所言，霍尔明显是在使用"在场"这个术语来表达一种划掉或者擦拭的概念。

其次，因为延异使得这种认为符号彼此可以一种清晰的界限进行区分的假定（在索绪尔图式当中）变得模糊起来，按照结构语言学家的德里达式说法，这种等级性二元对立（比如"善良"对"邪恶"，等等）存在"解构"自身的倾向。从这个观点来看，因为我们根本无法将构成加勒比文化的各种"在场"纯粹区分开来，由此可知霍尔所谓"稳固二元体"，这包括比如"欧洲"对"非洲"、"白人"对"黑人"等尤为显著的历史形象，然而可悲的是，实际上加勒比人的身份意识已经被上述二元体的彼此依赖、相互作用给暗中侵蚀了，而历史事实是这种"稳固二元体"处在一种彼此分离、关系破裂的危险境遇之中。有鉴于此，我们应当认识到霍尔所谓构成加勒比文化的"文化上演"的复杂艰涩与难以言喻了：

> ……它并不能被简单地描述为诸如"过去/现在"、"他们/我们"之类的二元对立了。其中的复杂性远远超越了上述表达的二元结构。在不同的地方、不同的时间，以及涉及不同问题，这种二元界限是需要不断重新定位的。

因此，霍尔也赞叹道："黑人与黑白混血人为'精致'而高雅的欧洲文化增加了一种特殊而罕见的新事物。"[①]文化延异的结果表现在，这里仅仅保留了一些我们或许可以称之为文化"混血"的混合

---

① Stuart Hall, "Cultural Identity and Diaspora", in Patrick Williams and Laura Chrisman, ed., *Colonial Discourse and Post-Colonial Theory*, New York: Harvester Wheatsheaf, 1993, pp. 396-397.

物，而不是那种被纯粹主义者所推崇的单一性的特殊物。

最后，德里达的延异概念使得意指的时间维度得以恢复，而这种时间维度在索绪尔语言学当中大打折扣。德里达认为，一个符号不仅需要共时性替代而且也需要历时性延迟来共同定义，换言之，需要通过该符号与其前后的符号们的关系来定义，这就不仅需要一种特殊的言语，而且进一步而言，也需要一种实际历史当中的既定语言来定义。这使得霍尔转而通过强调这种历时性来弥补列维-斯特劳斯的这种反历史文化模型，因为历时性可以避免新黑格尔主义历史模型当中的本质主义以及机械决定论。在霍尔看来，就这种贯彻了差异性遭遇中的单一"存在"的假定而言，加勒比历史并没有建成一种最终走向自觉的道路。站在历史的终点我们竟然忘记了来时的道路。甚至，加勒比历史只是一种可能发生的偶然事件，现在的加勒比文化不可避免地存留了一些在此之前的文化踪迹，同样现在的加勒比文化踪迹也会伸向未来，也或许这种无法预知的历史发展会与过去一刀两断。这样一来，既往与开来、连续与断裂就在加勒比文化当中并存。

很明显由文化延异产生的意义剩余导致了一种恼人的不可判定性，这驱使着霍尔自问道："究竟身份是在什么地方进入这种意义的无限延迟当中的？"①换言之，假如加勒比文化的各种"在场"要素的意义在时空前后来回摆动，那么加勒比身份注定永远是不确定性的吗？霍尔给了一个简单的暗示性回答：尽管延异是不可避免的，"在任何特定的情况当中，意义取决于这种偶然性与任意性

---

① Stuart Hall，"Cultural Identity and Diaspora"，in Patrick Williams and Laura Chrisman，ed.，*Colonial Discourse and Post-Colonial Theory*，New York：Harvester Wheatsheaf，1993，p. 397.

的停止"。① 霍尔在此处吸取了德里达在"签名·事件·语境"中的观点：所有的语言使用者（包括所有的听说读写者）会对无尽散播的潜在意义进行削减调整从而避免歧义，也唯有如此，有意义的传播才能成为可能。确切而言，一个固定的意义通常对应着一个特殊的符号，借助该符号在某一给定语段（因此转喻的相似性在隐喻的多义性之中得到控制）当中相对于其他特定符号的明确位置，并且它通过为特定社会历史语境之中的说写行为进行定位从而附加在全部话语之上。正如斯坦利·菲什（Stanley Fish）所指出的，诸如"该阶级有这样的文本吗?"之类的简单问题的意义会随着它所处的明确语境而变化。

霍尔认为文化延异引发了身份的不断上演，所有文化始终沿着纵聚合轴彼此进行连接（这就会构成一种共同的文化语言），这种连接必然束缚在一种沿着特定时空的语言横组合轴上的非常特殊的方式里，尽管这常常是暂时性的，但是它构成了一种文化身份的特殊意义。综上所述，假如我们沿着这条纵聚合轴的话，那么加勒比身份问题就立刻形成了（我们究竟是欧洲人呢？ 抑或是非洲人？ 抑或还是印度人？ 还是难道我们单单属于这其中的一类？ 或者还是每一类都带一点儿？ 抑或是跟上述人群毫无瓜葛？ 诸如此类，可以说当前主导加勒比身份讨论的问题式具有一种种族化色彩，而这无疑又掌控了上述疑问的特殊形式）；假如该沿着横组合轴的话，那么问题转而就又被"解决了"（尽管只是暂时性的），换言之，我们所采取的特定信仰形式、行为形式，我们说话和写作的行为，我们的迷思，等等，或许最重要

---

① Stuart Hall, "Cultural Identity and Diaspora", in Patrick Williams and Laura Chrisman, ed., *Colonial Discourse and Post-Colonial Theory*, New York: Harvester Wheatsheaf, 1993, p. 397.

的还包括我们创造的艺术、戏剧、文学、电影等作品在内都不成问题了。

这就是为什么，在以此种方式相当详细地描述黑人主体身份之时，霍尔最终不得不回到文章的开始处，也就是他提出的第二个有点儿模糊的问题上来：我们的言说基于何种身份立场？就此而言，霍尔煞费苦心地强调身份并不是一种"既成事实，而是一种当下文化实践与表现的特殊形式"。电影、文学或者任何其他文化实践并不是一种"可以将已然存在的事物直接反射出来的二阶镜"。霍尔甚至还督促我们在遇到文化身份之时可以想象一种"相当不同的实践"，它并不是以身份的"再发现而是以身份的制造为基础"，然而这种制造"永远无法完成，永远处于制造过程当中，并且永远在表征之内而非之外来构成"。换言之，身份并不是一种在对其描述之前就存在的既定事实，而是一种成为能指的过程当中加以定义的东西，也就是说它只是一种在叙说、写作或制片等行为过程之中的创造物罢了［霍尔使用"阐明（enunciation）"这个术语来概括上述的所有可能性］。①

结　语

"阐明"这个有些搬弄是非的术语显示了霍尔受到了索绪尔的一位重要继承人埃米尔·本维尼斯特（Émile Benveniste）的深刻影响。传统语言学认为语言只是一种媒介，借此便可以表述那些在言说、写作或制片等行为进行之前就预先存在的自我，而本维尼

---

① Stuart Hall, "Cultural Identity and Diaspora", in Patrick Williams and Laura Chrisman, ed. , *Colonial Discourse and Post-Colonial Theory*, New York: Harvester Wheatsheaf, 1993, pp. 392-393, 402.

斯特则对上述的传统假设进行了反思。与传统恰恰相反，本维尼斯特认为我们的身份并不是预先就存在的，而是完全受到了这种"阐明"的作用。主观性，换言之，"言说者将自己假定为'主体'的能力"（不是那种"每个人成为其自己的感觉……而是那种超越了实际经验之总体性的心灵一致性"）纯粹只是一种语言的事实，确切而言，这种主观性只在"语言的基本属性当中出现"。在本维尼斯特看来，比如"我"这个符号必定由一个能指（"我"的声音或者文字）和与之相关的所指（"我"这个概念而不是现实的我本身）共同组成。它们结合起来表示（从某种意义上来说这提供的是一种解释，而不只是一种类似的简单标签）其所指对象（言说者用言说或书写来表示了现实中的"我"）。能指与所指的这种耦合是在巨大的符号系统的基础上发生的，符号"我"与其他符号各不相同，比如就此情况而言，符号"你"无疑就是最为明显的差异符号之一了。因此，所指"我"源自"我"与"你"的区别，而不是任何在阐明之前就预先存在的"肯定存在"本身。通过人们这种"适宜表达主观性的语言形式"，语言为言说者或者作者分配了一种用在话语（言语）的"分散例子"当中的主体立场。有一点需要注意的是，这种语言形式不仅包括代词"我"和"你"，而且还包括其他"指示代词（比如这个、这里、此时等）、动词、形容词，而这些词语围绕'主体'组成了一种时空关系，而这种关系在语段结构当中的出现成为一种指示物"。①霍尔指出，所有这些关系的最终结果就是近来阐明理论所揭示的：尽管我们言及自身，可以说是"以我们自己的名义"、立足我们自己的经验，然而言说者与言说的主题从未同一，也从未完全处于

---

① Émile Benveniste, "Subjectivity in Language", *Problems in General Linguistics*, Trans., Elizabeth Meek, Coral Gables：U of Miami P, 1971, pp. 224, 226-227.

同一个地点。① 换言之，言说或者书写的主题（本维尼斯特称之为"话语主题"）或许非常符合正在言说或者正在书写的主体（本维尼斯特称之为"话语主体"），也就是说，尽管这个人确实在言说或者书写，但是我们并不能保证这就是实际情况。

霍尔的观点受到了本维尼斯特的暗示仅仅体现在：加勒比身份并不是预先就存在的，相反它完全是我们亲自参与的各种文化实践的产物。每当我们制造一种艺术的、戏剧的、文学的、电影的或者各种其他形式的对话之时，加勒比文化身份也就在这其中构造而成。尽管各种因素的结合——造就我们言说方式的特殊社会历史语境，特定于每种语段的（某种指代词、动词、形容词，文中句子乃至广大的叙事结构的选择）转喻的临近性——只是暂时性的，但是这看起来具有使这种无尽的隐喻维度就此停顿的潜力。霍尔认为，身份远非"仅以对过去的'再发现'为基础……它并不是静静地等待着人们去发现它，并且它也不是一旦发现了就会使得这种自我身份永恒不变的东西"，实际上它是"我们给予自己与他人所处的不同位置的一种名分，在我们将自己安置其中之后，这种关于过去的叙事才得以发生"。因此，霍尔的观点并不是说"身份以考古学为基础，而是存在于我们对过去的重述当中"。因而同样，霍尔呼吁一种"能够将我们构成一种新主体，进而使得我们可以发现一种进行言说的新立场"的文化表征的新形式。② 举例来说，霍尔曾指出，早一代人曾经不遗余力地寻求"加勒比"（或者"巴巴

① Stuart Hall，"Cultural Identity and Diaspora"，in Patrick Williams and Laura Chrisman，ed.，*Colonial Discourse and Post-Colonial Theory*，New York：Harvester Wheatsheaf，1993，p. 392.

② Stuart Hall，"Cultural Identity and Diaspora"，in Patrick Williams and Laura Chrisman，ed.，*Colonial Discourse and Post-Colonial Theory*，New York：Harvester Wheatsheaf，1993，pp. 392-394，402.

多斯"、"牙买加"等)符号与所有"欧洲"元素之间的结合，然而现在是时候也可以寻求一种与"非洲"元素之间的结合了，因而我们可以编造一个取代主流欧洲中心视角的新故事。有鉴于此，我们应当考察一下霍尔对于牙买加在 20 世纪六七十年代所发生的文化大变革的赞叹。霍尔认为，这完全构成了一种"本土文化革命"，[①]借此对于加勒比人来说"非裔加勒比身份在历史上首次成为一种有意义的东西"。霍尔主张"后殖民革命、公民权利斗争、拉斯特法里教文化和雷鬼音乐"使得崭新的"隐喻"(或许霍尔应当在这里使用"转喻"这个术语？)、新建的"'牙买加属性'的形象或者能指成为可能，而这种'牙买加属性'意为一种植根'旧'非洲而属于全世界的'新'非洲：我们或许可以将这种非洲视作一种精神的、文化的和政治的隐喻"(亦或转喻)。霍尔强调：这是一个"我们必须返回的非洲——但是从'另一个路线'来看：非洲在新世界究竟变成了什么样子？'非洲'——当我们用政治、记忆和渴望来复述它时，我们究竟用'非洲'构造了什么？"[②]

霍尔引用了本尼迪克特·安德森(Benedict Anderson)的一个观点，"社群并不是以他们虚伪或诚实与否，而是以他们的想象方式为特征的"，并据此不遗余力地强调在恢复加勒比文化身份的非洲根基当中的美学维度的重要性。霍尔认为，任何此类事业都是一种"想象再发现的行为"，这包括"把一种想象的一致性强加在分散与碎裂的经验之上，而这就是强迫流散的历史"，并且

---

① Stuart Hall，"Cultural Identity and Diaspora"，in Patrick Williams and Laura Chrisman，ed.，*Colonial Discourse and Post-Colonial Theory*，New York：Harvester Wheatsheaf，1993，p. 398.

② Stuart Hall，"Cultural Identity and Diaspora"，in Patrick Williams and Laura Chrisman，ed.，*Colonial Discourse and Post-Colonial Theory*，New York：Harvester Wheatsheaf，1993，pp. 398-399.

这导致了一种只是用"想象的完满性或者充分性来反对我们过去的破碎性"的复归。霍尔强调非洲"已经获取一种我们可以诉说或者感受的想象性或者比喻性的价值"。我们对其的归属感构成了本尼迪克特·安德森所谓"想象社群"。当霍尔将这种重建的"非洲"描述为"加勒比想象"当中必不可少的元素之时，很明显这里显示出霍尔也受到了拉康"镜像阶段"这个概念的影响：这种毁损该地区的替代与延迟已经引发了一种"必然的想象充分性，再造了这种返回'遗失起源'的无尽热望，再次与母亲在一起，回到了开始"，除了借助虚构的替换之外，这种热望从未能真正得到满足。①

正如霍尔指出的，必要时我们会将身份视作某种暂时假定（以及丢弃）的东西，而这与将身份视作一种具有无限潜能的东西并不矛盾。霍尔指出：

> 假如我们误解了这种身份的某一暂时性的"切片"，那么危险就不期而至——因为身份的"切片"是我们使得意义成为可能的立场，但是它并不是一种自然的和永恒的东西，而是一种任意和偶然的结果……意义继续不断伸展……无论何时这都超越了使其成为可能的任何闭合。这种意义常常不是过度限定就是限定不足，不是一种超额就是一种填补。"残留之物"也是常有之事。②

---

① Stuart Hall，"Cultural Identity and Diaspora"，in Patrick Williams and Laura Chrisman，ed.，*Colonial Discourse and Post-Colonial Theory*，New York：Harvester Wheatsheaf，1993，pp. 393-394，399，402.

② Stuart Hall，"Cultural Identity and Diaspora"，in Patrick Williams and Laura Chrisman，ed.，*Colonial Discourse and Post-Colonial Theory*，New York：Harvester Wheatsheaf，1993，p. 397.

在霍尔看来，从根本上而言，一切试图（包括其自己的努力）强行规定加勒比人的身份意义的行为都是非常武断的，其目的在于阻止意指的无尽上演，因此也就禁绝了自我想象的其他可能的解释方式。实际上，加勒比及其他任何文化身份都是能够以潜在的无尽方式进行形构与再造的，而忘记这点则是非常危险的。

　　总而言之，霍尔为我们提供了一种"思考加勒比文化身份的鲜明而异常的方式"，与一些我们当前最爱接受的身份假设相比，这是一种近乎变节的思考方式。霍尔提倡一种"不是通过本质或纯度而是一种必要的异质性和多元性来定义的"身份模型，这是一种无法回避的"混杂"，它让我们得以避免具有讽刺意味的殖民遗传所导致的"帝国化"和"霸权化"的"族性"形式，但是这种殖民时代的遗传病仍旧深刻地塑造着我们的思维方式。据此霍尔使用当前的巴以冲突来给出一种直截了当的警示。有一种观点认为身份只与"人们不惜一切代价必须返回的神圣家园有关，纵使这意味着会将其他人推入深渊"，而霍尔认为一种类似的本质主义巩固了这种有关身份的观点。[①] 换句话说，可悲的是，可以提供一种归属感的共同起源将某一社区在这种必然排斥乃至摧毁他者的图式之中凝聚为一。最后霍尔指出，延异之美或许在于它可以让我们就自身设想一些可供替代的概念，也就是可以避免这种在自我与他者的二元对立当中的固有危险。

（宗益祥 译）

---

① Stuart Hall, "Cultural Identity and Diaspora", in Patrick Williams and Laura Chrisman, ed., *Colonial Discourse and Post-Colonial Theory*, New York: Harvester Wheatsheaf, 1993, pp. 401-402.

教导危机：斯图亚特·霍尔思想中的马克思与马克思主义[※]

[日]小笠原博毅

在本文中，我严格地要求自己严肃地思考我曾在别处说过的、斯图亚特·霍尔的社会思想方面的理论"遗产"，而不是感性地讲述个人对斯图亚特·霍尔的所思所想。霍尔既是一个能抓住片段的导师，也是一个关注"接合"的思想者。这两张面孔在他一生中都美妙地共存着。他所教授的东西总是与时俱进，而且教导着我们怎样深入理解和描述文化与社会领域中的"具体"。根据霍尔的观点，"具体"是各种力量、关系和情境之间"非必要对应关系的"的结果，也就是历史中偶然的、因接合而出现的决定性。这是他从马克思和阿尔都塞、葛兰西等西方马克思主义思想家，以及一位杰出的黑人马克思主义者 C. L. R. 詹姆斯的著作中所学到的，霍尔曾读过后者一本与众不同的论辩证法的小册子。在其思想发

※ 本文是作者提交亚洲文化研究学会（The Inter Asia Cultural Studies Society）2015 年年会的会议论文.

展的早期阶段，霍尔曾深深地沉浸于阅读和研究马克思之中。这在"马克思论方法：《1857—1858 年经济学手稿·导言》解读"(1974)中得到有力体现。在此之后，他的马克思主义发生了一个独特的扭转，这在"意义、表征与意识形态：阿尔都塞与后结构主义者之争"(1985)中得到清晰呈现。一方面，为了节省时间，也是为了澄清这里的讨论，我不免要稍稍省略对葛兰西和詹姆斯的探讨；另一方面，葛兰西和詹姆斯独特且具有启发性的文本能够帮助我们理解霍尔是如何处理马克思和其他与之共鸣的思想家们，并且在我看来，它们能够引导我们处理在垂死的资本主义世界中正在发生的事情，诸如文化危机、主体性和政治。

霍尔通过阅读马克思知道怎样使具体理论化，但他的做法与那种喜好寻找抽象的资本主义"规律"来使其过程与力量普遍化的马克思主义者稍有不同。他深入地思考了作为机遇的偶然性与接合结果的具体。同时，他也认真地描述和理解了社会力量、社会关系和社会情境之间的非必要对应关系，以及产生出来的所有结果，得以被决定的方法，并把这些方法同样当作是偶然的。所以，霍尔的方法就是他非常关注这两种具体性，不是将具体的理论运用或适用于某些对象。霍尔拒绝"某某主义者"等形式化的立场，目的是使自己始终向各种理论保持开放。然而，在下列意义上，他终究是一名马克思主义者：他从马克思那里学习到具体是各种力量间接合关系的结果，否则历史的具体情境将不能以那种当时得以实现。①

1974 年 10 月，也就是加入伯明翰当代文化研究中心十年后，他向中心刊物题为"文化研究与理论"的专辑提供了一篇冗长的读

---

① 霍尔说他的"接合"概念是来自与马克思，而不是葛兰西。参见里斯·巴克对他的采访"At Home and Not At Home: Stuart Hall in conversation with Les Back" in Cultural Studies，23(4)，p. 661.

书笔记，即"马克思论方法"。从表面上看，他的贡献在于通读了马克思的文本，向读者们揭示了自己对文本的解读。马克思《1857—1858年经济学手稿》的《导言》在1973年被译成英文，霍尔在他的讨论班中使用了它。殊途同归的是，安东尼奥·奈格里1978年在巴黎高师也做了一场关于该文本的演讲，他认为这个文本必须要从一个不确定的视角，而非某种形式化的方法来解读。现在，对于我们来说，将这两位思想家并列放在一起，阐明一文本对霍尔(后冷战时期马克思主义的重量级巨人)以及奈格里(具有后殖民意识的当代西方社会主义时髦思想者)的重要意义，是完全可能的。

　　显然，霍尔试图从《导言》中马克思论政治经济学方法论的章节获得教益：

　　　　具体之所以具体，因为它是许多规定的综合，因而是多样性的统一。因为它在思维中表现为综合的过程，表现为结果，而不是表现为起点，虽然它是现实的起点，因而也是直观和表象的起点。①

这就是说，经验主义的现实或具体不应该被当作别的东西的反映。拿马克思举的"人口"一例来说，"人口"是具体和可察觉的，这是因为没有人口的话生产不能被理解，它是生产不可分离的要素。17世纪的经济依靠就是这样的前提。但马克思声称这是错误的，因为"如果我(马克思)，例如，抛开构成人口的阶级，人口就是一个抽象"。②甚至那些看起来是具体的东西，如果我们省略掉构成它的各种片段也会成为一个"空话"，"关于整体的一个混沌的表象"。

　　① 《马克思恩格斯全集》第30卷，人民出版社1995年版，第42页。
　　② 《马克思恩格斯全集》第30卷，人民出版社1995年版，第41页。

简单的范畴，"人口"，它的重构必须是由更具体的历史关系矛盾地组成："奴隶主/奴隶、上帝/自我、主人/仆人、资本家/劳动者。"①这种重新建构是"思维中历史具体的再生产"。② 尽管马克思在描述了那些具体的关系后就止步不前了，但霍尔却从中读出了"事态"关头。他更加历史地将特定的劳动分工和阶级矛盾作为"事态"来延续马克思重新生产"思维中历史具体"的尝试。历史在这里需要理论来操作。对于霍尔，理论是某项工作能够变得可操作的实践设计。任务不是从抽象的东西中得出简单的统一，而是使抽象的东西分解成真实的、矛盾的、有时是对抗的关系。

1987年，霍尔将论撒切尔主义的一篇杰作"蓝调大选，大选蓝调"投给了英国共产党的刊物《今日马克思主义》，当时，选前民调预计工党将从保守党手中重新获得权力，可结果是玛格丽特·撒切尔还是赢得了自己的第三个任期。在该文中，霍尔写道："政治并不能代表多数人，政治建构了他们。"与拉克劳和墨菲当时更详尽的理论分析相比，霍尔的分析看起来过于概括。然而，分析中真正危险之处在于他试图将那些做出"理性选择"没有投票的人称为"撒切尔夫人拥护者们所编造的印象管理游戏"的参与者，而不是那些真正投票的或是有能力通过投票表达自己政治意识的人。政治决策既复杂又遥不可及，同时国家的官僚机构和市场控制了社会生活的诸多方面。于是，人们变得"理性"，继而相信他们不可能有希望成功地去干涉政策问题，也不可能去影响经济或政策机器的微调。选民们被媒体和政客们释放的"虚假信息"无休止地欺骗。结果就是，"选择"与民主相对立，因为后者是公开的、社

---

① 《马克思恩格斯全集》第30卷，人民出版社1995年版，第41页。
② Hall, "Marx's Notes on Method: A Reading of the 1857 'Introduction'" in *Cultural Studies* 6, Centre for Contemporary Cultural Studies, 1974, p. 148.

会的，而前者可以被重新界定为是完全私有的和个人的行为。在不能被还原为人民、人口、国家公民总体的意义上讲，这种可以在"选民人数"或"市民"中发现的复杂性是具体的。霍尔试图去问，正在消失的左派能否抓住游戏规则中变化趋势，或者他们是否试图去认识到游戏的规则已经改变了。"不要将你的期望、焦虑和绝望投射到其他人身上"，因为布鲁斯蓝调（blues）是一种总会回首面向自身的歌曲。这是他将"蓝调（布鲁斯）"放在文章题目中要表达的意思。

早在1987年之前，霍尔在思考具体与复杂性问题时留下了一个重要线索，似乎在下面引用关于马克思观点的评论中他就预见到了左派的失败：

> 具体之所以是具体，在历史中，在社会生产以及概念中，不是因为它是简单和经验的，而是因为它展示了某种必要的复杂性。[1]

下一个方法论问题是：为了思考真实和具体的历史复杂性，是否有必要重构那些思维中的组成复杂性和保存矛盾性的决定因素？在特定历史阶段多元决定和综合的东西，也就是"结果"，只会表现为不是我们的出发点而是我们将要生产的东西。马克思将这个表现称为"思维过程中具体的再生产"。我们在这里能找到思维的密码，也就是方法。需要注意的是，在这个阶段方法是区别于历史的逻辑的。换句话说，"历史具体"，反过来通过"思想"得以重现，思维之前的"具体"不同于思维过程中出现的"具体"。随后，

---

[1]　Hall，"Marx's Notes on Method: A Reading of the 1857 'Introduction'" in *Cultural Studies* 6，Centre for Contemporary Cultural Studies，1974，p. 148.

马克思对黑格尔提出批评，认为后者意在通过假设思维自身生产出"具体"以及思维是完全与历史分离的，将"具体"和孕育它的历史过程统一起来。然而，马克思似乎没有生产出与之相连接的概念，甚至也没有认识到这样的必要性，因为他假定了思维及其外部的二元对立，从而使"具体"在思维中被生产出来的系统与"具体"自身得以出现的系统之间的连接，保持不变状态。

霍尔注意到，"尽管'历史具体'不能作为理论演绎的出发点，但它是所有理论建构的绝对前提：它是现实的出发点，因而也是观察和概念的出发点"①，他具体地着眼于两种不同类型"具体"之间的区别和相互关系。接合这两个因素是一项理论的实践。为了这么做，他像巴赫金、巴特、德里达和福柯等人一样踏上了"语言学转向"思潮。霍尔的这一尝试最早出现于与"马克思论方法"几乎同时的"编码/解码"一文中。

在 1978 年出版的《监控危机》中，霍尔等人对战后福利国家走向崩溃过程中出现的、作为社会力量对"战后资本主义的总体危机"的反动的工人运动、移民和种族问题等"具体"现象，进行了精确的分析。在书中，他们写道：

> 情景化并不是对一个惰性"背景"的调用，而是将这些接合的过程当作在时间和识别过程中的真实运动，在它们的历史特定性中，这些接合过程是不同程度抽象之间的联系。②

这看起来像是"马克思论方法"、"编码/解码"和《监控危机》的内在

---

① Hall, "Marx's Notes on Method: A Reading of the 1857 'Introduction'" in *Cultural Studies* 6, Centre for Contemporary Cultural Studies, 1974, p. 151.

② Stuart Hall, Chas Critcher, Tony Jefferson, John Clarke and Brian Roberts, *Policing the Crisis. Mugging, the State, and Law and Order.*, Macmillan, 1978. p. 14.

方法论宣言。从这里，尤其是通过最后一部书，霍尔提出了一个非常重要的理论问题，那就是"差异性"问题或者更准确地说是"变异"问题。随后，"意义、表征与意识形态：阿尔都塞与后结构主义者之争"这篇具有思想奠基意义的文章在《大众传播的文化研究》杂志上首发了。

在"意义、表征与意识形态：阿尔都塞与后结构主义者之争"一文中，霍尔清楚地指出，阿尔都塞较早的《保卫马克思》比后来的《读〈资本论〉》(它在理论上更加复杂，并且他的学生们也参与其中)在理解"差异性"问题上提供了一个更具生产性的方式。尤其是《保卫马克思》"矛盾与多元决定"一章将我们重新拉回到了早期马克思思想中对"人口"和劳动分工讨论的出发点，在这里，霍尔偏向了后来他承认的"差异性"。马克思运用"中介"概念使"主人/奴隶"或"劳工/资本家"之间的差异被差异自身的关联性担保成为互为差异。当关联性得到例证时，对差异的经验感知就是可能的。正如个体差异是无法被建构的一样，个体的差异也无法被思维和被认识。这个观点在前面引证的《监控危机》引文中得到重复，无论是否被称作"极端语境论"或"关系主义"，差异都不能自行其是。

参考霍尔对此所做的理论说明，这一点是很清楚的。但当他的名字出现在媒体上时总会带上"多元文化论教父"的标签。这看似是对他学术生活的双重评价：一方面，由于他曾经历了充斥着偏见的极端困难时期，并且在这一经历中产生了巨大的学术影响，所以不仅是英国的加勒比人还有其他少数民族都非常尊敬他；另一方面，基于强迫少数民族集中居住而导致的新型民族主义出现和种族关系紧张的再生这样一种现实，上述的标签不免会招致对"文化多元论的失败"的谩骂。这是一个清晰的标记，表明人们对相关社会的普遍危机已经有所意识。这种意识对因为过于重视与"差异"相处而被迫失去它的统一性的当前状态非常敏感。正是这种"差异"观念成为左翼文化研究批判的最初目标，这些左派被认为会统一立场，共同抵抗新型排除草根阶级的民族主义和全球化资本主义的新自由主义策略。对于那些认为文化研究就是在散布过于关注"差异"的陈词滥调的人来说，即使被贴上"文化相对主义"的标签，他们也不得不保卫多元主义和重新激活身份认同政治，这看上去就像"差异"的重要性完全被作为肤色的种族、作为宗教和语言的民族，更有甚者，被性与性别等绑架了。

读过《保卫马克思》的"矛盾与多元决定"一章，霍尔决心去思考"思维统一性与差异性的必要性"："复杂统一性中的差异性，除此之外会被赋予特权的差异性所绑架"。[1] 这是"接合"概念形成的最初时刻。霍尔的注意力从之前对分解抽象的关注，转向决定在具体层面上接合各种不同社会力量的方式。对于霍尔，"接合"概念同时在两个不同层面发生作用；尽管实践与结构在这里相关，但思考它们的二分基质本身和思考如何将这种基质理论化完全是在两个不同层面上发生的。阿尔都塞自己在文章中表示，他对马克思"理论劳动"的兴趣是通过怀疑作为一种实践的"理论劳动"是否"不需要从外部实践的检验来声称自己生产的知识为真"而发展起来的。[2] 透过统一的视角来看这两个层面，霍尔说：

> 实践是结构如何主动地被再生产出来。然而，如果我们要避开将历史当作仅仅是一个内在地自我生产的结构主义机器这一陷阱的话，实践和结构这两者都是我所需要的。[3]

---

[1] Hall, Signification, Representation, Ideology: Althusser and the Post-Structuralist Debate' in *Cultural Studies in Mass Communication* 2 (2), 1985, p. 93.

[2] Althusser, *For Marx*, Verso, 2010/1968, p. 58.

[3] Hall, Signification, Representation, Ideology: Althusser and the Post-Structuralist Debate' in *Cultural Studies in Mass Communication* 2 (2), 1985, pp. 95-96.

作为避开结构主义陷阱的结果，一系列的社会形态将怎样以非必要行为集合？根据霍尔的观点，"社会力量"不可能仅仅是"由其他不可控制的关系来定位的自在的阶级，而是能够作为历史力量来介入的、能够建立新的集体计划的自为的阶级"。① 在这里，他创造了一种被频繁引用的短语："种族是阶级运作的方式"，这是霍尔努力理论化的接合模型的鲜明例证。正如我们所知，差异并非独一无二。霍尔先通过阅读马克思思考生产关系对"差异"进行了思考，继而通过阅读阿尔都塞再发明了这个观念，与此同时，同样的"差异"观念却被当作后现代文化多元主义的一个庸俗的流行语。

我想就文化研究当中对理论和方法的关注程度提出一个疑问，以替代本文的结论。我们在多大程度意识到了这个问题？"遗产"这个观念可能会误导我们，因为我们会将霍尔留给我们的东西期望成某种经典化的东西。至于那些他生产出的"具体成果"，我们可能一理解它们就需要忘掉它们。我们准备好忘掉它们了吗？到最后我们有没有充分消化理解我们应该忘掉的东西？我现在这么问是因为霍尔以论文形式留给我们的东西绝不能被低估。

在我看来，我们依旧需要斯图亚特·霍尔来彻底审视新语言、新词汇、新社会态度、新集体和文化研究工程中富有创造性的理论努力。霍尔曾经对我说，"事态，通过它我是指当下的历史总是处于不断变化的历史总体过程之中"，接着他继续说，"有必要改变我们介入其中的方法"。在遭遇过霍尔非常关注的理论和方法问题，并确信他的处理方式之后，我们当然不可能通过傲慢的知识贵族，就是霍尔说的文化研究，来理解例如摇滚的文化社会学、

---

① Hall, Signification, Representation, Ideology: Althusser and the Post-Structuralist Debate' in *Cultural Studies in Mass Communication* 2 (2), 1985, p. 96.

韩剧的接受研究和当代风俗习惯的民族学研究。我们可以把文化研究作为一种伪知识分子姿态来看待，它将正在发生的事情伪装成为外在于公共知识范围的事情。文化研究不是一个公共扩音器或一个反映已经发生过事情的解释机器。他们全部把"思维的结果"当作了出发点。他们主要关注的是解释的模式。基于多样性的模式，他们揭示了群体的新颖性、简单多数或伦理学。这与霍尔的文化研究几乎不可同日而语，因为两者的思维顺序正好相反。从大众文化、撒切尔主义、流散者到视觉文化，当他要找到真正讨论的社会问题和政治议题时，霍尔像个男孩寻找合口味的食物一样勤奋地探索理论和思维的食品屋。尽管他的影响扩展于学术界、艺术界和社会运动当中，但他是总是率先搜索食品屋，打开窗户然后为将来的讨论耕耘土地的人。他的讨论总是处于进行时，不固定在任何一点且不断寻找下一个目标。他永不止步。他从未使自己停留在学术界或某一社会运动之中。对于霍尔而言，从没有过目的地。这难道是一个悲剧？抑或它将在第二次重复变成一部廉价喜剧？我不认为期盼已久的答案将要浮出水面。故事还得继续，因为寻找食物的男孩从不知道他自己的去处。

（孔智键 译）

斯图亚特·霍尔与英国马克思主义※

[美]丹尼斯·德沃金(Dennis Dworkin)

引　言

在 20 世纪晚期英语世界的高等院校中，很少有像英国的文化马克思主义这样的学术群体能够对人文学科和社会批判理论产生如此重要的影响，他们的大多数主要思想是在英国新左派的社会环境中形成并发展起来的。60 年代和 70 年代，在罗德尼·希尔顿(Rodney Hilton)、加雷斯·斯特曼·琼斯(Gareth Stedman Jones)、克里斯托弗·希尔(Christopher Hill)和 E. P. 汤普森(E. P. Thompson)的影响下形成了被统治阶级的历史学或"自下而上的历史"这种新社会历史理论。萨利·亚历山大(Sally Alexander)、凯瑟琳·霍尔(Catherine Hall)、希拉·罗博特姆(Sheila Rowbotham)和芭芭拉·泰勒在构成

　　※　本文是作者提交"马克思主义本土文化：中国和英国经验的比较研究"国际学术研讨会"(2010 南京)的会议论文。

新的社会主义女权主义史学上有着同样不容忽视的影响。同样重要的是，英国文化研究的成就在世界范围内有着重要影响(尤其是在北美)。由理查德·霍加特、雷蒙德·威廉斯和斯图亚特·霍尔所开辟，延续至哈泽尔·卡尔(Hazel Carby)、保罗·吉尔罗伊(Paul Gilroy)、迪克·赫伯迪格(Dick Hebdige)、安吉拉·麦克罗比(Angela McRobbie)和保罗·威利斯(Paul Willis)等人的文化研究提升了人们对传媒、青年亚文化、文学生产、当代工人阶级、种族与性别的文化建构、流行文化以及意识形态的本质等问题的批判性理解。

　　20世纪80年代早期以前，英国文化马克思主义一直是批判学派内部的一种一以贯之的学术潮流。然而，正像其他植根于马克思主义的传统一样，后来它也慢慢破裂，最终在90年代走向解体。综合起来看，工业工人阶级的衰落、后福特主义生产模式的兴起、苏联共产主义的灭亡、身份政治学和新社会运动的兴起、后现代主义的出现以及人文学科内部的语言学转向，等等，共同导致了它的解体。这就产生了一个问题，当英国文化马克思主义在二三十年以前对学者和政治知识分子产生吸引力时，今天它是否仍然对我们有借鉴意义？一方面，我相信今天我们不会再遭遇70年代和80年代早期的那些大多数问题，而且较早年代所提供的那些问题的框架以及给定的解决方案不再具有充分性；另一方面，我也相信仍然存在着这样一种可能性：我们今天所面临问题(最主要的是全球化条件下的多文化、多民族和多宗教社会)的逐步解决，应建立在那些年代所取得的成就的基础之上而不是抛弃它们。在这个意义上，任何人的重要性也无法同斯图亚特·霍尔相比拟，因为他是英国文化马克思主义的开创者和当今的社会批判理论的过渡性人物。

　　斯图亚特·霍尔1932年出生于牙买加，1951年以后定居英国，最初作为罗氏奖学金获得者于牛津大学攻读文学。他曾担任多项学术职务，其中包括伯明翰大学当代文化研究中心的主任和开放大学社会学系主席。霍尔是当代文化研究中心的创建者之一、英国黑人经验的主要分析者以及有影响力的政治理论家和公共知识分子。他在 20 世纪 50 年代晚期英国新左派的创建过程中扮演了关键性的角色，并处于对 70 年代和 80 年代英国新右派进行理论分析的最前沿，"撒切尔主义"就是他创造出来的一个新词汇。除此之外，他在重新思考全球化和保守主义霸权时代的左翼政策方面同样发挥了显著作用。霍尔对流散文化（他认为这是我们状况的一部分）的分析所做出的贡献也已产生了广泛的影响。但霍尔的著作却扎根于早期新左派传统，受到了 E. P. 汤普森和雷蒙德·威廉斯等先驱者的深刻影响。他改造安东尼奥·葛兰西和路易·阿尔都塞的思想，使文化马克思主义的传统朝着后现代主义、后结构主义、女权主义和多元文化主义的方向发展，从而使新左派的理论传统得以延续。虽然霍尔的晚期著作是否仍然以文化马克思主义为理论架构是一个有待探讨的问题，但其思想轨迹如果脱离了它就无法想象。他继续坚持了文化马克思主义的许多核心观点：文化的物质性观点、对结构与主体之间相互交错的关系的关注，尤为重要的是关于社会与文化的观点，即对文化斗争予以特别重视，并把它看作是社会形态的一个组成部分，而不是被经济过程所深度决定了的一个结果。

在这篇论文中，我试图测绘出霍尔的思想及政治生涯与英国文化马克思主义传统的关系，在其历史背景中突出霍尔思想中的几次主要转变。本文的观点是：霍尔的著作把英国文化马克思主义的洞见发挥得淋漓尽致，同时也超越了文化马克思主义。在这个过程中，他提供了一种对当代进行考察的方法，这种方法使新的思维方式成为可能。在论文的结尾，我将结合玛德琳·戴维斯（Madeline Davis）"英国新左派的马克思主义"一文，回顾斯图亚特·霍尔的思想历程。在那篇文章中，戴维斯认为："新左派在英国思想文化内部使马克思主义'本土化'了。"①我认为，这种构思英国马克思主义的方式是理解这一有影响力的理论与政治运动的一次重要努力，但是它也产生了一些问题，这些问题会结合对斯图亚特·霍尔著作的考察而得到强调。

英国新左派运动时期的霍尔

霍尔的思想轨迹大致可划分为三个阶段：第一个阶段大致与他在英国新左派创建过程（1956—1964）中的作用相吻合。新左派运动产生于国际共产主义的孪生危机和英国对 1956—1957 年中东战争的干预。新左派致力于"全力以赴的社会主义"，这是一个努力摆脱共产主义和社会民主主义的双重正统的社会主义人道主义观点。霍尔是《大学与左派评论》的创建者之一，这本杂志是由牛津的一些激进学生编辑出版的。这些学生十分反感当时的政治正统，并对作为超级强国的英国采取了与法国一起入侵苏伊士运河的最新立场持批判态度。霍尔是《新左派评论》的第一位主编，他在调解正在兴起的学生一代与大部分老一代的前共产主义者之间（主要是 E. P. 汤普森）的关系方面起到了第一位的作用。在这个时期，左翼文化批评家理查德·霍加特和雷蒙德·威廉斯极大地影响了霍尔的思想工作，他们利用批评家 F. R. 利维斯（F. R. Leavis）的方法，通过文学分析来批判性地考察战后的政治与社会的转变。正是在这个时候，霍尔萌发出从事学术工作的兴趣。他分析了大众、流行媒体和消费资本主义对文化与政治的影响，还

---

① Madeline Davis, "The Marxism of the British New Left", *Journal of Political Ideologies*, Vol. 11, No. 3, 2006, p. 335.

试图找出并接合抵抗统治秩序的力量。他特别对后来被称作"身份政治学"的东西感兴趣,而"身份政治学"在当时刚刚开始的"单一议题的政治学"中已经显示出来,最显著的事件就是核裁军运动。同样地,他也对英国青少年的文化政治学和工人阶级的青年文化感兴趣,"初生之犊"正在受到媒体的关注并将成为随后的文化研究的焦点。①

霍尔在这段时间内所写下的两个文本即"无阶级感"和《通俗艺术》透露出他所关心的思想与政治问题。霍尔的早期文章介入了关于当代工人阶级的争论,这场争论是由工党内部安东尼·克罗斯兰(Anthony Crosland)等修正主义者挑起的。克罗斯兰认为,工人阶级生活水平的日益提高将会导致一个无阶级社会的到来,并使经典理论所构想的社会主义作为一种需要不复存在。霍尔驳斥了在物质生活与工人阶级意识之间所做的这种过于简单化的因果分析,并指出工人阶级文化的基础是它的价值观和制度体系,这是他从雷蒙德·威廉斯的里程碑式的著作《文化与社会》改造而来的观点。但是,霍尔坚持认为:"一种生活方式必须在一定的关系模式以及一定的物质的、经济的和环境的制约下才能够维持下来。"②所以,为了理解工人阶级文化就必须要确立不断变化的客观环境与主体反应之间的关系,换句话说,就是基础和上层建筑的关系。当然,霍尔并不是要向马克思主义正统回归:他相信在这两个词语之间一定有一种"自由发挥"的关系,并指出上层建筑领域的转变同经济基础领域的转变同样具有决定性。对于霍尔来说,工人阶级文化被分解成多种生活风格,正像中间阶级的文化一样。这

---

① "absolute beginners",是英国作家 Colin MacInnes 于 1959 年出版的一部小说的名字,被称为他的"伦敦三部曲"中的第二部。(译者注)

② Stuart Hall, "A Sense of Classlessness", *Universities & Left Review*, No. 5, 1958, p. 27.

倒并不是说阶级不平等的客观决定因素更不真实了，而是说这些因素被阶级混乱感或者是无阶级的虚假感所经验，这是一个悲剧式的矛盾："工人阶级通过陷入新的和更加精致的奴役形式而解放了自己。"①

E. P. 汤普森批评霍尔的文章（以及其他对工人阶级文化的变化予以优先重视的学者的著作）没有能够考虑到工人阶级的历史和阶级斗争的更加总体的历史背景。汤普森指出，在工人阶级的历史中，工人阶级运动尤其是工会与劳工运动中的激进的积极分子抵抗操纵与控制的形式，这反过来促进了对民主与社会改革的努力奋斗。然而，如果不对照汤普森的避谈结构变化所带来的影响和霍尔在考虑环境转变时的开放性，今天阅读霍尔的这些文章是困难的。霍尔并不认为工人阶级群体和文化即将消解，但是他相信转变正在发生，左派必须面对它们。霍尔二十多岁时写下的这篇早期文章是一篇正适其时的文本，关键是其中的思想没有充分发挥出来，但是它已经昭示出后来成为持久性标志的两个特征。第一，他开始对现状进行公正的和客观的分析。在他看来，这是在既定条件下寻找抵抗潜能的唯一途径。第二，通过利用正反两方的观点，他故意避开思想与政治争论中的对立性，而这种对立在当时和现在都是很盛行的。克罗斯兰断言由于工人阶级的富裕致使一切都发生了改变，而汤普森认为什么也没有改变。霍尔选择"第三条道路"——不是"非此即彼"而是"两者皆是"。在一定意义上，这与新左派本身的精神（后面还会提到这一点）相一致：它拒绝在共产主义和社会民主主义之间做出冷战思维式的二分选择，而是在二元政治气候中把自己作为替代选择的第三条道路。

① Stuart Hall, "A Sense of Classlessness", *Universities & Left Review*, No. 5, 1958, p. 31.

在与帕迪·沃纳尔(Paddy Whannel)合作的《通俗艺术》中，霍尔考察了大众与流行文化之间的关系，这种关系由于流行音乐和电视的爆炸式增长和青少年文化的扩散而变得越来越有意义。事实上，这本著作是对那些自封为文化的保护者的回应，这些人把新的传媒和流行艺术视为是对文化价值的冲击。霍尔拒绝高雅文化与大众文化之间的严格二分法：这种区分不仅建立在知识分子的偏见的基础之上，而且在认真审视后很容易被推翻，特别是对电影和爵士乐的分析。对他来说，流行与高雅艺术并不是相互抗衡的：它们有着不同的目标和抱负，这只有在它们的自身条件内才是可理解的。同时，霍尔把流行艺术区分为大众文化和流行文化。流行文化是城市与工业经验的真实表达，是可以立刻被它的受众所辨识的已知情感的真正表现。另外，大众艺术包含着高度的个性化，而不是对个人感情的忠实表达；一个股票公式的修饰是用来控制情绪的，而不是常规的想象性与探索性用法；大众艺术是迎合它的受众的艺术，而不是产生于对它的深深敬仰。霍尔分析流行艺术的方法是对风格与形式予以密切关注，并集中研究思想与情感的传达方式。但是，他也试图在更大的社会与文化背景中来定位流行艺术的形式。最终，霍尔对流行艺术形式(比如说爵士乐)的分析带上了一点瑕疵，因为他好像是把它作为一种高雅文化的形式来分析的，但最重要的是，他指出了流行文化的双重本质：它能够同时既颠覆又再生产主流意识形态。实际上，霍尔正在铺设后来被称为"文化研究"的地基。

文化研究时期的霍尔

霍尔的第二个思想阶段(1964—1978)大体上与他在当代文化研究中心的那些年代相吻合，当代文化研究中心也是文化研究这一新兴的跨学科研究领域的第一个体制性机构。如果说霍尔的早期著作是在冷战、苏伊士运河危机和共产主义阵营大骚乱的背景下发展起来的,那么,60年代和70年代的反主流文化、国际范围内的学生运动、美国的民权运动和身份政治学则塑造了霍尔在第二个时期的作品。霍尔对"伯明翰学派"做出了定义,即融合了"结构主义"与"人本主义"并吸收了符号学(尤其是罗兰·巴特的作品)、西方马克思主义(特别是路易·阿尔都塞和安东尼奥·葛兰西的思想)和英国文化主义(威廉斯的文化理论和汤普森的历史实践)的学术流派。在一系列集体性的研究成果中——《通过仪式抵抗》、《监控危机》、《妇女有话说》、《文化、传媒与语言》和《帝国反击战》——伯明翰学派在众多领域取得了极具影响的学术贡献,这些领域是当代传媒、青年亚文化、工人阶级的日常生活、现代国家、历史理论和意识形态理论以及种族、阶级与性别之间的关系。

在这一阶段数量众多的具有影响力的作品中,霍尔的"编码/解码"一文也许是他最具原创性的作品。他有效地利用了符号学与马克思主义对传播过程进行解读,并把这一解读建立在马克思的生产这一概念的基础之上。他把传播看作是一连串的审慎环节,每一环节都有自己的特征和形式。尽管传播信息的生产或"编码"与观众的接受或"解码"都"依附于主导结构"之上并处于不对称的权力关系的影响之下,但二者却是遵从各自的结构逻辑的不同环节。一方面,生产者们努力在优先确定的意义上达到一致;另一方面,受众有能力用自己的词汇对这些信息进行解释,因为他们不理解优先确定的意义并对它漠不关心,或者是他们选择一种不同的有时甚至是反抗的符码进行解读。霍尔相信人类在接受媒体信息的过程中扮演了一个积极的角色,这一点重复了文化研究起初时的社会主义人道主义动力,他对人类主体的信念使人们重新想起了汤普森在《英国工人阶级的形成》[（1963）1980]中对工人阶级文化的著名分析。霍尔也强调经验被晚期资本主义社会的主导霸权关系所压制和强迫，是意识形态传播过程的一部分，他的这个观点得益于被阿尔都塞改造过的葛兰西的霸权概念。霍尔融合结构主义和人本主义——在它们各自的拥护者看来是截然相对的观点——的企图在他的关于无阶级的早期文章中已见端倪。

在这个阶段，霍尔的思想发展究竟在多大程度上偏离了文化马克思主义的原初动力呢？通过他对汤普森的《理论的贫困》的批判便可见一斑。《理论的贫困》无疑是汤普森写过的最具激情和灵感的一部著作（当然这并不是贬低他的其他著作），它也是在英国对阿尔都塞思想所做的最富影响力的批判，是对汤普森自己的理论与政治原则最正面的声明。通过对非历史的结构主义理论家的批判，它捍卫了历史学家的事业，同时重申了汤普森对历史过程中的主体与经验的优先重视。

霍尔承认汤普森批判阿尔都塞的深刻性，认为汤普森对历史学家事业的捍卫、对经验范畴的强调以及对"具体的"重视优先于"抽象的"与"理论的"具有启发性，尽管它问题重重。对于霍尔来说，汤普森是要颠倒阿尔都塞的错误与过失。在霍尔看来，汤普森把历史过程看作是不言而喻的，把历史实践实体化并沉浸于具相，从而混淆了理论与理论主义的区别：存在着理论主义的贫困，但对于社会主义者和马克思主义者来讲却不允许存在理论的贫困。当然，从来没有脱离实践的理论，但是没有理论的指导也不会有正确的实践。马克思教导我们对不同种类的工作进行不同层次上的抽象是完全必要的。①

① Stuart Hall, *Transcripts of Ruskin College Debate*, University of Oxford (December, 1980), 1980.

霍尔也不同意汤普森的经验概念。在肯定了英国马克思主义的历史编纂学传统在恢复统治阶级和被压迫者的经验方面所取得的巨大进步的同时，霍尔认为这一传统对经验概念的惯常用法存在着问题。马克思主义者从来都不能不加选择地包容"经验"，也不能够脱离意识形态概念来理解经验概念。他并不是建议历史学家重复阿尔都塞主义者否认经验的重要性的愚蠢之举，只是建议他们不要以相反的方式来重复这一错误。他说，经验"不能作为我们的历史证据真实性的认定证据"。①

霍尔指出了汤普森及其追随者所表达的经验概念可导致的两个政治问题：第一，认为它可能导致一种承诺政治，而凭着这种承诺政治，社会主义的未来通过唤起与赞美关于过去的经验而就能够得到保证。第二，认为它赞同了一个对社会主义政治不再富有成效的"人民"概念。他说，在20世纪70年代，把政治策略建立在资本使工人阶级联合起来的方式的基础之上不再是可能的了。霍尔拒绝"平民"这一概念，用他的话讲：

> 它[社会主义]将会从差异开始，与此相矛盾的是，这种差异既产生对抗又产生与对抗一样多的联合，正像女权主义和社会主义之间的关系一样。我们观察一下可能会产生联合的斗争与组织的形式，就知道社会主义只能从差异开始。这与民粹主义政治学形相近意相远。②

霍尔不再信任民粹主义政治学所假定的平民能够很容易被号召起

---

① Stuart Hall, *Transcripts of Ruskin College Debate*, University of Oxford (December, 1980), 1980.

② Stuart Hall, *Transcripts of Ruskin College Debate*, University of Oxford (December, 1980), 1980.

来，就像过去那样具有吸引力。对阿尔都塞的研读使他认识到大众力量只能作为差异的联合体的结果被建构起来。尽管霍尔尊敬汤普森的政治观点，他却不能说《理论的贫困》在政治上是有益的。

霍尔的撒切尔主义批判与身份政治学

自20世纪70年代晚期以后（这也许可以被看作第三个阶段），霍尔开始活跃于多个理论前沿。作为集体研究成果的《监控危机》标志着他成为一名关于种族与阶级关系、英国黑人经验和新右派的理论家。一群黑人青年袭击一名白人工人，主流媒体对其进行大肆报道和评论并把它看作行凶抢劫泛滥的一个部分，这一事件成为这本书写作的动机。霍尔和他的同事们则主张对行凶抢劫的惧怕远非是自发的，它来源于漫长的和复杂的意识形态准备过程，凭借这一过程，国家和媒体利用人们对种族、犯罪与青年的恐惧制造出一种"道德恐慌"。他们把这一意识形态机制与第二次世界大战后出现的社会民主共识的崩溃联系起来考察，并用葛兰西的词汇把这一情况理解为一种霸权危机，这种危机是右翼"威权主义民粹主义"——它是建立在自由市场、民族主义、种族主义的意识形态及对家庭的保守解释基础之上的新兴的霸权集团——的盛行。

霍尔断言，虽然英国的大多数黑人被看作处于英国的历史与文化之外的移民，但事实上，他们是英帝国与全球资本主义的历史经验所塑造的流散人群，所以应该把他们放在英国历史的中心而不是边缘。他们与其他人分享非洲的黑人流散经历，同时又被英国特殊的历史环境所构造。绝大多数黑人是属于工人阶级的，但是他们的一些最激烈的冲突是与种族主义的白人工人发生的，而且他们大部分也与组织化的劳工运动相脱离，他们的阶级经验已经被种族范畴过滤掉了。

上面的最后一点在"种族、接合与社会在统治中的建构"这篇文章中得到了最有说服力的阐述。霍尔通过与两种流行的理论选择的关系而对自己的理论进行定位：一种是传统的马克思主义的观点，它把种族与人种的区分看作是根源于历史经济条件基础上的现象；另一种是社会学观点，它把这种区分看作是社会与文化方面不可还原的。对于霍尔来说，正像马克思主义者所认为的那样，种族结构是历史性的而不是具有普遍性的，但是它们既不能只用经济条件来解释，也不能忽略经济条件来理解。换句话说，他试图从经济和历史所决定了的客观条件来建立种族动态学，同时坚持它们的独立性与特殊性——霍尔称其为"别的东西"。通过重新思考社会形态的结构动力，霍尔开拓出了一种中间观点。借鉴阿尔都塞的观点，他把社会看作是一种"结构化的总体性"。其中，不同的结构层次（经济的、政治的、文化的与意识形态的）既是独立自主的同时又被"接合"——霍尔用这个词表示不牢固的和偶然的联系使"从属关系不再是必要的了"——所连接。

霍尔有效地利用了这一模式对当代英国的种族与阶级问题进行了分析，他认为种族与种族主义是历史上偶然形成的，在社会形态的不同层次上起着作用，其中包含了统治与服从的关系。关于黑人工人阶级，他讲道：

> 黑人劳动力（男性的和女性的）在经济活动以及因经济活动而产生的阶级斗争的层次上被分配为不同的经济主体；黑人劳动阶级的不同部分通过政治参与的途径（政党、组织、社区行动中心、出版物和社会运动）被重组，从而成为"政治剧

院"和政治斗争的政治力量；阶级被接合成新兴的意识形态以及意识形态、文化和意识方面的斗争的集体与个人"主体"。通过这些方式，它[种族]成为历史的一部分。①

对于霍尔来说，种族与种族主义塑造了黑人工人的全部经验，当然，白人工人也是。在一次值得注意的阐述中，他讲到种族是"阶级所'寄'于其中的形态，是阶级关系被经验的中介，是阶级所占用的形式"。② 接受吸收这个观点有助于解释阶级联合的困境所在，但是种族的形态却是历史偶然性的，它不是固定的或者一成不变的，它可以通过霸权斗争而得到改变。最终，霍尔使用从葛兰西那里改造过来的概念来理解种族。

如果说《监控危机》标志着霍尔的思想与政治发展的一个新阶段，他在《艰难的复兴之路》中对国家政治的思考则使其思想的新阶段特征更加显而易见。后者是霍尔关于新右派的一个论文集，它也使霍尔成为撒切尔主义的主要批判者。霍尔对撒切尔主义的分析在理论上（甚至在精神上）主要是得益于葛兰西的著作。对霍尔来讲，葛兰西的重要性并不在于他的结论和观点可以直接嫁接到当代英国头上，霍尔强烈地指出这样一种草率的做法已经长期地妨碍了关于左派的真正创新性观点的形成；毋宁说葛兰西的重要性在于他提出问题的方式以及他解决这些问题的方式。葛兰西

---

① Stuart Hall, "Race, Articulation, and Societies Structured in Dominance", in Houston A. Baker JR., Manthia Diawara and Ruth H. Lindeborg, ed., *Black British Cultural Studies: A Reader*, Chicago, IL: University of Chicago Press, (1980)1996, p. 55.

② Stuart Hall, "Race, Articulation, and Societies Structured in Dominance", in Houston A. Baker JR., Manthia Diawara and Ruth H. Lindeborg, ed., *Black British Cultural Studies: A Reader*, Chicago, IL: University of Chicago Press, (1980)1996, p. 55.

面对的是两次战争之间的意大利，这与 20 世纪晚期的英国的情况十分相似。资本主义的危机并没有证实经典马克思主义的预言：激进的右派而不是左派理解了这个历史时刻。霍尔并没有坚持马克思主义的预言最终会证实自身，而是正视了真实的历史运动。

> 葛兰西不得不面对那一历史时刻的倒退与失败：这样一种时刻已经过去了，永远不会以它的旧的形式而回归。这里，葛兰西直面了历史本身的革命性特征。当［推测］的书面展示出来时，就不会存在"回头路"了。历史转换了齿轮，地形改变了，你正处于一个新的时刻。①

葛兰西与当代英国左派的关联在于，他将会反对传统左派把撒切尔看作是一种妄想、看作是在选举摇摆不定时的一种暂时改变，或者是作为虚假意识意义上的意识形态，他将会接受"事态的规训"。

霍尔的葛兰西主义精神贯穿于他对撒切尔主义解读的整个过程中，他把撒切尔主义看作一个正在进行的未完成的霸权工程。撒切尔主义建立在 20 世纪 60 年代晚期的工党政府自己实行的政策——遏制工人阶级，对少数边缘宣战，缩减大额的国家福利——的基础之上，但是它使这些提议朝着新的和相反的方向延伸和扭转，并取代战后的保守主义和劳工主义成为政治和意识形态领域的主流声音。它对政治与文化现实——新的"共识"的产生——的再定义重新形绘了 1945 年选举的结果中所产生的共识的迅速消解。撒切尔主义把社会民主党、工党、工会和国家混为一

---

① Stuart Hall, *The Hard Road to Renewal: Thatcherism and the Crisis of the Left*, London: Verso, 1988, p. 162.

谈，把它们描述为要对违法、浪费、低效率和反个人主义（说到底就是非英国式的）负责的极权主义。最重要的是，它转变了关于社会福利的关键概念。它改变了政治思想与观点的流行看法。以前需要社会的地方开始根据市场力量的法则来实行，现在"金钱价值"问题、处理自己财富的私人权利问题、自由与自由市场之间的平衡问题已经成为贸易词汇，而且是在日常考量的思想与语言之中，而不仅仅是议会、舆论、杂志和政策界的政治议题。这里发生了价值观念的明显翻转：过去与社会福利的价值相联系的气氛现在与一切私人的东西相关联——或者说能够被私有化。①

但是如果说霍尔强调了撒切尔主义的霸权主义的和意识形态的维度的话，他并非意欲暗指这是对其进行斗争的唯一根据以及它是一个严密的意识形态，或者说它的影响是全面与彻底的。与葛兰西相同，他认为意识形态在接受严密审查时既不是连贯一致的也不是具有逻辑性的，而结果通常是由一些表面上矛盾的元素组成。霍尔把撒切尔主义描述为一个"倒退的现代化"工程，它由两种绝不会受传统欢迎的元素编结而成："一种是保守主义核心主题的回响——国家、家庭、责任、权力、标准，传统主义；一种是复兴的新自由主义的进攻性主题——自我利益、竞争性的个人主义、反国家主义"。② 霍尔坚持认为，撒切尔主义包含了它能予以驳斥的中间立场。

霍尔认为撒切尔主义增进了资本的利益并巩固和扩大了国家权力，保留了"大部分（虽然不是全部）合适的正式的代议制机构"

---

① Stuart Hall, *The Hard Road to Renewal: Thatcherism and the Crisis of the Left*, London: Verso, 1988, p. 48.

② Stuart Hall, *The Hard Road to Renewal: Thatcherism and the Crisis of the Left*, London: Verso, 1988, p. 42.

并能够围绕它"建构起一种积极的民众认同感"。① 与此相关，左派的复兴依赖于对文化与政治的可供选择的解决方案的接合。霍尔开始在《新时代：20 世纪 90 年代政治学的变迁》中阐述这些可供选择的解决方案，这是一本由团结在《今日马克思主义》——英国共产主义党的机关刊物——周围的思想家创作的论文集，它把自己定位于与马克思主义理解现代性的传统的关系之中，然而它自己的分析与经典马克思主义的理论框架相距甚远。基础与上层建筑之间的区别几乎被取消了，在阶级的结构定位与他们的身份和意识之间不存在假设性的联系。然而在某种意义上，《新时代》对后福特主义的分析成为马克思主义宏大叙事的当代重写，尽管它煞费苦心地与马克思主义的总体化抱负保持一定的距离（这一点主要是得益于让·弗朗西斯·利奥塔对总体化进行批判的精神）。② 后福特主义的论题是"不要给予经济任何意义上的优先决定地位"。③ 与把政治看作是资本与劳动之间的二元对抗不同，它鉴别出了权力与冲突的多个要点。它拒绝只存在一种"权力游戏"的思想，为下面这种思想辩护："政治是策略和权力及其接合的网络，所以它总是私人化的。"④

《新时代》对身份政治和新社会运动的重视无疑地构成了激进的多元主义的一种形式，而激进的多元主义几乎与马克思主义没有什么关系。它对身份的理解是建立在从后现代主义和后结构主

---

① Stuart Hall, "The Toad in the Garden: Thatcherism among the Theorists", in Lawrence Grossberg and Cary Nelson, ed., *Marxism and the Interpretation of Culture*, Urbana: University of Illinois Press, 1992, p. 40.

② Francis Mulhern, *Culture/Metaculture*, London: Routledge, 2000, p. 115.

③ Stuart Hall and Martin Jacques, ed., *New Times: The Changing Face of Politics in the 1990s*, London: Verso, 1990, p. 119.

④ Stuart Hall and Martin Jacques, ed., *New Times: The Changing Face of Politics in the 1990s*, London: Verso, 1990, p. 130.

义思想那里吸收过来的主体的推论概念的基础之上的，特别是它是在文化研究内部构思的。此外，它与文化研究的关系是，在表达《新时代》的观点方面，霍尔始终扮演了领导角色。正如霍尔写到的那样，《新时代》用更加碎片化的和不完全的一种概念——由与我们所栖居的不同的社会世界（历史过程中产生的东西）相关联的多重自我或身份所组成——代替了马克思的阶级理论所支撑的那种中心的、理性的、稳定的和统一的单个自我，这个主题实际上是被"不同的话语和实践"表达了①，我们正在进入后马克思主义的地域。

　　这样一些思想对霍尔的文化研究著作有什么影响？当雷蒙德·威廉斯主张文化代表了一种生活方式时，他在文化生产者和他们所创造的文化之间设定了一种关系。我们是文化的作者，这意味着文化包含了我们的经验。尽管如此，在后来的文化研究中发生了从这种人本主义向被结构主义/后结构主义思想所影响的观点的转变。此时，文化代表着无意识，这个假设使特殊的和具体的意义成为可能。从这个观点来看，并不是经验生产了文化：是文化生产了经验。因为在文化范围之外，不存在像经验这样的事物。对于霍尔来说，我们对现实的理解是通过由文化假设所中介过的表征行为产生的。这并不意味着不存在独立于我们的想象力占用的世界，但是只有通过语言和话语它才是可知的。用霍尔的话来说：

　　　　事件、关系、结构在话语的范围之外有存在条件和真正的效果；但是只有在话语之内并归从于它的特定的条件、限

---

　　① Stuart Hall and Martin Jacques, ed. , *New Times: The Changing Face of Politics in the 1990s*, London: Verso, 1990, p. 120.

制和形态，它们才有或者说能够在意义中被建构起来。所以，尽管不想无限地扩大话语的领域权，但事物是如何被表征的以及一种文化中表征的"机制"与制度起到的确实是一种本质的而不是反射性的和事后的角色。这产生了文化和意识形态以及表征方案的问题——主体性、身份、政治——在社会与政治的生活的组成中占据着一个有影响的而不仅仅是表现性的地位。①

表征是一个政治问题，它被权力关系、统治关系和从属关系所中介。哪种表征会成为主导性的或是霸权性的取决于特定历史时刻起作用的一系列力量。

在这个理论语境下，让我们考察一下霍尔在"黑人文化中的'黑'是什么"②（这篇文章中对"黑色"的分析）。在他看来，黑色并不是大家已经知道的本质的体现，而是通过表征被生产出来的。它的含义随着它与"白色"的关系的变化而变化，并且是被政治与文化的转换所中介的。在20世纪60年代，"黑"被用来联合不同的群体——这是对白人文化的种族主义的回应，它把"黑"等同于不"白"。这种本质主义观点（与黑人权力运动联系在一起）简单地颠倒了白人的种族主义观点——黑的就是好的。这个观点的政治利益证明是巨大的，代价是对种族与性别差异的压抑。

自此，很多事情都改变了。对于霍尔来说，无论是建立在阶

---

① Stuart Hall, "New Ethnicities", in David Morley and Kuan-Hsing Chen, ed., *Stuart Hall: Critical Dialogues in Cultural Studies*, London: Routledge, (1989)1996, p. 443.

② Stuart Hall, "What Is This 'Black' in Black Popular Culture?", in David Morley and Kuan-Hsing Chen, ed., *Stuart Hall: Critical Dialogues in Cultural Studies*, London: Routledge, 1996, pp. 465-475.

级、种族、性别或者是它们几个组合的基础之上，身份被看作是来源于意指。身份通过差异的作用而被生产出来，稳定性通过压制的行为而产生，这在今天仍然以一种隐匿的方式继续发挥着作用。然而，身份的转换并不是任意的。当西方开始被去中心化时、高雅/低俗文化的二元对立开始消解、现代主义的普遍性被后现代主义对差异性的坚持所取代时，考虑到"黑人"如何定义他们自身的更加流动的概念，更早一点的"黑/白"二分更需要被解构。最后，霍尔并不是简单地描绘了黑人的含义的变化，他是介入到了它的转型之中。一定的历史条件下的人类主体生产出了不同的文化身份。所以，如果说霍尔的观点被后结构主义和后现代主义所改变的话，马克思主义传统中的结构与主体之间的张力，特别是葛兰西对发达资本主义社会中"阵地战"政治的理解以及 E. P. 汤普森和文化理论家雷蒙德·威廉斯对他也启发颇深。然而在这个接合点上，霍尔的观点好像与原初的文化研究的马克思主义推动力相差甚远，但是它仍然是唯物主义的和能动的。尽管已经大大地偏离了文化研究原初的马克思主义推动力，但是霍尔已经经历过这个过程，他的思想仍然属于文化马克思主义的内部传统。然而霍尔已经绘制出英国黑人文化研究的范围和主题，这一点具有世界性的影响，尤其通过作为他的学生及同事的保罗·吉尔罗伊身上体现出来。

自从 1997 年从开放大学荣休后，霍尔在文化政治学的公共舞台一直很活跃。兰尼美德信托基金机构是研究英国种族平等问题的一个独立的智囊团，该组织的主席比库·帕雷克（Bhikhu Parekh）是一名政治哲学家；受该组织的委托，霍尔所在的委员会创作了《英国多种族的未来》。起初布莱尔政府公开支持这项事业，但是当媒体和政治上的右派盯住它的一份报告里分析英国身份的含义的少数几页文字并宣称这份报告把英国性等同于种族主义以后，它后来就偏离了自己的研究结论。事实上，报告的看法是：英国身份历史上已经被种族主义化了；对于黑人和亚裔的英国人来说，它已被铭刻上了帝国统治的集体记忆。它要求扩大而不是抵制英国性，此外它提倡重塑英国历史从而使其与一个多文化的社会相符合。作为对这份报告的捍卫，霍尔在《卫报》上写道："我们是讲历史上的英国性思想带有'大量的未经言明的种族意蕴'——意思是说，在一般意义上，这个国家通常被想象成白人的……我们没有在任何地方认为这种情形会一直持续下去，永远不会结束。"①

霍尔参加英国多种族的未来委员会是一个从英国黑人的角度长期质问英格兰性/英国性的公共知识分子行为。因为英国人不仅简单地意味着居住在大不列颠或联合王国，或者是大不列颠或联合王国的公民，它还有着统治、种族和帝国的历史内涵。是的，正像保罗·吉尔罗伊明确指出的那样，种族的与国家的话语的接合已经成为英国政治文化的核心特征。与 19 世纪晚期建立在生物学意义上的等级制基础上的种族主义不同，它的 20 世纪的等价物建立在把黑人看作是永远的局外人的文化差异的基础之上，用吉尔罗伊的话说："黑人移民以及他们在英国出生的小孩根据他们的种族被否认为真正的国家公民，同时防止他们在'英国种族'内部结成自己的联盟，因为他们忠诚的国家必定不在英国。"②吉尔罗伊认为，这样一种思想不仅成为新右派意识形态的核心特征，而且它也巧妙地渗透到左翼的观点之中了。当左派试图从他们的保守派对手中挽救出"英国性"这个能指时，他们对这个能指的种族的

---

① The Commission of the Future of Multi-Ethnic Britain, *The Future of Multi-Ethnic Britain*, London：Profile Books, 2000.

② The Commission of the Future of Multi-Ethnic Britain, *The Future of Multi-Ethnic Britain*, London：Profile Books, 2000, p. 46.

与帝国的维度却不闻不问：

> 民族性并不是一个可以根据政治实用主义的指令而简单地自然地塞满可替换性概念的空容器。民族归属的意识形态主题在一定程度上是可塑的，但是它与阶级和"种族"的话语以及这些群体的组织实体的联系却不是任意的。它们被历史与政治因素——这些因素限定了民族主义变成社会主义的程度，其时它的连祷被社会主义者所重申——所限制。①

霍尔和吉尔罗伊关于英国性的思想也许对我们理解与英国新左派相关的思想著作有着很大的密切关系。我把英国新左派称为文化马克思主义，但是玛德琳·戴维斯在一篇重要文章中称其为"本土化的"马克思主义。戴维斯的这一概念试图扩大使新左派更具吸引力的思想与政治空间，所以它恰恰不包括那些使用"文化的"方法的思想家，但是也谈论那些思想家，比如根据其观点更具有经典马克思主义色彩的佩里·安德森。另一方面，尽管我承认在我写作《战后英国的文化马克思主义》那本著作时，我曾考虑过不同的短语，包括英国马克思主义，不过我重点强调的是思想与政治的社会环境的理论遗产，这在我看来非常重要。

我对戴维斯的观点的疑问并不是我质疑马克思主义和英国思想文化的变化取决于二者之间的相遇：我的疑问在于"本土化"思想本身，至少对我来说它产生了一种移民获得公民身份的印象，我们通常把这描述为"加入国籍"的公民。由是观之，马克思主义的移民身份正在被归入英国国籍和英国性之中。我相信，霍尔以

---

① The Commission of the Future of Multi-Ethnic Britain, *The Future of Multi-Ethnic Britain*, London: Profile Books, 2000, p. 54.

及相关的英国黑人文化研究传统与本土化这个思想的关系是非常重要的。他们不仅解构了英国人这个概念，而且也像许多其他人那样解构了民族国家本身的自然性——正如本土化的马克思主义这样的思想所暗含的那样，民族国家把世界分割成许多独立的实体。无论把英国黑人看作流散文化的一部分是霍尔的功绩，还是吉尔罗伊的黑色大西洋这个极具影响的概念以及他的"英国人"这个能指具有白种人这个意识形态上的内涵，他们的思想深意是英国性不仅要从英国的角度而且要从跨国的角度来考察。简言之，我对英国马克思主义本土化思想的质疑是它假定了一种静态的和没有疑问的英国性概念，这一点是霍尔的生活与工作所挑战的对象。所以，当我理解与支持戴维斯把英国新左派描绘为"本土化"的马克思主义的意图时，并不代表我会欣然接受这一说法。我自己把新左派的思想传统看作是"二战"后英国的文化马克思主义，无论存在什么限制，我将会仍然使用这一观点。

（杨兴林 译）

图书在版编目(CIP)数据

理解斯图亚特·霍尔/张亮,李媛媛编.—北京:北京师范大学出版社,2016.4

(西学门径书系)

ISBN 978-7-303-20256-0

Ⅰ.①理… Ⅱ.①张…②李… Ⅲ.①霍尔,S.(1932~2014)-思想评论 Ⅳ.① K835.615.6

中国版本图书馆 CIP 数据核字(2016)第 072076 号

营 销 中 心 电 话 010-58805072 58807651
北师大出版社学术著作与大众读物分社 http://xueda.bnup.com

LIJIE SITUYATE HUOER

出版发行:北京师范大学出版社 www.bnup.com
　　　　　北京市海淀区新街口外大街 19 号
　　　　　邮政编码:100875
印　　刷:北京盛通印刷股份有限公司
经　　销:全国新华书店
开　　本:890mm×1240mm 1/32
印　　张:11.25
字　　数:300 千字
版　　次:2016 年 4 月第 1 版
印　　次:2016 年 4 月第 1 次印刷
定　　价:58.00 元

策划编辑:杜松石　　　　责任编辑:赵雯婧
美术编辑:王齐云　　　　装帧设计:王齐云
责任校对:陈　民　　　　责任印制:马　洁